聊城大学运河学研究院 主办

運河学研究

CANAL STUDIES NO.5

第5辑

李泉 主编

胡克诚 副主编

運河學研究院

社会科学文献出版社
SOCIAL SCIENCES ACADEMIC PRESS (CHINA)

《运河学研究》顾问委员会

《运河学研究》编辑委员会

目　录

专题研究一：运河与城市

专题研究二：河工与河政

专题研究三：运河区域经济与社会

Content

Book Review

主持人语

范金民*

明清时期的大运河，是南北物货流通的大通道，大运河流经的区域，也是中国最为集中、经济实力最为雄厚的城市带。明代万历时，临海人王士性就在他的《广志绎》中称说：“天下马头，物所出所聚处。苏、杭之币，淮阴之粮，维扬之盐，临清、济宁之货，徐州之车骡，京师城隍、灯市之骨董，无锡之米，建阳之书，浮梁之瓷，宁、台之鲞，香山之番舶，广陵之姬，温州之漆器。”① 大运河的贯通、大运河的物货流通与城市经济发展存在着怎样的关系，在大运河研究和大运河文化带建设过程中，无疑是极为重要的课题，既具学术意义，也具一定的现实参考价值。

本期“运河与城市”专栏刊发3篇论文，考察和探讨自元代大运河全线贯通直到19世纪中期的运河浚治、流通及其与城市发展的关系。

潘清研究员的《元代江南地域运河的浚治与功用》认为，有元一代运河在交通中充分发挥了对接海运、形成海河联运的重要作用；除漕粮之外的物品，特别是从广州一带转输海外贸易而来的舶货主要也是通过运河北上；还有使节及属下、官吏等各种人士南来北往，运河的贯通发挥了不可替代的作用。可以说，元代的大运河不仅是为明清两代漕运做基础和铺垫，也是元代政治、经济中交互调节货运和人员往来的网络通道。那么，元代运河究竟在交通中发挥怎样的作用，是值得进一步探讨的。在这其

* 范金民，历史学博士，南京大学特聘教授、历史学院博士生导师，主要研究方向为明清史和江南区域史。

① 王士性：《广志绎》卷1《方舆崖略》，中华书局，1981，第5页。

中，江南一带的运河开凿与浚治维持了河海漕粮联运、舶货北上的转输。

吴士勇教授的《明清时期淮安漕运文化特征述论》聚焦运河名城淮安。淮安与漕运渊源很深，吴王夫差筑邗沟，隋炀帝修运河，元明清时期大运河南北贯通，淮安一直处于漕粮中转的中心位置，因而奠定了其交通枢纽地位。漕运拉动了淮安经济文化的发展，在明清时期达到了古典式繁荣的顶峰，进而形成了独特的漕运文化，即强调遵守等级秩序和上下尊卑关系，注重礼仪、服饰与举止，官场文化十分浓厚；以土宜、回空揽载与私盐贩运为代表的漕运经济日趋繁荣，形成了汇聚南北财货、注重商品流通的商业文化氛围；融汇八方文化，善于学习和借鉴，逐步形成了互利互鉴、包容天下、具有鲜明特色的区域文化。

笔者的《15～19世纪大运河的物货流通与苏杭城市经济的发展》，认为15～19世纪的京杭大运河，地处最为发达的经济带，又汇集了上游、上中游和华南等地的商品，成为最为重要的南北物货大通道，向都城北京源源不断地提供各类物资，其物货流通也成为全国经济的晴雨表。作为运河沿线两个最大的商品流通都会苏州和杭州，城市经济长期处于繁盛时期。运河通道与内河水系是否畅通，直接影响着苏杭城市经济的盛衰。苏杭城市经济的发展，视运河为生命线，随运河商品流通量而转移。苏杭城市经济凭借水道开展商业活动，有赖运道的畅通输入各种原材料和绸布、书籍等大宗商品和各种工艺品，流通税收盈缩成为苏杭城市经济发展与否的重要指标。

3篇论文各有侧重，或着重考察元代江南运河的浚治、运河的流通、河运与海运的关系等；或论述明清时代淮安在漕运中的地位及其体现出的文化特征；或讨论明代至清代鸦片战争前运河的物货流通与全国最为重要的工商城市运河重镇苏州、杭州城市经济发展的关系。或者具见新意，或者提出了值得进一步思考的问题。

元代江南地域运河的浚治与功用*

潘　清**

内容摘要　大运河的开凿是政治中心与经济重心远离的结果。元代修治前代运河而成为南北大运河，这是隋代以来中国最为重要的交通运输线。南北大运河在元代实际社会中对接海运，形成海河联运形式，以运送漕粮；除漕粮之外的物品，特别是从广州一带转输海外贸易而来的舶货主要也是通过运河北上；另还有使节及属下、官吏等各种人士，南来北往也经由大运河。大运河的贯通发挥了不可替代的作用。可以说，元代的大运河不仅是明清两代漕运的基础和铺垫，也是元代政治、经济中交互调节货运和人员往来的交通网络通道。不言而喻，南北大运河是元代统治者的生命线，有元一代对于大运河的疏浚和管理极为重视。

关键词　元代江南　南北运河　浚治　功用

大运河的开凿是政治中心与经济重心远离的结果。有学者认为元代属于漕运发展过程中的特殊时期，漕运体制不完备，发展不大，与前代相异之处就是实行较大规模的海运。元代在海运的同时，对河运也做过一些努力，曾多次设置河运职司，频繁地开凿、疏浚内河，只是效果不佳，旋浚旋淤，畅通时甚少。① 黄仁宇也认为元代海路在运输中所起的作用要大些，

---

* 本文系江苏省社科规划项目“元代江南家国认同与多元文化研究”（18LSB007）的阶段性成果。

** 潘清，历史学博士，江苏省社会科学院研究员，主要研究方向为蒙元史及江南史。

① 参见吴琦《南漕北运：中国古代漕运转向及其意义》，《华中师范大学学报》（人文社会科学版）2016 年第 6 期。

而陆上水路仅仅作为辅助性工具。[①] 但是，恰是元代开凿会通河等渠道，对唐宋运河进行了全面、整体的修整，将之从扇形截弯取直，成为纵贯南北的大运河。这是中国运河体系结构性的变革。自此后，明清两代对元代大运河的修浚，维持了大运河南北走向的基本特征。那么，元代运河究竟在交通中发挥怎样的作用，是值得进一步探讨的。综观有元一代，运河在交通中充分发挥了对接海运、形成河海联运的重要作用；除漕粮之外的物品，特别是从广州一带转输海外贸易而来的舶货主要也是通过运河北上；还有使节及属下、官吏等各种人士南来北往，运河的贯通发挥了不可替代的作用。可以说，元代的大运河不仅为明清两代的漕运做基础和铺垫，也是元代政治、经济中交互调节货运和人员往来的网络通道。这其中，江南一带的运河开凿、浚治，维持了河海漕粮联运、舶货北上的转输。在此做一研讨，期待方家指正。

一 宋元鼎革之际的江南地域运河

运河在江南的施用由来已久。早在春秋时期，吴王就曾命伍子胥开堰渎运粮，公元前486年吴王夫差则开挖了邗沟，沟通了长江与淮河两大水系。随着中国经济重心的不断南移，如何将江淮一带的财赋和粮食运往北方的政治中心地带，逐渐成为大一统政权面临的重要问题。至隋代，隋炀帝开凿了以洛阳为中心、连通今北京和杭州的东北、东南方向的大运河，包括通济渠、永济渠、山阳渎、江南河等一系列河段，建立了财货交通的通道，成功地把江淮一带的财富转输到政治中心。而宋代因经济重心的进一步南移，在江淮建立起了通往都城开封的运河水系。特别是真楚运河，连通江淮，是江南运河上至开封的中转河道，最为险要，朝廷十分重视，花费大量人力物力，先后开通沙河、新河、龟山里河等长200里左右的人工河道，修筑了“悬门”“棣”等一批水利设施。[②] 真楚运河南端，扬州地区地势比长江江面高数丈，要保证运河通航，必须使运河水位保持一定深度。宋廷除疏浚河道外，还采取了筑塘引水、分级蓄水等措施保障运河水量。另外在运河、河港的建设上也加大投入，主要是为了克服航运不利

① 〔美〕黄仁宇：《明代的漕运》，九州出版社，2019，第11页。

② 《宋史》卷96《河渠志六·东南诸水上》，中华书局，1977年标点本，第2380～2383页。

因素。沿江修建港、澳，让航船可暂避风浪，“以免舟楫漂失”。长江江岸的变迁、江潮的涨落，这段河道随之受影响。两浙转运副使郑向还在京口以西疏浚蒜山漕河通长江[①]，引江水济运，运河得以疏浚通畅。北宋基本保持了江南这一带运河的畅通，保证了财物的运输。史载：“岁漕江、淮、湖、浙米数百万，乃至东南之产，百物众宝，不可胜计。”[②]

自宋朝退守江南，江淮一带的漕运即面临军事方面的严峻考验。宋金对峙时期，南宋方面陷入被动，一般是彼战则战、彼和则和；金国则始终处于主导地位，所谓“金欲和则与之和，金欲地则与之地”。[③] 南宋偏守南部中国，主要是依凭长江天堑并沿两淮地方布防，将敌人拒于门外。长江防线及沿岸运河的军事意义凸显。“绍兴初，以金兵蹂践淮南，犹未退师。四年，诏烧毁扬州湾头港口闸、泰州姜堰、通州白莆堰。其余诸堰并令守臣开决焚毁，务要不通敌船。又诏宣抚司毁拆真、扬堰闸及真州陈公塘，无令走入运河，以资敌用。”[④] 切断交通，特别是防止金人通过运河水道进入南宋地域是当时最为紧要之事，南宋政府情急之下自毁运河江淮一带闸、堰，实属迫不得已。

至元十二年（1275）七月，在蒙古大军南下攻克长江天堑后，元帝忽必烈命伯颜率元兵分三路直下南宋，行在杭州。西路由参政阿剌罕、四万户总管奥鲁赤率领蒙古骑兵出建康，向溧阳、独松关（今浙江安吉县东南）进军；东路由参政董文炳、万户张弘范、都统范文虎率水师沿江入海，向海盐、澉浦（今浙江海盐县南）进军；中路由伯颜亲自带领诸军，率水陆两军出镇江，向常州、平江（今江苏苏州）进军。元军逼近，南宋朝廷迫于形势奉表出降。至元十六年（1279）崖山海战后，大元统一中国。

随着江南的平定，富庶的江南物资怎样转输到大都成为当局亟待解决的问题。如前所述，经历战争创伤的江南的运河状况不容乐观。南宋后期，运河浅涩，漕运受阻，斗门与水闸毁坏的不堪情形比比皆是。高邮到楚州一带，“陂湖渺漫，茭葑弥满”。乾道七年（1171）二月，“诏令淮南

① 《宋史》卷301《郑向传》，第9998页。

② 《宋史》卷93《河渠志三·汴河上》，第2316页。

③ 李心传：《建炎以来系年要录》卷200，绍兴三十二年六月庚午，中华书局，1988年标点本，第3381页。

④ 《宋史》卷97《河渠志七·东南诸水下》，第2393页。

漕臣，自洪泽到龟山涩浅之处，如法开撩”[①]。陈公塘，为汉代陈登开凿而成，绍兴初年即为军事目的被毁坏，但“藉此塘灌注长河，流通漕运。其塘周回百里，东、西、北三面依山为岸，其南带东，则系前人筑叠成堤，以受启闭”，此时已经“废坏岁久”。[②] 至孝宗淳熙十四年（1187），“扬州守臣熊飞言：‘扬州运河，惟藉瓜洲、真州两闸潴泄。今河水走泄，缘瓜洲上、中二闸久不修治，独湖闸一座，转运、提盐及本州共行修整，然迫近江潮，水势冲激，易致损坏。真州二闸，亦复损漏，令有司葺理上、下两闸，以防走泄。’从之。”[③] 这说明在孝宗时期，江淮一带运河年久失修的状况令当地守臣格外担忧。而相距不远的淮安更为令人不安：“今江合汉，河合淮，俱抱淮扬以入海，视古形势盖亦雄矣。邗江半湖半沟，居淮南运渠之首，而运盐河乃其支流，农沾溉焉。邗江之间有湖五十四，有溪涧荡港逾百不止，汉创陂塘以资稼而辅漕渠，第漕渠止仰天雨，而水无源泉，泄多则浅而滞舟；潦多则坼防害稼，故历代堰闸斗门石礁涵洞之制，以为之节。”[④] 而原来的运河河面上种了麦子，盖了房屋。[⑤] 如果运河开航，则急需要政府大量投入，开浚运河，维修水利设施。

与此同时，历史记录了元代水旱灾害多发的境况。世祖至元年间，江南就遭遇不少的洪涝灾害。在《元史·世祖本纪》和《元史·五行志》中，相关记载不胜枚举：至元十九年（1282）八月，“江南水，民饥者众”；二十三年（1286）六月，“平江路属县水，坏民田”；二十五年（1288），“五月丁酉，平江水”；二十七年（1290）“五月，江阴州大水”；二十九年（1292）“六月，扬州、镇江、常州、平江等地大水”。成宗元贞元年（1295）“五月，建康、镇江、常州、平江皆水；九月，高邮府、泗州旱，平江又大水。是岁，盐城亦大水；太仓七月大风雹，海溢……”[⑥] 元代诗人吴莱有诗云：“客来自吴土，示我吴侬言。吴侬岁苦水，谓是太

① 《宋史》卷97《河渠志七·东南诸水下》，第2394页。

② 《宋史》卷97《河渠志七·东南诸水下》，第2394页。

③ 《宋史》卷97《河渠志七·东南诸水下》，第2395页。

④ 顾炎武：《天下郡国利病书》第十册《淮》，《四库全书存目丛书》，齐鲁书社，1997年影印本，史部，第171册，第430页。

⑤ 参见全汉昇口述，叶龙整理《中国社会经济通史》，北京联合出版公司，2016，第91页。

⑥ 施和金、张海防等编著《江苏农业气象气候灾害历史纪年》，吉林人民出版社，2005，第53页。

湖翻。太湖四万顷，三江下流泄。疏瀹久无人，淤汙与海绝。”① 诗中所言正是太湖流域水灾场景，也透出水灾的原因正是太湖水泄不利。

而随着元代大一统的确立，大都需要越来越多的粮食物资，旧有运河的状况远不能满足漕运所需。伯颜在拿下杭州之后，首先考虑如何将江南的财富运抵大都。他建议修建大运河，实现财富北运：“江南城廓郊野，市井相属，川渠交通，凡物皆以舟载，比之车乘，任重而力省。今南北混一，宜穿凿河渠，令四海之水相通，远方朝贡京师者，皆由此致达，诚国家永久之利。”② 伯颜对运河交通的考察其实早于此时。据记载，至元十二年（1275），伯颜在率军南下攻打南宋之际，派人考察运河河道，上溯至兖州闸。因此，他首议开浚大运河。但是，运河的开浚并非一蹴而就，燃眉之急如何得解？海运成为朝廷首选。

选择海运是因为伯颜率军南下，占领杭州，南宋朝廷出降后，曾利用海盗朱清、张瑄，通过海道将宋廷中的版籍、档案及其他重要物资运送到大都。这一次成功的海运为日后元朝的海运体系的创建奠定了基础，特别是海运漕粮的人力和技术支持。漕粮的运输在元代逐年递增，成为政府不得不应对之事。至元二十五年（1288）和二十六年（1289），漕粮分别为40万石和93万石，至大德七年（1303）已达到165万石。海运遂成为南粮北运的主角。不言而喻，海运可以运输更大量的粮食以满足大都日益增长的需要，也可以省去相应的人力和物力。但海运的成功并不否定运河的作用。

元代漕粮征收的布局承袭宋代，以湖广、江西和江浙地区的粮食充运，其中江东宁国、池、饶、建康地区的漕粮，称为上江粮米，常由海船逆长江西上装运，而江西、湖广地区的漕粮，则用河船东运至真州（今仪征）与海船对装。因此江南地域的运河状况实关乎海运的成功与否。元代也将以朱清、张瑄为首的“海道都漕运万户府”设在平江府（苏州）。二府设立正官达鲁花赤以及正副万户。“首领官”包括经历、照磨、译史、奏差，另还有镇抚等。这就奠定了元代海运管理机构的基本规模。大德七年（1303），朱、张因事败亡，后十二月，平江的三万户府合并为一，于

① 吴莱：《渊颖集》卷3《方景贤回闻吴中水涝甚戏效方子清侬言》，《四库全书荟要》，台北世界书局，1997年影印本，集部，第58册，第41页。

② 苏天爵：《元朝名臣事略》卷2《丞相淮安忠武王伯颜》，姚景安点校，中华书局，1996年标点本，第20页。

次年开司署事。海运万户府下设有11个千户所，除浙江的杭州、嘉兴、温州外，其余都在今江苏境内。武宗至大四年（1311）重新调整为七所，除浙江的温台所和庆绍所之外，余者也都设于平江。中书省是负责海运的最高机关，地方上由行省对海运万户府直接领导，并派官员监收粮食，提调海运。在海运时，万户府的正官要到港点视粮船。各所的千户要分赴各处监装，轮番下海督运。[①]

随着海运的逐渐扩大，在集庆龙湾（今南京下关）构筑粮仓，集中沿江的粮食，漕运机构另拨河船，将仓中的粮食运送至开洋港口与海船对接。这样就避免了海船入江之困。[②] 漕粮除主要取自江南官田岁入，[③] 崇明州派船至满浦仓（今江苏淮安）装运的粮食，则是宣会院所属的官田“子粒米面”。元代也从河南等地调运粮食，特别是江南灾害光景。元朝末年，江南的寺观租入也要“厚输于官”，拨充海运。[④]

至元末，各地农民起义风起云涌，张士诚自立为吴王，占据江苏大部，方国珍则割据浙江，海运难以为继。“元京军国之资，久倚海运，及失苏州，江浙运不通。失湖广，江西运不通。”[⑤] 张士诚从一个私盐贩子率众反元，连克兴化、高邮、常熟、平江等地。张士诚也曾受招出降，海运得以苟延残喘。而方国珍长期占领温州、台州、庆元一带，对元朝时叛时服，以此为筹码向元廷邀官。张士诚也常用此术对付元廷。元廷先后授张士诚为太尉，方国珍为海运万户、江浙行省左丞相等高职。至正十九年（1359），两人运粮11万石入京，此后两人也几次海运粮食入京，但此时运数已大为降低，只有区区十余万石。至正二十三年（1363）九月，张士诚彻底脱离元廷羁绊，停供漕粮，自此海运断绝。而元朝也即将分崩离析。

---

① 黄溍：《朝列大夫杭州路总管府治中致仕范府君墓志铭》，《黄溍文集》，王颋点校，天津古籍出版社，2008，第555～556页。

② 郑元祐：《侨吴集》卷11《海道都漕运万户府达鲁花赤和尚公政绩碑》，《景印文渊阁四库全书》，台湾商务印书馆，1986年影印本，集部，第1216册，第581～583页；虞集：《道园学古录》卷13《两浙运使智公神道碑》，四部丛刊本。

③ 参见高荣盛《元代江南官田刍议》，《元史及北方民族史研究集刊》第6辑，1982。

④ 李天石等编著《南京通史·隋唐五代宋元卷》，南京出版社，2016，第555页。

⑤ 叶子奇：《草木子》卷3上《克谨篇》，中华书局，1997，第19页。

二 元代江南地域运河的修浚

绵延近3000公里的大运河是隋代以来中国最为重要的交通运输线。元代前期，所有物资经运河到大都的运输走向是从杭州到镇江，过长江再北上至淮水，往西至黄河，再取陆路往淇门，然后经御河水路达通州。整条路线水陆并用，很不方便。元世祖遂令水利专家郭守敬设计、开展了大规模的运河工程，截弯取直，先后开凿济州河、会通河、通惠河，使漕舟直达大都，全程较隋代缩短了数百公里。元代的大运河，沟通了海河、黄河、淮河、长江、钱塘江五大水系，保证了“江淮、湖广、四川、海外诸蕃土贡粮运、商旅懋迁，毕达京师”①。对发展农业生产、繁荣社会经济有着不可估量的重大意义。不言而喻，大运河是元代统治者的生命线，元代对于大运河的疏浚和管理极为重视。

会通河的开凿实是元代大运河开凿的标志性工程，这一河道凿通了河海之间的运输。其河“起自东昌路须城县安山之西南，由寿张西北至东昌，又西北至于临清，以逾于御河”②，真正贯通了江南与大都的河道。除开凿河道外，主要技术是设立各个闸坝，按河流的流量启闭，以操控运河的水量，实现通航。明人丘濬评述会通河为“元人始创为之，非有所因也”。但是他认为元代虽开凿会通河，但启用之并达于鼎盛应是在明朝，即“元人为之而未至于大成，用之而未得其大利，是故开创之功虽在胜国，而所以修理而拓大之者，则有待于圣朝焉。前元所运岁仅数十万，而今日极盛之数则逾四百万焉，盖十倍之矣！”③ 期待再次开海运。

在江南与会通河对接联运者是江南地域的运河。④ 而随着元代大一统的确立，大都需要越来越多的粮食物资，旧有运河的状况远不能满足漕运所需。江南一带以河海联运的方式完成漕粮的运输，这里是海运的起点，也是两种运输对接之处。因此，元廷对联运的运河进行了系列修浚。如前所述，陈公塘等本身就是为漕河水量济运，确保漕运，而在南宋后期

---

① 苏天爵：《元朝名臣事略》卷2《丞相淮安忠武王伯颜》，第20页。

② 《元史》卷64《河渠志·会通河》，中华书局，1976年标点本，第1608页。

③ 丘濬：《大学衍义补》卷34《漕挽之宜下》，《景印文渊阁四库全书》，子部，第712册，第435页。

④ 从一般意义上讲，江南地区也包括长江以北的扬州等地。

就不堪施用。一旦形势稍稳，运河的重要性凸显，则急需进行开浚、维修。

江南运河的源头在镇江丹阳，水源主要依靠练湖。练湖又名曲阿湖，西晋早期初创，为人工利用西北高、东南低的地理形势围水而成，在宋代以济运为主。因为地理条件受限，江南运河的北段水量不足，运道浅涩，除去在运河上设置水闸、筑堰拦水外，练湖是运河的直接“水柜”。但是南宋以来，民众占垦，导致湖面干涸，成为元廷恢复运河航道、保障江南地区农业亟待解决的问题。“自淳祐以来，又为流民侵占愈广，堙塞者多……几近平地。”① 练湖的淤浅引发了运河的航运危机。正如元江浙行省的官员上奏所言：“镇江运河全藉练湖之水为上源，官司漕运，供亿京师，及商贾贩载，农民贩载，其舟楫莫不由此。”② 元代为保证物资在镇江运河的转输，投入财力。在至元、大德间，仍浚开湖；泰定初，复加浚治，更在“至治三年十月……相视漕渠，自江口至吕城一百三十一里，合用人夫一万五百十二名，六十日可以修浚。练湖淤塞之处，合用人夫三千名，九十日可以开挑……行省、行台分官临视，本路、常州、平江、建康、江阴五郡差倩人夫。泰定元年正月十七日庀役，三月四日竣事。每夫官给米三升，中统钞一贯”。此役由参政董中奉率合属正官，亲临督役。③ 董中奉用传统的取泥之法，取河中泥筑河岸，趁农闲时，先修漕河，然后练湖。役工结束，董中奉又在练湖旧有43名湖兵的基础上，增添57名兵力，“增筑湖岸”。还对练湖上的斗门进行了专门的管理，④ 天历二年（1329）又修建恢复运河京口闸，以引蓄江水。⑤ 这条运河运输的物资中最为重要的就有盐。因为可连接清江北至会通河，又南至镇江，实为济国利民之事。更北的会通河南接古泗水运道，由泗入黄，逾淮接淮扬运河，过江连江南运河至杭州。至元二十六年（1289），元廷派漕运副使马之贞等人“按视地势”，集汇人力，当年修成，次年又进行了修浚。扬州运河从淮安到扬州，沟通了从黄河到扬州、镇江，最后入长江的交通线路。此河在扬州，包括

① 至顺《镇江志》卷7《山水·练湖》，江苏古籍出版社，1999，第284页。

② 《元史》卷65《河渠志二·练湖》，第1633页。

③ 至顺《镇江志》卷7《山水·练湖》，第268页。

④ 《元史》卷65《河渠志二·练湖》，第1633页。

⑤ 乾隆《镇江府志》卷18《津梁》，清乾隆十五年增刻本，第374页。

运盐河，自元初以来，因漕运备受朝廷重视，多次进行修浚。[①]

除此之外，元代在江南还进行了吴淞江的整治、淀山湖等水利的浚治。至元三十年（1293），浙西大水，元世祖“诏以浙西大水冒田为灾，令富民家募佃人疏决水道”。乾隆《江南通志》记载：“三十年，诏平江、松江等路府修治湖泖河港。”[②] 以汇流排水为中心的太湖水利主工程是元代整治的重点。

总之，元代对事关运河的江南地域进行较多频次的水利整治，除安境保民、促进农业生产之外，主要是清淤、设置水闸等水利设施，目的就是为了调节水位，维持运河航运。大运河的某段淤浅会让整条河航运受阻，水深利航是治理目标。

三　元代运河及江南地域运河的功用

大一统的元代给南来北往带来了可能，大运河的成功开凿为此提供了较前时代更为便利的条件。元代文人虞集曾著文赞叹元代交通的便利：“川有舟航，陆有车马。不待赢粮计日而可至，视前代分裂隔乱之出欲往而不可得，则其游岂不快哉！”他所指正是大运河。在文中，他继续写道：“数经济、泗之间。”[③] 这说明正是利用了运河交通的方便之处。官府也利用运河载物去北方，满足朝廷的各种需要。于是，保证运河的正常使用成为官府的职责。“延祐元年二月二十日，省臣言：江南行省起运诸物，皆由会通河以达于都，为其河浅涩，大船充塞于其中，阻碍余船不得来往。每岁省台差人巡视，其所差官言，始开河时，止许行百五十料船，近年权势之人，并富商大贾，贪嗜货利，造三四百料或五百料船，于此河行驾，以致阻滞官民舟楫。”[④] 有司于是建议在沽口置小闸和石牌，到临清再寻找置闸处，再置一闸，禁约二百料之船入河行运。此策也是为维护运河的行运而出。可见，官府面对权势之人阻滞等不利情况，也积极施行管理、维

① 《元史》卷65《河渠志二·扬州运河》，第1632页。

② 乾隆《江南通志》卷63《水利治绩·苏州府》，《景印文渊阁四库全书》，史部，第508册，第780页。

③ 虞集：《道园学古录》卷32《送李仲永游孔林序》，四部丛刊初编本，第1442册，第127页。

④ 《元史》卷64《河渠志一》，第1611页。

护之策，一定要保证运河将江南诸物平安运进大都。

海外旅人、意大利马可·波罗正是沿着运河从大都出发，游历了济宁、徐州、邳州、淮安、扬州、真州、瓜州等运河沿线的城市。他称赞大运河“将内河与湖沼连接”，“凡是大河与大河之间，湖泊与湖泊之间，都掘出河道，河中的水宽而深，就像大河一样。它起到很好的联结作用。满载货物的大船可以从瓜州一直航行到汗八里城”。① “此外尚有陆道，就是把开挖运河掘出的土堆在运河两岸，聚而成堤，人行其上。”马可·波罗还到过淮安，称“该城邻近哈剌沐涟，所以大批的船舶途经此地，每日穿梭不息。无数商品在此集散，通过大河运到各地销售。这里还盛产食盐，不仅可以供本城之用，还可以输往其他 40 个城市。大汗从这种贩盐的交易中取得了庞大的税款”。他也在瓜州看到北运的谷米，“每年有大批的谷米屯聚到这里，其中绝大部分运往汗八里城，供应大汗朝廷”②。

许多南士北游经过运河前往，留下了赞美两岸风光的醉人诗篇，通过游历山川而开拓了视野，舒展了情怀。如李存《送鲁志敏北游序》云：“乐平鲁志敏甚好作诗，尝过余，出其编。余读之，有以深见其工且勤也。它日，又来曰：‘吾将泛秦淮，过黄河，东登泰山，北走京师，庶以昌吾诗乎！’余喜谓之曰：‘文章之高下，盖系其志意之小大；志意之小大，又系其耳目之广狭。方今六合一家，光岳之气全，政教之具修。子能不远万里，阅寒暑之变更，历山川之夷险，其间人事之可喜可愕，足以恢弘我、警戒我者，则亦何限！’”③ 元代运河交通的作用不可估量。

利用运河来往的客人中不乏北上求职的南士、来中国贸易的商人，更有蕃客、使节搭运河之利南来北往。泰定四年（1327）四月，御史台臣言：“巡视河道，自通州至真、扬，会集都水分监及濒河州县官民，询考利病，不出两端，一曰壅决，二曰经行。……自古立国，引漕皆有成式。自世祖屈群策，济万民，疏河渠，引清、汶、泗，立闸节水，以通燕蓟、江淮，舟楫万里，振古所无。”④ 作者在这里一方面感叹运河的千里之行为古之所无，另一方面其摆出的两个问题，恰是维持运河航行所必需的条

① 党宝海：《马可波罗眼中的中国》，中华书局，上海古籍出版社，2010，第 43 页。

② 党宝海：《马可波罗眼中的中国》，第 44 页。

③ 李存：《俟庵集》卷 20《送鲁志敏北游序》，《景印文渊阁四库全书》，集部，第 1213 册，第 721 页。

④ 《元史》卷 64《河渠志一》，第 1613 页。

件。因为水性无常，运河失修会无法航行；此外则是人为的因素。如前所述，政府立命限制二百料以上船只下河，但是权势人家就可以以己之力夺公家之益。造大船下河。正如御史所言："今卑职至真州，问得造船作头……过闸船梁八尺五寸船，该长六丈五尺，计二百料。由是参详，宜于隘闸下岸立石则，遇船入闸，必须验量。"① 违者入罪。天历三年（1330）三月，朝廷诏谕中外，"都水监言：'世祖费国家财用，开辟会通河，以通漕运。往来使臣、下番百姓及随从使臣、各枝斡脱权势之人，到闸不候水则，恃势捶挞看闸人等，频频启放。又通漕运粮船，凡遇水浅，于河内筑土坝，积水以渐行舟，以故坏闸……'"② 上述各在河中航行的权势之人中就有蕃使及属下，他们也和马可·波罗同样，利用运河来往中国各地，但是需按有司规定，依旧例启闭船闸通行。如有如前犯例则治罪，而有司也要监察管闸人，如欺要钱物等行为，要被有司惩处。然而，一再地违规只会阻碍运河的顺利运行。

元代朝廷实行重商主义政策。世祖早在初定江南之时，就设市舶，"凡邻海诸郡与蕃国往还互易舶货者，其货以十分取一，粗者十五分取一，以市舶官主之"。至元十四年（1277），"立市舶司一于泉州，令忙古解领之。立市舶三于庆元、上海、澉浦，令福建安抚使杨发督之。每岁招集舶商，于蕃邦博易珠翠香货等物。及次年回帆。依例抽解，然后听其货卖……双抽者蕃货也，单抽者土货也"③。至元二十一年（1284），"设市舶转运司于杭、泉二州，官自具船，给本，选人入蕃，贸易诸货"。之后并入盐运司，改称都转运司。之后历经多次罢复，"至治二年，复立泉州、庆元、广东三处提举司，申严市舶之禁"④。这些官办机构的设立其实是沿续了蒙古前四汗时期的机制。当时西域商人就集聚在汗庭和各级贵族军将的旗帜之下，成为后者金绮珠宝的罗致者和商业、财务帮办称为"斡脱"的商人，是为元代历史的特有现象。宪宗二年（1252）蒙哥大汗特命大臣主管这类被称为"斡脱"的商人。统一天下后，元世祖多次下达诏令设立总管府：至元四年（1267），"立诸位斡脱总管府"。⑤ 至元十七年（1280）

① 《元史》卷 64《河渠志一》，第 1613 页。
② 《元史》卷 64《河渠志一》，第 1614 页。
③ 《元史》卷 94《食货志·市舶》，第 2401 页。
④ 《元史》卷 94《食货志·市舶》，第 2403 页。
⑤ 《元史》卷 6《世祖纪三》，第 117 页。

十一月："立泉府司，掌领御位下及皇太子、皇太后、诸王出纳金银事。"[①]之后，升级为泉府司，为宫廷御用的斡脱机构。至元二十三年（1286）八月，元廷将市舶司置于泉府司的统辖之下，次年又特设行泉府司[②]，专领东南沿海的海上事务。这就意味着泉府司通过自己的分支行泉府司开始了海外贸易的管理与运营。这一体制本身就是特权制度的产物。成宗朝，原立于世祖时期的制（致）用院专门职掌海外宝货的采办。[③]

广州是当时对外贸易的中心城市。岭南著名文人陈大震著有《大德南海志》，其中直接列举了与广州交易的各国，竟达147个国家。[④] 此珍贵的志书已经散佚，残存的五卷被国家图书馆保藏，主要是卷六户口、土贡、税赋，卷七物产、舶货、附诸蕃国名，卷八社稷、坛遗、城壕，卷九学校、旧志等，卷十兵防、水马站、驿站铺、河渡、局务仓库。海外贸易可谓盛况空前。

大量海外商品在广州集聚，最终经由广东取道江西，过鄱阳湖，来到江南，由大运河转输北上，满足朝廷和权贵的需要。广东与中原相联结的主要通道经过大庾岭，为唐代张九龄开通大庾岭之后形成，满足了"而海外诸国，日以通商，齿革羽毛之殷，鱼盐蜃蛤之利，上足以备府库之用，下足以赡江淮之求"。[⑤] 宋代已建成驿道，元代又在此基础上建立驿站，形成水站、陆站和急递铺的系统。陆上系统首先一站是在城站，然后是清远境内的诸站，北上到英德、韶关等地，穿过大庾岭，进入江西，到达赣州，再经过鄱阳湖联系长江以北地方和江浙。诸路中最繁忙的是鄱阳湖—赣江—章水沿线。[⑥] 而江南的刘河港是以太仓城为基地的官营海上货运与贸易的沿海港口。至元十九年（1282），主持海运的朱清、张瑄自崇明徙居太仓，主持海运。海外诸蕃因得于此交通市易。是以"粮艘海舶、蛮商夷贾，辐辏而云集"，当时谓之"六国码头"。"海道朱氏剪荆榛、立第宅，

① 《元史》卷10《世祖纪七》，第206页。

② 《元史》卷14《世祖纪十一》，第292页。

③ 高荣盛：《元史浅识》，凤凰出版社，2010，第201页。

④ 参见邱树森《〈大德南海志〉研究》，《元代文化史探微》，南方出版社，2001，第41～49页。

⑤ 张九龄：《曲江集》卷17《开凿大庾岭路序》，《景印文渊阁四库全书》，集部，第1066册，第186页。

⑥ 参见吴小红《元代江西释站及站户考》，《江西师范大学学报》（哲学社会科学版）2000年第3期。

招徕蕃商，屯聚粮艘，不数年间，凑集成市，番汉间处，闽广混居，各循土风，习俗不一，大抵以善贸易好市利尚虚礼美呼称。”①

江南自唐宋以来就有不少舶商，特别自海上丝绸之路而来的阿拉伯商人，在贸易中交流东西方商品，也有些商人因季风等原因没能及时返回，最终落户中国东南沿海，成为中国人。特别是南宋，疆土有限，国家财政“一切倚重海舶”，加之造船能力大增，罗盘也在海上得到应用，商人积极下海营运，国家积极招徕外商来市，强势参与国际贸易，为国家取得不少利益。及至元代，善于经商的回回人一度成为中国对外经济交往的管理者和参与者，海外贸易大盛。

朱清、张瑄是元代航海史上的两位杰出人物，南宋时为海盗，伯颜攻下杭州，他们为伯颜将南宋朝廷的档案、财物等运至大都，首开元代海运。二人既拥有海运万户府的庞大船队，又具有超凡的经济实力。元廷设立“海运万户府以官之，赐钞印，听其自印”。② 朱、张利用手中的特权积累了大量财富，他们利用熟悉海道和掌握海船的有利条件，掌握着海运的大权，也从事海外贸易，“巨艘大舶帆交番夷中”，“父子致位宰相，弟侄甥婿皆大官，田园宅馆遍天下，库藏仓庾相望”。③ 元成宗时，这一情况引起朝廷警惕，二人遭到诛杀。但是，他们的后人也在不久后重掌海运大权。“海晏商舶盛，风清客枕安。”④ 元代权贵热衷通过海外贸易积累财富，民间的海外贸易也兴盛起来，成就了江南一带很多富商。著名的苏州巨富沈万三就是在元代“通蕃”而致富。⑤ 而江南参与海外贸易的官商和民间商人集聚，沿大运河进行各种商业活动，将商品沿运河北上，也让运河两岸的城镇迅速兴盛。

通观有元一代，元朝面临转输军事物资和人员的困境，不得不重新开凿大运河。大规模地修浚费时长、改变多，但是确实带来了漕运的顺利、交通的便畅、商业特别是海外贸易的兴盛。江南一带是漕运对接海运的联

① 至正《昆山郡志》卷1《风俗》，《续修四库全书》，上海古籍出版社，1995年影印本，史部，第696册，第515页。

② 叶子奇：《草木子》卷3下《杂制篇》，中华书局，1997，第27页。

③ 陶宗仪：《南村辍耕录》卷5《朱张》，中华书局，1997，第64页。

④ 宋褧：《燕石集》卷5《送王止善广东市舶提举》，《景印文渊阁四库全书》，集部，第1212册，第405页。

⑤ 乾隆《吴江县志》卷56《旧事》，《中国地方志集志·江苏府县志辑》，江苏古籍出版社，1991年影印本，第302页。

运场所，这一地域的运河情形直接关系海运的成功与否，也关系江南物资北调，更关系不断南来北往的人和舶货。江南一带运河的状况与全国性交通体系的畅通和效率休戚与共。其与商业运输，特别是海外贸易浑然一体的关联性值得进一步探讨。

总之，运河连接海运、漕粮，而使臣北上，藩使进出，士子赴京，舶货转输都离不开大运河的交通作用。而元代大运河特别是江南地域的运河，连接了海运，又是南北交通的通道，使江南成为源源不断的北运物资始发地和不可替代的供应地。而通过大运河，国家又完成了物资南北的调运。在这其中，大运河发挥了在国家交通运输网络中的支架作用。

Dredging Governance and the Functions of the Jiangnan Regional Canal in the Yuan Dynasty

Pan Qing

Abstract: The excavation of the Grand Canal was the result that the political center was far away from the economic center. The North-South Grand Canal, which was repaired during the Yuan Dynasty, was the most important transportation line in China since the Sui Dynasty. It was connected to the sea and formed a sea-river intermodal transportation of grain. In addition tothe tribute grain, the overseas trade goods, especially those from Guangzhou area, were also transported to the north by thecanal. Therewere envoys, subordinates, officials and other people's north-south exchanges mainly through the Grand Canal, too. The connection of the Grand Canal has played an irreplaceable role. It can be said that the Grand Canal in the Yuan Dynasty was not only the foundation for the canal transportationin the Ming and Qing dynasty, but also a network channel for mutual regulation of freights and personnel exchanges in the politics and economy of the Yuan Dynasty. Then what role the canal of the Yuan Dynasty played in transportation deserves further discussion. It is self-evident that the North-South Grand Canal was the lifeline of the rulers of the Yuan Dynasty, and each generation of the Yuan Dynasty attached great importance to the dredging and management of the Grand Canal.

Keywords: Jiangnan in the Yuan Dynasty; North-South Canal; Dredging Canal; Function

（责任编辑：王玉朋）

15～19世纪大运河的物货流通与苏杭城市经济的发展*

范金民**

内容摘要 15～19世纪的京杭大运河，地处最为发达的经济带，又汇集了上游、上中游和华南等地的商品，成为最为重要的南北物货大通道，向都城北京源源不断地提供各类物资，其物货流通也成为全国经济的晴雨表。作为运河沿线两个最大的商品流通都会苏州和杭州，城市经济长期处于繁盛时期。运河通道与内河水系是否畅通，直接影响着苏杭城市经济的盛衰。苏杭城市经济的发展，视运河为生命线，随运河商品流通量而转移。苏杭城市经济凭借水道开展商业活动，有赖运道的畅通输入各种原材料和绸布、书籍等大宗商品和各种工艺品，流通税收盈缩成为苏杭城市经济发展与否的重要指标。

关键词 大运河 苏州 杭州 商品流通

明廷为了利用运河运输漕粮，先于永乐九年（1411）命工部尚书宋礼、侍郎金纯等重浚会通河，工程历时100天，置闸15座，河道开拓深1丈3尺、宽3丈2尺，负有重载的大船得以通过。又于永乐十三年（1415）命平江伯陈瑄等开凿淮安附近的清江浦，引管家湖湖水入淮以通漕，在湖

---

* 本文为国家社科基金重大招标项目“江南地域文化的历史演进”（10&ZD069）的阶段性成果。

** 范金民，历史学博士，南京大学特聘教授、历史学院博士生导师，主要研究方向为明清史和江南区域史。

西作堤十余里，设闸建坝，又自淮安至宝应置涵洞数十处，以时启闭，构筑高邮河堤，从此漕船直达通州，大大节省了挽运之劳。① 运河全线贯通后，不独成为南方漕粮北上的输送线，而且成为南北之间公私往返、商品流通和人文交流的最大通道。“在明清时期，在近代海运兴起以前，运河也是全国政治信息沟通、南北物资输送、各地文化传播、全国人才交流的最重要通道。明清时期的人，凡是有一定文化的，中过举的，做过官的，可以说没有不经过运河的”，运河“是联结中国南北、贯通中国与世界，集中展现明清政治、经济、文化和外交里程的人类宝贵遗产”。② 明清时期苏州与杭州是运河沿线规模最大、地位极其重要的两大城市，时人往往苏杭并称，不分轩轾。苏杭城市借由运河大动脉，以其大师创新和工匠精神的有机结合，在 16 世纪后期到 19 世期中期的 300 年中独领时代风骚，引领着时尚潮流和社会进步。运河流通在苏杭城市的发展中体现得最为明显，运河功能的发挥直接关乎苏杭城市的盛衰，运河文化的特色和魅力在江南地区的持续发展中得到充分彰显。

一　大运河是最为重要的南北物货大通道

（一）大运河是全国最为重要的南北物货大通道

大运河自明代永乐九年（1411）全线贯通，稍后明廷即迁都北京，国家南北一统，社会稳定，经济持续发展，直到 18 世纪后期大运河淤塞，在将近 4 个世纪中，大运河始终是全国最为重要的物货大通道，南北运输畅达，盛况空前。

明中期的张萱说，在运河中，“吴艭越艘，燕商楚贾，珍奇重货，岁出而时至，言笑自若，视为坦途”③。嘉靖、隆庆时江西人李鼎说，运河中，“燕赵、秦晋、齐梁、江淮之货，日夜商贩而南；蛮海、闽广、豫章、南楚、瓯越、新安之货，日夜商贩而北。……舳舻衔尾，日月无淹”④。朝

---

① 《明史》卷 85《河渠三》，中华书局，1974 年标点本，第 2081～2082 页；参见万历《淮安府志》卷 5《河防志》，万历元年刻本。

② 王云：《明清山东运河区域社会变迁》，人民出版社，2006，“序（范金民）”，第 1 页。

③ 张萱：《西园闻见录》卷 37《户部六·漕运前》，《续修四库全书》，上海古籍出版社，2003 年影印本，子部，第 1169 册，第 113 页。

④ 李鼎：《李长卿集》卷 19《借箸篇·永利第六》，万历四十年豫章李氏家刻本。

鲜人申晸亲眼所见运河北端终点的通州盛况，赋诗道："通州自古盛繁华，扑地闾阎十万家。日出市门堆锦绣，满城光艳绚朝霞。通衢遥接蓟门长，表里山河护帝乡。日夜江南常转粟，百年红腐海陵霞。"① 直到清代乾隆末年，皇帝也说："向来南省各项商贾货船运京售卖，俱由运河经行。"②

运河作为南北大通道的功能，在关税征收方面充分反映出来。永乐二十一年（1423），山东巡按陈济言："淮安、济宁、东昌、临清、德州、直沽，商贩所聚。今都北平，百货倍往时，其商税宜遣官监榷一年，以为定额。"③ 宣德四年（1429），为疏通钞法，明廷在全国33个府州县商贾所集之处，增收门摊税课五倍，自北京至南京沿河设立钞关7处，即漷县、临清、济宁、徐州、淮安、扬州、上新河。正统十一年（1446）移漷县于河西务，并在长江沿线设立金沙洲、江西九江钞关，在运河沿线增设苏州、杭州两处钞关。其后兴革不一，到万历时，只存河西务、临清、淮安、扬州、苏州、杭州和九江7处钞关。④ 7处钞关之设，反映出运河沿线是明代商品流通最为发达的通道，也是朝廷商品流通税收的最重要来源。

明后期，运河七大钞关与长江上的九江钞关商税收入及其所占百分比，如下表（见表1）。

表1　明代八大钞关税收及其比例

单位：万两

钞关	北新	浒墅	淮安	扬州	临清	河西务	崇文门	合计	%	九江	%	总计
万历	4.00	4.50	2.20	1.30	8.38	4.60	6.8929	31.8729	92.70	2.50	7.30	34.3729
天启	8.00	8.75	4.46	2.56	6.38	3.20	8.8929	42.2429	88.00	5.75	12.00	47.9929
增减百分比	增100	增94.44	增97.35	增103.17	减23.87	减30.43	增22.49	增32.54		增130		增39.62

资料来源：据孙承泽《春明梦余录》卷35《户部一》（《景印文渊阁四库全书》，台湾商务印书馆，1986年影印本，子部，第868册，第501～502页）编成。唯淮安关原文作两淮，天启五年增税后总额误计为4.56万两。乾隆官修《续文献通考》卷18《征榷一》（第2937页）转载孙承泽所记。

① 申晸：《燕行录·通州盛时歌》，林基中编《燕行录全集》第22册，韩国东国大学校出版部，2001年影印本，第467页。

② 《清高宗实录》卷1453，乾隆五十九年五月辛亥，中华书局，1986年影印本，第28390页。

③ 《明史》卷81《食货五》，第1976页。

④ 《明宣宗实录》卷50，宣德四年正月乙丑，台北"中央研究院"历史语言研究所，1962年校印本，总第1204页；乾隆官修《续文献通考》卷18《征榷一》，浙江古籍出版社，2000年影印本，第2931页。

上表表明，万历时期运河商品流量占全国商品流量的近 93%，长江商品流量仅占 7% 强，到天启五年（1625），朝廷加大税收力度，运河商品流量比重减少到 88%，而长江商品流量增加到 12%，但运河商品流量仍占绝对优势。

清前期，华北、江北的豆麦、杂粮、梨枣、棉花等，南方的丝绸、棉布、木材、瓷器、书籍、铅铜币材等，仍然通过运河流通。山东、河南、安徽的豆、麦、棉花、豆饼、油、苎麻，山东的梨枣、烟叶、茧绸、腌货，河南的酒曲、棉花、钉铁、药材、碱矾、烟叶，江苏北部的酒曲、杂粮、腌腊制品，北方以至边境的皮张，新疆的玉石，仍然通过运河大量南运，而江南的绸布、书籍、杂货、工艺品，仍然扬帆北上。吴建雍依据档案统计出，乾隆四十一年（1776），经淮安北上的绸布船达 376 只，杂货船多达 3896 只。①

只是与明代比较，一是运河诸关税收在全国关税总额中的比重下降较为明显。许檀曾经做过统计，列表说明，今移录其表如下（见表 2）。

表 2　清代前期运河诸关税收比重

年代	康熙二十五年	雍正三年	乾隆十八年	嘉庆十七年	道光二十一年
运河诸关关税岁入（万两）	67.10	62.00	151.90	141.10	140.90
占全国关税总额（%）	50.60	40.90	33.10	29.30	33.50

资料来源：转录自许檀《明清时期运河的商品流通》，《历史档案》1992 年第 1 期，第 81 页。

上表清晰地表明，运河商品流量已由明末的百分之八九十下降到清代康熙中期的 50.6%，持续下降至雍正初年的 40.9%，乾隆初年的 33.1%，嘉、道年间的大约 30%。

二是作为粮食的饼豆成为运河流通中比重最大的商品，占了关税的主要部分，而纺织品的比重日益下降。乾隆时，浒墅关税额“资于谷麦米粮者十之六七，资于布帛杂项货物者十之三四”②；淮安关无论年岁丰歉，总以“豆货数倍他税，其余杂货较之豆税实不及三分之一”③。现有研究表

① 吴建雍：《清前期榷关及其管理制度》，《中国史研究》1984 年第 1 期。

② 《苏州织造海保折》，乾隆三年十二月初七日，转引自许檀《明清时期运河的商品流通》，第 82 页。

③ 《管理淮安关事务伊拉齐折》，乾隆八年二月十七日，转引自许檀《明清时期运河的商品流通》，第 82 页。

明，清前期运河榷关的税收，大体上南下豆货占了60%～66.7%。[①]

淮安关乾隆三十六年（1771）“通计共过米豆船六千五百五十五只，较上届少过船一千四百只，共过豆饼船四百一十四只，较上届少过船六百三十四只”[②]。可以看出，就豆货而言，乾隆三十六年（1771），商船数达到6969只，乾隆三十五年（1770）达到9003只。再一则档案记载，“淮关三十五年过关客船一万二千六百四十八只，三十六年共过客船一万零四十九只，今年（三十七年——引者注）仅过船八千零八只”[③]。可以计算而得，乾隆三十五年（1770）、三十六年（1771）麦豆船只占全部商船的74%。乾隆四十一年（1776），共有7794只商船经过淮安关，其中米麦豆船7302只，是年经过淮安关的绝大多数是粮船。

上述均是通过运河交纳税款的商品，除此之外，每年经由运河的漕粮数量也较为可观。明清两朝每年征缴自相当于现今江苏、安徽、上海、浙江、江西、湖南、湖北、山东和河南9省区的漕粮400万石，正米加上耗米，实际达到600万余石。[④]

定制，运丁漕运粮食，准许携带一定量的免税商品，叫做“土宜”。清代前期漕船7692只，每船载正耗米500石，初定带“土宜”60石，雍正七年（1729）增为百石；又定舵水土宜20石，依运丁、舵工、水手合计，每船可带土宜120石。额定所带土宜总数约为923000石，加上超出部分，当在100万石左右。此后漕船所带土宜屡有增加，至嘉庆时每船增为150石，[⑤] 则每年漕船所带土宜已远超100万石。此外，学界一向殊少提及，漕船回空也可免费带货。“乾隆初定，回空各帮例带米及梨枣之类”[⑥]，其时漕船共计6300余只，其中江苏有2900余只，“漕船空重例俱准带货物，凡京城所需南货，全赖江南漕船带运，而江南所需北货，亦赖漕船带

① 参见范金民《明清江南商业的发展》，南京大学出版社，1998，第57页。

② 《两江总督高晋奏报查明三十七年份淮关税银亏短分别着赔议处缘由折》，乾隆三十八年二月十五日，文档号0344－024。

③ 《贵州按察使国栋奏报接征淮宿海三关税课一年期满及比较不敷缘由折》，乾隆三十七年十二月初六日，文档号0344－015。

④ 参见李文治、江太新《清代漕运》，中华书局，1995，第197页。

⑤ 王庆云：《石渠余纪》卷4《纪漕船运军》，北京古籍出版社，1985，第157页；参见李文治、江太新《清代漕运》，中华书局，1995，第225页。

⑥ 王庆云：《石渠余纪》卷4《纪漕船运军》，第157页。

回。若漕船全停，不惟南北货物不能流通，与丁船亦多未便”[①]，向来出运，“回空亦许带果物六十石，江西土产磁器、夏布、竹木等项，北省所出黎（梨）枣等物，俱藉漕船往来携带，以供南北民用。今若令行停运，不但弁丁舵水人等概置空闲，与南北货物阻隔，市侩借此居奇，未免于民用不便”[②]。如此，漕船回空所带梨枣等北货，总数则在 40 万石左右。正耗漕粮，加上土宜与回空带货，总数在 750 万石以上，甚为可观。由此可见，运河流通货物的总量，其中官方免税的运量，在清代可能不在纳税商品之下，既有研究对运河流量的估计，不免过低，需要辨正。

（二）都城北京全赖大运河的物货灌输

作为都城，北京集中了全国各地的物资，其状蔚为壮观。迁都之初，大学士金幼孜说，北京“奇珍异产，海汇河输”，“富商巨贾，道路相属，百货填委，丘积山蓄”[③]。弘治时，太仓人桑悦称颂道，北京“商贾如云，骈槅连肆”，“南巴之竹扇，东广之藤笥，蕲州抵金之簟，滇南镂银之辔，江南之姜桂，锡连云委，龙门之筋角，旃铁旗置”[④]。万历时，福建人谢肇淛说：“今因帝都所在，万国梯航，鳞次毕集，然市肆贸迁皆四远之货，奔走射利皆五方之民。”[⑤] 人称“凡三代周秦古法物，金玉铜窑诸器，以至金玉珠宝犀象锦绣服用，无不毕具”[⑥]。明末刘侗等人也说：“省直之商旅，夷蛮闽貊之珍异，三代八朝之骨董，五等四民之服用物皆集，衢三行，市四列，所称九市开场，货随队分，人不得顾，车不能旋，填城溢郭，旁流百廛也。”[⑦] 这些琳琅满目的商品，全靠从外地输入，而最大的来路，舍运

① 《两江总督高晋等为苏省应免漕粮请分年蠲免事奏折》，乾隆三十二年五月二十一日，丁进军等编选《乾隆后期蠲缓漕赋档案》，《历史档案》2015 年第 4 期，第 14 页。

② 《江西巡抚吴绍诗为请援例分年蠲免漕粮以广皇仁事奏折》，乾隆三十三年正月二十八日，丁进军等编选《乾隆后期蠲缓漕赋档案》，《历史档案》2015 年第 4 期，第 17 页。

③ 金幼孜：《金文靖集》卷 6《皇都大一统赋》，《景印文渊阁四库全书》，集部，第 1240 册，第 678 页。

④ 桑悦：《思玄集》卷 9《北都赋》，《四库全书存目丛书》，齐鲁书社，1997 年影印本，集部，第 39 册，第 112 页。

⑤ 谢肇淛：《五杂组》卷 3《地部一》，上海书店出版社，2001 年标点本，第 42 页。

⑥ 宋起凤：《稗说》卷 4“内市”条，《明史资料丛刊》第 2 辑，江苏人民出版社，1982 年标点本，第 119 页。

⑦ 刘侗、于奕正：《帝京景物略》卷 2《城东内外》“灯市”条，上海古籍出版社，2001 年校注本，第 88 页。

河无他。诚如弘治时朝鲜人崔溥所论："其城中所需，皆自南京及苏杭而来。"①

入清以后，作为都城，北京所需各类物资，仍然依赖运河输入的基本格局一仍其旧。如乾隆时人所说："查南省货物，为京城民间日用所必需，而粮船所带有江浙之货，有江广之货，江浙之布匹、丝绵等物，尚有客商自行贩载，惟江西、湖广之竹木、磁器、纸、油等物，全赖粮船携带。"②直到清末，翰林江阴人缪荃孙说："燕京为都会之所，致天下之民，聚天下之货，熙熙攘攘，骈阗辐辏，驵侩之徒，群萃杂出。"③ 明清定鼎北京，北京都城的运转，是以运河源源不断地输入全国各地尤其是南方的百货为前提的。

（三）大运河沿线是最为发达的经济带，其物货流通是全国经济的晴雨表

云集北京的各类商品，来自全国各地，但毫无疑问，来自运河沿线者占绝对比重。万历时，浙江临海人王士性描述全国各地的商品都会之地，列举代表性商品，是"苏、杭之币，淮阴之粮，维扬之盐，临清、济宁之货，徐州之车骡，京师城隍、灯市之骨董，无锡之米，建阳之书，浮梁之瓷，宁、台之鲞，香山之番舶，广陵之姬，温州之漆器"④，显然运河沿线城市及其腹地所出商品最为突出。前述明清时期全国商品流通的格局与流向以及商税征收情形等均说明，直到清中期嘉、道年间，运河沿线始终是全国最为繁忙发达的经济带。

大运河是南北物货流通大通道，既是就运河南北流通而言的，也是就运河中转接续全国其他地区的物货流通而言的。

一是运河接纳了另一大通道长江的商品流量。明代中期起，长江运输兴起，长江上游以至川楚云贵地区的木材、矿产等，通过荆州、九江、芜湖等关，顺流而下。川湖所产楠松等木，既供宫殿营建之用，又供江南地

---

① 崔溥：《漂海录》卷3，朴元熇：《崔溥漂海录校注》，上海书店出版社，2013，第140页。

② 《宫中档乾隆朝奏折》第61辑，台北故宫博物院，1987年影印本，第604页。

③ 缪荃孙：光绪《顺天府志》卷11《关榷》，光绪十二年刻本，第1页。

④ 王士性：《广志绎》卷1《方舆崖略》，中华书局，1981年点校本，第5页。

区造船制器制作家具之用。[1] 因此，明代“自江、淮以至京师，簰筏相接”[2]。明后期，通过南京龙江关的各地板材，就有镇远短杉板、綦江短杉板、郁山井短杉板、播州短杉板、建昌杉板、新抬山短杉板、清江河连贰杉板、信宁连贰杉板、澧州枋杉板、巫山杉板、云阳万县杉板、忠州真州贰号板、茅洞杉板、红水杉连贰板、衡州船装松骨木等。[3] 明后期，江南也部分需要上江之米。如安徽庐州出米，“吴楚间上下千里，皆资其利”[4]。到了清前期，南京城西北一带的长江中，“帆樯出没，不可纪极，上下两江，旅舟商舶，络绎奔凑”[5]。来自长江上中游的上千万石米粮经由江南运河源源不断输往苏州杭州，难以计数的竹木、板材依次流经江宁、镇江进入运河，通过无锡、苏州输往江南各地，粮食甚至接济浙东、福建缺粮地区民食。清前期，江南和浙东、福建粮食缺口增大，常年之间，“福建之米，原不足以供福建之食，虽丰年多资于江浙，亦犹江浙之米，原不足以供江浙之食，虽丰年必仰给于湖广。数十年来，大都湖广之米辏集于苏郡之枫桥，而枫桥之米间由上海、乍浦以往福建，故岁虽频祲而米价不腾”[6]。由此直到咸丰初年，安徽巡抚李嘉端奏称：“芜关税课，全赖川、楚、江西货物，前赴浙江、江苏仪征、扬州、清江浦等处，转行五省销售。”[7] 毫无疑问，明清时期进入长江的物货，几乎全部是进入运河，南北分流输向各地的。

二是运河承受了中原乃至西北地区的商品流通。明清时期，江南与江淮、中州乃至西北地区的商品流通，有相当一部分是通过南京西北方向水陆间运河完成的。这条商道，即是隆庆年间徽商黄汴所介绍的“南京至河南山西二省路”[8]。清代，经由此道的商品，在凤阳关纳税，一直在发挥作用。乾隆后期，凤阳关税务王懿德奏：“凤阳关税钞，米、豆十之七八，

---

① 王士性：《广志绎》卷 4《江南诸省》，第 96 页。

② 归有光：《震川先生集》卷 25《通议大夫都察院左副都御史李公行状》，上海古籍出版社，2007 年校点本，第 583 页。

③ 施沛：《南京都察院志》卷 23《职掌十六》，《四库全书存目丛书补编》，齐鲁书社，2002 年影印本，史部，第 73 册，第 652～653 页。

④ 杨循吉：《庐阳客记·物产》，《四库全书存目丛书》，史部，第 247 册，第 669 页。

⑤ 康熙《江南通志》余国柱序，康熙二十三年刻本。

⑥ 蔡世远：《与浙江黄抚军请开禁书》，《清经世文编》卷 44《户政一九》，中华书局，1992 年影印本，第 1065 页。

⑦ 彭泽益编《中国近代手工业史资料（1840－1949）》第 1 卷，中华书局，1962，第 594 页。

⑧ 黄汴：《天下水陆路程》，杨正泰校注，山西人民出版社，1992 年校注本，第 41 页。

杂货止十之二三。全赖上游豫省陈州、汝、光、固等处出产米、豆，以及凤、颍、泗州各属所产粮食年岁丰稔，客商运往江苏货卖，而下江杂货亦藉回空船只顺便贩运，往来纳税，上下流通，钱粮始能丰旺。”① 当时淮安、扬州等地税关官员也常常抱怨商民绕越淮扬大关，而从此道行走。

三是运河还转运了福建、浙东地区的流通商品。明代嘉、万时人王世懋说：“凡福之绸丝，漳之纱绢，泉之蓝，福、延之铁，福、漳之橘，福、兴之荔枝，泉、漳之糖，顺昌之纸，无日不走分水岭及浦城小关，下吴越如流水，其航大海去者，尤不可计，皆衣被天下。所仰给他省，独湖丝耳。红不逮京口，闽人货湖丝者，往往染翠红而归织之。”② 浦城即福建建宁府浦城县，位于浙江与福建的交通通道上，其东北有柘岭，即分水岭，与浙江处州府丽水县分界。③ 在海运大兴以前，福建的大部分商品，是通过此道输入江南的。

运河本身为贯通南北的航运通道，加上上述几条通道的汇入，使得全国大部分地域的商品均经由运河流通。所以乾隆初年两江总督那苏图不无得意地说：苏州北郊的浒墅关，“为扬关、浙关、浙海关等处中道，凡南货北行，北商南贩，最为衡衢”④。嘉庆中期江苏布政使庆保也说：“商贾辐辏之地，上达苏、松、嘉、湖各府，下由常州、镇江一带出口，皆系必经之路。”⑤ 运河流通成为观察全国商品流通的参照物。

综上所述，运河沿线在明代是最为重要的经济带，也是全国最为重要的商品流通大通道，在清代，仍是全国极为重要的经济带和商品流通大通道，是全国商品生产和商品流通的晴雨表。

---

① 《凤阳关税务王懿德折》，乾隆四十八年六月二十四日，《宫中档乾隆朝奏折》第56辑，台北故宫博物院印行，第765页。

② 王世懋：《闽部疏》，《丛书集成初编》第3161册，上海商务印书馆，1937年排印本，第12页。

③ 《明史》卷45《地理六》，第1124页。

④ 《两江总督那苏图折》，乾隆四年三月初六日，《宫中档朱批奏折·财政类·关税》，档案号：04-01-35-0310-014。

⑤ 《江苏布政使庆保折》，《宫中档朱批奏折·财政类·关税》，嘉庆十四年十二月初一日，档案号：04-01-35-0310-017。

二 大运河的流通是苏杭经济发展的生命线

苏州和杭州既是江南地区经济最为发达和社会进步最为突出的两个城市，是全国最为突出的工商城市和人文重地，也是运河沿线规模最大、地位极为突出的两大城市。日人香坂昌纪就曾认为，苏州是清代最高级别的消费都市，又是承担向全国输送产物的生产都市。[①]

明中期太仓人陆容说："江南名都，苏、杭并称。"弘治元年（1488），朝鲜人崔溥说："江南之中以苏、杭为第一州。"[②] 嘉靖时，一路经过运河的琉球使臣认为，"只如南京、苏、杭之胜，甲于天下，触眼壮观，难以殚录"。嘉靖时上海人陆楫说："今天下之财赋在吴越，……苏、杭之境为天下南北之要冲，四方辐辏，百货毕集，故其民赖以市易为生，非其俗之奢故也。"[③] 在万历时休宁人叶权看来，位于运河沿线的苏州枫桥、南濠，杭州湖州市和瓜洲、临清与湖广荆州，江西樟树镇，南直隶芜湖、南京上新河，都是"天下大马头"，"最为商货辏集之所"[④]。

入清以后，苏州杭州在全国的城市地位似乎更加突出。康熙初年，浙江巡抚范承谟的幕友魏际瑞说："天下货物之多而美，莫不共推苏、杭、江宁、广东、福建等处，昔年贩卖者多，故地方富盛亦甲天下。"[⑤] 同时人孔尚任说，天下有五大都会，即燕台、金陵、维扬、吴门和武林，"为士大夫必游地"[⑥]，苏州和杭州均在其中。同时人刘献廷说："天下有四聚，北则京师，南则佛山，东则苏州，西则汉口。"[⑦] 苏州是有名的"四聚"之一，而杭州是仅次于"四聚"的大都市。刘大观则认为，"人曰'杭州以湖山胜，苏州以市肆胜，扬州以园亭胜，三者鼎峙，不可轩轾。'洵至论

---

① 〔日〕香坂昌纪：《清代浒墅关の研究》Ⅰ，《东北学院大学论集历史学·地理学》，1972年12月，第8页。

② 崔溥《漂海录》卷1，朴元熇《崔溥漂海录校注》，第80页。

③ 陆楫：《蒹葭堂稿》卷6《禁奢辨》，《续修四库全书》，上海古籍出版社，2002年影印本，集部，第1354册，第640页。

④ 叶权：《贤博编》，中华书局，1987年点校本，第22页。

⑤ 魏际瑞：《四此堂稿》卷10《总括大意》，四川成都文伦书局，光绪三十三年铅印本。

⑥ 孔尚任：《郭匡山广陵赠言序》，《孔尚任诗文集（3）》卷6，中华书局，1962年标点本，第459页。

⑦ 刘献廷：《广阳杂记》卷4，中华书局，1985年标点本，第193页。

也"[①]。"四聚"之中，清人又一致认为市肆繁华以苏州为最。直到清中期，纳兰常安说："近人以苏杭并称，为繁华之郡。"[②]

如果分而观之，苏州与杭州的重要地位更加清晰。

明中期苏州人王锜说，"吴中素号繁华"，诸工百艺，"今皆精妙，人性益巧而物产益多"[③]。弘治、正德时的大学士湖广茶陵人李东阳说，苏州是"繁华之地，其最繁且华者，莫如阊门，天下之仕者商者旅而游者，舟楫鳞次，货贝山积，喧哄嚣笑之声，穷昼夜不绝"[④]。同时期苏州当地人唐寅赋诗称颂道："世间乐土是吴中，中有阊门又擅雄。翠袖三千楼上下，黄金百万水西东。五更市买何曾绝，四远方言总不同。若使画师描作画，画师应道画难工。"又道："门称阊阖与天通，台号姑苏旧帝宫。银烛金钗楼上下，燕樯蜀柁水西东。万方珍货街充集，四牡皇华日会同。"[⑤]嘉靖时，苏州地方志书谓，苏城"居货招商，阊阖之际，望如锦绣……自胥及阊，迤逦而西，庐舍栉比鳞次，殆等城内"[⑥]，"郡中诸大家之仓廪，与客贩囤园栈房，陈陈相因，以百万计，胥在城外，以水次便焉故也"[⑦]。嘉靖后期，人称"凡四方难得之货，靡所不有……天下财货莫不盛于苏州"[⑧]。嘉靖末年首辅大学士徐阶说："吴为东南都会，阊则扼要据便，辐凑天下水土百物。"[⑨]万历时，苏州人王稺登说，苏州阊门，"凡其国土所产，与他邦之产，若鱼盐贝锦、竹箭橘柚、筐服纤缟之属，明珠翠毛、金锡流黄之货，山委于市"[⑩]。崇祯时，刑部右侍郎苏州人王心一称："尝出阊市，见错绣连云，肩摩毂击，枫江之舳舻衔尾，南濠之货物如山。"[⑪]

---

① 李斗：《扬州画舫录》卷6《城北录》，江苏广陵古籍刻印社，1984年标点本，第144页。

② 纳兰常安：《宦游笔记》卷18《江南三·南廒货物》，台北广文书局，1971年影印本，第948页。

③ 王锜：《寓圃杂记》卷5"吴中近年之盛"条，中华书局，1984年点校本，第42页。

④ 李东阳：《怀麓堂集》卷32《南隐楼记》，《景印文渊阁四库全书》，集部，第1250册，第338页。

⑤ 唐寅：《唐伯虎先生外编续刻》卷7《阊门即事》《姑苏杂咏》，《续修四库全书》，集部，第1335册，第27、29页。

⑥ 嘉靖《吴邑志·吴邑城郭图说》，嘉靖八年刻本。

⑦ 嘉靖《吴邑志·五龙桥北险要图说》。

⑧ 郑若曾：《枫桥险要说》，康熙《吴县志》卷26《兵防》，康熙三十年刻本，第1页。

⑨ 徐阶：《世经堂集》卷26《张先生传》，《四库全书存目丛书》，集部，第79册，第110页。

⑩ 王稺登：《王百谷集·金昌集》卷4《黄翁传》，《四库禁毁书丛刊》，北京出版社，1999年影印本，集部，第175册，第43页。

⑪ 崇祯《吴县志》（刑部右侍郎）王心一序，崇祯十五年刻本。

清前期，苏州城市发展臻于高峰。康熙时，地方志书称："货物店肆充溢，金阊贸易镪至辐辏。……若枫桥之米豆，南濠之鱼盐、药材，东西汇之木簰，云委山积。"[①] 康熙后期苏州人沈寓自豪地说："东南财赋，姑苏最重；东南水利，姑苏最要；东南人士，姑苏最盛。……山海所产之珍奇，外国所通之货贝，四方往来千万里之商贾，骈肩辐辏。"[②] 康熙末年，翰林院检讨孙嘉淦称颂道："阊门内外，居货山积，行人水流，列肆招牌，灿若云锦，语其繁华，都门不逮。"[③] 乾隆时，当地人自诩："四方万里，海外异域珍奇怪伟、希世难得之宝，罔不毕集，诚宇宙间一大都会也。"[④] 乾隆二十七年（1762），山西人史茂赞叹："苏州为东南一大都会，商贾辐辏，百货骈阗。上自帝京，远连交广，以及海外诸洋，梯航毕至。"[⑤]《红楼梦》开篇第一回则将苏州阊门称为"最是红尘中一二等富贵风流之地"[⑥]。纳兰常安更对南濠的商品之多感叹道："南廒在苏城阊门外，为水陆冲要之区，凡南北舟车，外洋商贩，莫不毕集于此。"[⑦] 嘉庆时，有人说："繁而不华汉川口，华而不繁广陵阜，人间都会最繁华，除是京师吴下有。"[⑧] 道光时，到过苏州的宿迁人王相，眼见阊门内外的市场繁盛，"无一日不然，无一时不然，晴亦然，雨亦然"[⑨]。道光初年，张紫琳形容："吴城烟火奚啻万家，鳞次栉比，尝闻远游者云：'天下如此都会，除京师外，惟扬州、杭州、汉口、台湾、厦门诸处及广东省城耳。'"[⑩] 直到其时，苏州仍与杭州等城市一起，是全国负有盛名的大都会。

杭州是南宋以来江南有名的大城市，较之苏州，不遑多让。元代杭

① 康熙《苏州府志》卷 21《风俗》，康熙三十年刻本，第 8 页。

② 沈寓：《白华庄藏稿钞》卷 4，《清代诗文集汇编》第 154 册，上海古籍出版社，2009 年影印本，第 604 页。

③ 孙嘉淦：《南游记》，《清经世文编》卷 6《学术六》，第 173 页。

④ 乾隆《吴县志》卷 23《物产》，乾隆十年刻本，第 1 页。

⑤ 苏州历史博物馆等编《明清苏州工商业碑刻集》，江苏人民出版社，1981 年标点本，第 331 页。

⑥ 曹雪芹：《红楼梦》，人民文学出版社，1987 年标点本，第 3 页。

⑦ 纳兰常安：《宦游笔记》卷 18《江南三 · 匠役之巧》，第 8 页，总第 950 页。

⑧ 佚名：《韵鹤轩》卷 1《杂著 · 戏馆赋》，上海机器书局，光绪三年刻本，第 2 页。

⑨ 惜庵偶笔：《乡程日记》庚子年，《历代日记汇钞》第 46 册，学苑出版社，2006，第 336 页。

⑩ 张紫琳：《红兰逸乘》卷 2，王稼句点校《苏州文献丛钞初编》，古吴轩出版社，2005，第 274 页。

州，人称“东南都会，甲郡惟杭；首善之地，万民之望”[①]。弘治元年（1488）二月初六日，朝鲜人崔溥到达杭州，亲眼所见：“杭即东南一都会，接屋成廊，连衽成帷，市积金银，人拥绵绣，蛮樯海舶，栉立街衢，酒帘歌楼，咫尺相望，四时有不谢之花，八节有常春之景，真所谓别作天地也。”自武林门至吴山驿，“自门外可十余里间，市肆相接，亦与城中一般。行至天妃宫，宫前即德胜坝河，河边画舫绋纚，不可胜数”[②]。正德、嘉靖时，人称杭州为“万货之凑，百技淫巧，奇邪诪张之所窟宅也”[③]。嘉靖时，姚士麟曾援引中国商人童华的话说：“大抵日本所需，皆产自中国，如室必布席，杭之长安织也。妇女须脂粉，扇、漆诸工须金银箔，悉武林造也。他如饶之磁器，湖之丝绵，漳之纱绢，松之棉布，尤为彼国所重。”[④] 嘉、隆时李鼎称，杭州“生聚茂盛，益以列郡之期会至者，殊方之贸迁至者，奚翅二三百万”[⑤]。万历初年，杭州人陈善说：“杭故东南一大都会也，内外衢巷，绵亘数十里，四通五达，冠盖相属，即诸下邑亦襟联袂接，络绎不绝，民萌繁庶，物产浩穰，征于斯矣。”[⑥] 其时的杭州城，“舟航水塞，车马陆填，百货之委，商贾贸迁，珠玉象犀，南金大贝，侏儒雕题，诸蕃毕萃，既庶且富”[⑦]。万历十八年（1590），高攀龙甚至感叹“城中阛阓之盛，自金陵而下，无其比已”[⑧]。崇祯三年（1630）户部主事丹徒人朱葵说：“武林为东南都会，风樯之所经，星轺之所集，四方萃焉，南通闽粤，北连吴会，为往来孔道。”[⑨] 王士性论道：“杭城北湖州市，南浙江驿，咸延袤十里，井屋鳞次，烟火数十万家，非独城中居民也。”[⑩] 万

① 孟昉：《元杭州路重建庙学碑》，阮元《两浙金石志》卷18，《续修四库全书》，史部，第910册，第255页。

② 崔溥：《漂海录》卷2，朴元熇《崔溥漂海录校注》，第68、73页。

③ 李维桢：《大泌山房集》卷106《高行赠大夫莫公墓表》，《四库全书存目丛书》，集部，第153册，第146页。

④ 姚士麟：《见只编》卷上，《丛书集成初编·史地类》第3964册，第50~51页。

⑤ 李鼎：《李长卿集》卷19《借箸编·早计第一》。

⑥ 万历《杭州府志》卷34《衢巷市镇》，《中国方志丛书·华中地方》第524号，台北成文出版社，1983，第2516页。

⑦ 万历《杭州府志》卷33《城池》，《中国方志丛书·华中地方》第524号，第2480页。

⑧ 高攀龙：《武林游记》，《武林掌故丛编》第16集，钱塘丁氏嘉惠堂，光绪九年刻本，第6页。

⑨ 朱葵：《北新关行署记》，雍正《北新关志》卷15《文词》，雍正九年刻本，第23页。

⑩ 王士性：《广志绎》卷4《江南诸省》，第69~70页。

历末年，浙江巡抚称杭州省城内外，“四方丛集，百万生灵”[①]。单就人口而论，明代杭州可能超过苏州。入清后，杭州的城市格局仍同明代，百货所聚，不但盛产当地的绸缎和杭扇、杭粉、杭线、杭烟、杭剪“五杭”之物，而且集中了全省乃至全国的各种商品。[②] 太平军占领杭州期间，杭州城编有门牌的人口为70余万。[③]

苏杭两城的经济发达，有两大基本因素。

一是植根于当地发达的商品生产。如两城均是明清时期全国最为发达的丝绸城市，此外只有南京可以比肩，从而以“苏杭之币”驰名海内外。明后期的苏州，“家杼轴而户纂组”，机户出资，机工出力，相资为生[④]，丝织工匠多达数千人；清中期，苏州东城“比户习织，不啻万家，工匠各有专能，计日受值”[⑤]，工匠多达数万人。杭州的丝织生产与苏州同样发达。沈廷瑞《东畲杂记》称“杭之机杼甲天下”。雍正时厉鹗说：“杭东城，机杼之声比户相闻。”[⑥] 乾隆时朱点说：“城东蚕桑之利甲于邻封，织纺纠绞之声不绝于耳。”[⑦] 后来的杨文杰也说：“杭郡为东南财赋渊薮，杼轴之利甲于九州，操是业者较他郡尤夥。”[⑧] 光绪年间，日人小此木藤四郎从杭州地方官那里得知，当地有织机一万余台。同苏州一样，杭州民间丝织业最盛的乾、嘉年间，织机至少达万台以上。早在雍正年间，杭州郊区临平镇的轻绸机，就“不下二三百张，每机一张，日出绸一匹”[⑨]。因此万历时杭州人张瀚得意地说，以苏杭为中心的江南大地，“桑麻遍野，茧丝绵苎之所出，四方咸取给焉。虽秦、晋、燕、周大贾，不远数千里而求罗绮绸币者，必走浙之东也”[⑩]。“苏杭之币”名扬四海。乾隆时杭州人杭世骏说：“吾杭饶蚕绩之利，织纴工巧，转而之燕，之齐，之秦、晋，之楚、

① 刘一焜：《抚浙疏草》卷3《为督抚地方事》，万历末年刻本，第65页。

② 陆以湉：《冷庐杂识》卷8“土物”条，中华书局，1984，第426页。

③ 沈梓：《避寇日记》卷2，太平天国博物馆编《太平天国史料丛编简辑》第4辑，中华书局，1961年标点本，第107页。

④ 《明神宗实录》卷361，万历二十九年七月丁未，第6741页。

⑤ 乾隆《元和县志》卷16《物产》，乾隆五年刻本，第10页。

⑥ 厉鹗：《东城杂记》卷下“织成十景图”条，《武林掌故丛编》第6集，第10页。

⑦ 朱点辑：《东郊土物诗·序》，《武林掌故丛编》第8集。

⑧ 杨文杰：《东城记馀》卷上“机神庙碑”条，《武林掌故丛编》第25集，第64页。

⑨ 许梦闳：雍正《北新关志》卷6《利弊》，雍正七年刻本，第4页。

⑩ 张瀚：《松窗梦语》卷4《商贾纪》，上海古籍出版社，1986年点校本，第75页。

蜀、滇、黔、闽、粤，衣被几遍天下，而尤以吴阊为绣市。”①

如棉织业，江南是全国最大的棉布生产基地，而苏州在清代成为最大的棉布加工业城市，以徽商为布商主体的棉布加工字号开设多达六七十家，连同周围棉布业市镇南翔、朱泾、枫泾等镇的棉布字号，在100家左右，日加工棉布能力在12万匹以上。②

如蚕丝生产，以苏杭为中心的江南，是全国最大的蚕桑生产基地，盛产优质生丝，畅销广及全国，甚至是出口生丝的唯一供应基地。所以康熙中后期的唐甄说：“吴丝衣天下，聚于双林，吴越闽番至于海岛，皆来市焉。五月，载银而至，委积如瓦砾。吴南诸乡，岁有百十万之益。”③ 嘉兴府的石门镇，地临南运河，“地饶桑田，蚕丝成市，四方大贾岁以五月来贸丝，积金如丘山”④。

如书籍刻印，不但苏杭两城是全国最负盛名的刻书、印书中心，整个江南更是全国书籍刻印水平最为高超的中心。明万历时兰溪人胡应麟说：“吴会、金陵，擅名文献，刻本至多，钜帙类书咸会萃焉。海内商贾所资，二方十七，闽中十三，燕、越弗与也。然自本方所梓外，他省至者绝寡，虽连楹丽栋，蒐其奇秘，百不二三，盖书之所出而非所聚也。”姑苏书肆多在阊门内外及吴县衙署前，“书多精整，然率其地梓也”；武林书肆多在镇海楼之外及涌金门之内，以及弼教坊、清河坊等交通要道。书籍装帧，“则吴装最善，他处无及焉”⑤。道光十七年（1837），苏州府发布告示收缴淫书，具立议单的书坊多达65家，其中有书业堂、桐石山房、酉山堂芝记、文渊堂、师德堂、扫叶山房、兴贤堂、文林堂、三味堂、步月楼等。⑥这些书坊主要集中在阊门桃花坞及虎丘山门内，各种书籍都能梓刻，畅销全国各地乃至海外。

其他手工行业，如船舶制造、家具制造、铜铁器加工、漆器髹饰、玉

---

① 《吴阊钱江会馆碑记》，乾隆三十七年，苏州历史博物馆等编《明清苏州工商业碑刻集》，江苏人民出版社，1981，第19页。

② 参见范金民《清代江南棉布字号探析》，《历史研究》2002年第1期。

③ 唐甄：《潜书》下篇下《教蚕》，中华书局，1955年点校本，第157页。

④ 王稺登：《续说郛》卷24《客越志》，清刻本，第2页。

⑤ 胡应麟：《少室山房笔丛》卷4《经籍会通四》，上海书店出版社，2001年标点本，第42～43页。

⑥ 余治：《得一录》卷11《收缴淫书》，《官箴书集成》黄山书社，1997年影印本，第8册，第640页。

石雕琢、钟表制造、衣帽服饰、副食品生产等，苏杭城市或兼擅，或独善，领先于时，不遑缕举。

二是畅达的对外水运交通。以苏杭为中心的江南，既是全国最为重要的丝织业生产基地，是全国最为重要的棉布生产加工中心和书籍刻印中心，是全国最为突出的木器加工业、船舶制造业及各种工艺品的生产重地和极为发达的金融中心，还是东南地区的米粮消费地和中转地，更是颇为发达的金银首饰、铜铁器以及玉器漆器加工中心，是开风气之先和领导潮流的服饰鞋帽中心，独步全国的美食中心，设施齐备、服务周到的生活中心，交通便利的运输中心，也是少数几个云集全国乃至外洋货物的商品中心，更是最为火红的文物收藏和鉴赏中心。但苏杭地区生产资料和商品生产的结构，不但决定了其所产各种大宗商品主要通过运河和长江等通道销向全国乃至海外，而且决定了其又需从全国各地输入棉花、木材、纸张、染料、苎麻、玉石等原材料，粮食、豆麦等食粮及蔗糖、烟草、梨枣等副食品，甚至需要输入大量的硬通货白银和铜材等。

江南是全国最大的棉布生产地区，每年向全国各地输出几千万匹棉布。其行销范围，松江布最广，覆盖了华北、西北、东北、华中和华南的广大地域。万历时商人说："至于布匹，真正松江，天下去得。"[①] 意思是说，只要是松江布，就可以畅销各地。明代嘉定棉布，"商贾贩鬻，近自杭歙清济，远至蓟辽山陕"[②]。明代常熟棉布，"用之邑者有限，而捆载舟输，行贾于齐鲁之境常什六，彼民之衣缕往往为邑工也"[③]。但由于区域内调剂和向福建等地输出，江南每年要从华北地区输入"北花"，甚至从湖广地区输入"襄花"。山东、河南等植棉区，由于不善织布，每年却要从江南大量输入棉布，而向江南等地源源不断输出棉花。万历中期河南巡抚钟化民奏："臣见中州沃壤，半植木棉，乃棉花尽归商贩，民间衣服率从贸易。"[④] 所谓"北土广树艺而昧于织，南土精织纴而寡于艺"[⑤]。棉布生产集中在江南一隅，全国棉花和棉布生产脱节，就形成了"吉贝则泛舟而

---

① 余象斗：《三台万用正宗》卷 21《商旅门 · 棉夏布》，万历二十七年刻本，第 16 页。

② 万历《嘉定县志》卷 6《物产》，万历三十三年刻本，第 36 页。

③ 嘉靖《常熟县志》卷 4《食货志》，嘉靖十八年刻本，第 14 页。

④ 钟化民：《钟思惠公赈豫纪略 · 劝勤纺绩》，俞森：《荒政丛书》卷 5，《景印文渊阁四库全书》，史部，第 663 册，第 83 页。

⑤ 王象晋：《群芳谱 · 棉谱》小序，伊钦恒：《群芳谱诠释》，农业出版社，1985，第 155 页。

鬻诸南，布则泛舟而鬻诸北”的商品棉、布流通格局。[①] 明代后期起，在原来运河流通南布北棉格局不变的情形下，运河流通又增加了北方豆粮梨枣的南下，长江流通则在两淮食盐上溯之外，增加了上中游与下游之间米粮与绸布的对流。清代乾隆二年，河南巡抚尹会一说：“今棉花产于豫省，而商贾贩于江南。”[②] 说的就是这种情形，棉、布对流格局仍旧。

明代的丝绸生产，仅仅集中在江南、川中、山西潞安、福建泉州和漳州、广东广州等少数区域，而尤以江南的杭州、嘉兴、湖州和苏州城及其部分属最为兴盛，也即清初唐甄所说的“北不逾淞，南不逾浙，西不逾湖，东不至海，不过方千里”的范围。[③] 实际能向外地输出丝原料的只有江南和川中。嘉、万时人郭子章曾描述过这种情形：“今天下蚕事疏阔矣。东南之机，三吴、越、闽最伙，取给于湖茧；西北之机潞最工，取给于阆茧。”[④] 而能向海内外输出大量生丝和绸缎的实际只有江南。日甚一日的丝绸生产，销售依赖度也日益加深。

前述江南兴盛的书籍刻印业，书籍流播海内外，北京市场上的书籍，就大部分来自江南，而且江南书商业务内行，口碑极佳。琉璃厂最大的书店是五柳居，书籍来自江南，每年进京的朝鲜使者也熟知。乾隆末年的朝鲜著名使者朴趾源记道，琉璃“厂外皆廛铺，货宝沸溢，书册铺最大者，曰文粹堂、五柳居、先月楼、鸣盛堂，天下举人为海内知名之士，多寓是中”。[⑤] 朝鲜使者李德懋，于嘉庆二年（1797）五月二十五日“过琉璃厂，又搜自日未见之书肆三四所，而陶氏所藏尤为大家，揭额曰‘五柳居’。自言书船从江南来，泊于通州张家湾，再明日当输来凡四千余卷云。因借其书目而来，不惟吾之一生所求者尽在此，凡天下奇异之籍甚多，始知江浙为书籍之渊薮。来此后，先得浙江书目，近日所刊者见之，已是，环观陶氏书船之目，亦有浙江书目所未有者，故誊其目”[⑥]。五月二十八日，与

---

① 徐光启：《农政全书》卷35《蚕桑广类·木棉》，上海古籍出版社，1979年校注本，第969页。万历后期人王象晋则在《群芳谱·棉谱》小序中说：“今北土广树艺而昧于织，南土精织纴而寡于艺……棉则方舟而鬻诸南，布则方舟而鬻诸北。”（伊钦恒：《群芳谱诠释》，第155页）。

② 尹会一：《敬陈农桑四务疏》，《清经世文编》卷36《户政十一》，第891页。

③ 唐甄：《潜书》下篇下《教蚕》，第158页。

④ 郭子章：《蚕论》，徐光启《农政全书》卷31《蚕桑·总论》引，第836页。

⑤ 朴趾源：《热河日记》卷11“琉璃厂”条，林基中编《燕行录全集》第54册，第434页。

⑥ 李德懋：《入燕记》下，林基中编《燕行录全集》第57册，第294页。

同事“往琉璃厂五柳居阅南船奇书，书状嘱余沽数十种。其中朱彝尊《经解》、马骕《绎史》，稀有之书，而皆善本也”。六月初二日，“往五柳居陶生书坊，检阅《经解》六十套。……真儒家之府藏，经学之渊薮也”①。道光十二年（1832）正月初六日，清朝官员石村等谒见朝鲜使者郑元容，郑问：“江西亦多书籍乎?”石村答：“琉璃厂村贾，皆江南、江西来者。”② 可见江南书籍不仅聚于当地，还形成了远达京城的国内销售网，产销有机结合。天下奇异书籍由苏州运到北京，运河通道的畅通成为必要的前提。

清代前期，通过运河的商品米豆每年约 625 万石，免税的漕粮以及往返土宜每年共 900 万石，浙江省每年依赖上下游商贩二三百万石，当时海运兼河运的豆粮每年约 400 万石。而单纯通过北洋航线输入江南的豆粮每年约 1000 万石。③ 如此超出海运一倍的运输量，皆依赖运河的畅通。

因此，苏杭城市与全国乃至海外的商品流通格局，决定了苏杭城市经济的发展特别依赖大运河通道。明代万历中后期，由于税使的滥征、苛征，运河沿线商品经营大为萧条，税收大减，山东临清城中原有缎店 32 座，闭歇 21 座；布店 73 座，闭歇 45 家；杂货店 65 座，闭歇 41 家。④ 2/3 以上店铺歇业。其中最主要的就是苏杭代表性商品绸布店的闭歇。这些店铺的开张与否，清晰地反映出苏杭绸布商品生产、流通与运河的紧密联系。运河的畅通，不但为朝廷北输漕粮以及贡百货提供了可能，也为以苏杭为中心的江南商品流通提供了极大便利，苏杭是大运河流通的受益者。

三　大运河及苏杭内河水系关乎苏杭经济发展

苏州杭州是运河沿线特别是江南运河沿线极为重要的两大城市，城市经济因运河流通而盛衰，运河的流通、内河的贯通关乎苏州、杭州的经济发展和社会进步。以苏杭为中心的江南地区商品经济的长时间高速发展，

① 李德懋：《入燕记》下，林基中编《燕行录全集》第 57 册，第 298、301～302 页。

② 郑元容：《燕槎录·日记》，《燕行录选集补遗》中，韩国大东文化研究院，2008，第 173 页。

③ 《浙江巡抚永贵奏》，乾隆十六年七月十三日，《宫中档乾隆朝奏折》第 1 辑，台北故宫博物院印行。

④ 赵世卿：《关税亏减疏》，《明经世文编》卷 411，中华书局，1962 年影印本，第 4458 页。

为大运河的物货流通注入了源源不断的活力，而大运河畅达的商品流通也为以苏杭为中心的江南地区的经济持续发展提供了血脉贯通性保障，成为苏杭城市经济发展的极其重要的影响因素。

苏杭城市凭借水道开展商业活动，运河通道与内河水系是否畅通，直接影响着苏杭经济的发展。运河从无锡流经苏州城西北，迤逦作东南行，一支在苏州城西阊门入城，一支过枫桥南行。苏州在阊门受运河水，在盘门受大湖水，城内水道纵横，曲折贯通，东西南北，呈现“三横四直”格局。所谓三横四直，盘门纳太湖水，汇百花洲，直北行，由明泽桥至皋桥，为第一直河。自和丰仓西新桥东北行，迂回再折，过杉渎桥，至查家桥，转北杉板桥，迤东行西馆桥，入北而出单家桥，为第二直河。二水并与阊门西入之水汇。自孙老桥转东直行，由府治前至饮马桥，经平桥、南仓桥，达迎葑桥，合望信桥第四直河之水，东南行，出葑门，为第三横河。又自吴县县学西渡子桥，从东直至长洲县东顾庭桥，为第二横河。此水出狮子口，合葑门以北内濠之水，俱归娄门夏侯桥十字河。受饮马桥第三横河西来水，一从仓桥逶迤东行，出葑门水关，与安里桥南来水北达外城濠，至娄门，东入娄江；一从北行，过乘鱼桥，汇第二横河水，至顾家桥，转北达临顿路口，又汇第一横河水，北趋跨塘桥下，直出齐门，此为第三直河。望信桥直北行，至官太尉桥，转东径尽市桥，北入苑桥，出华阳桥南水口，为第四直河。与出娄门第一横河之水合阊门水关，纳枫桥运河水，东行至单家桥转北，正东经报恩寺前，直出娄门，为第一横河。[①]“三横四直”之外，乾隆、嘉庆之际，又在城中央，西自普济桥南，引第二直河之水，由范庄前玄妙观，复东经四通桥至悬桥，穿过第三直河，又东至新桥，穿过第四直河，复东入城濠，竟出娄关，疏浚出一条联系全城水系的中心河道。[②]“三横四直”为主干，又有中心河道为总纲，城内物货输送便利，“市廛阛阓，栉比鳞差”，人称“夫以苏城之旁魄蔚跂，得水附之而膏润相涵，脉络相注，所贵因势利导，旁推交通，如人身营卫灌输，去其滞而达之畅，未有不怡然以顺、泰然以舒者”[③]。苏州城就在运河之水入城的阊门外上下塘和流经的枫桥形成繁盛的市场，运道畅通，苏州城市

---

① 同治《苏州府志》卷8《水》，光绪八年江苏书局刻本，第12～13页。

② 盛林基：《苏郡城河三横四直图记》，钱思元：《吴门补乘》卷1《水利补》，上海古籍出版社，2015，第64页。

③ 王文治：《费文懿公淳碑记》，钱思元：《吴门补乘》卷1《水利补》，第63页。

经济处于稳步发展状态。

杭州城的水源与苏州相反，不是运河之水流入城内，而是城内之水流入运河。杭州城内之水来自西湖，由涌金水陆之门和清波门流福沟入城，而后依次为上、中、下三河，下河之水南入钱塘江，北由艮山门入运河。[①]即引西湖之水自涌金水门及流福沟入城，北出武林水门，南出正阳水门，东南出候潮门，复由正阳、候潮门外，合流而趋永昌坝，以供南新关之抽分，通北新关之商货，再进而入清泰水门，以通东路之粮食、场灶之盐船，其曲折出入，凡三十里，然后由桃花港响水闸汇流于上下两塘河，以灌溉田亩，“是城河正所以通西湖之血脉，利益商民者无限”[②]。所谓上下塘河，自武林水门接城内大河西河，过吴山水驿，达清湖上、中、下三闸，至德胜桥，与城东外沙河、菜市河、泛洋湖水合，分为两派：一派由东北上塘河至旧东新仓新桥入运河，至长安坝，即上塘河；一派由西北过德胜桥，至江涨桥与子塘河合流，至北新桥西北入湖州界，称下塘河，而后北接新开运河。[③]

新开运河在武林门外，北新桥之北，“通苏、常、湖、秀、润等河，凡诸路纲运及商贩客舟，皆由此达于城”[④]。元末至正末年张士诚为大军往来所开，自五林港（或作伍临港）至北新关，又南至江涨桥，阔十余丈，唐栖至杭州之间通道“遂成大河”[⑤]。新开河的开浚，极大地提高了运河对于杭州的流通功能，所谓“新开河浚，碧天桥成，会垣驰驿，唐栖首程，居民担负，商贾经营，两岸列肆，百货充盈，蜂屯蚁聚，对宇望衡”[⑥]。

杭州城内水系贯通，输入各地物资，在水门内外形成诸多市场。米粟自北至者则湖墅市河之坝，自东北至者则长安坝，自西北至者则西塘坝，“坝之所阻，辄为米市”。[⑦]候潮门外为嘉会门市，艮山门外为沙田市，离城五里夹城巷市、宝庆桥市，离城六里为德胜桥市，离城八里为石灰坝市、江涨桥市，离城十里为北新桥市，浙江驿前为浙江市，候潮门外为鲞

① 乾隆《杭州府志》卷40《水利一·城内河》，《续修四库全书》，史部，第702册，第138页。

② 乾隆《杭州府志》卷40《水利一·城内河》，第141页。

③ 万历《杭州府志》卷20《山川一》，《中国方志丛书·华中地方》第524号，第1445页。

④ 万历《杭州府志》卷20《山川一》，第1446页。

⑤ 光绪《唐栖志》卷2《志山水》引《仁和县志》，光绪十六年刻本，第29～30页。

⑥ 光绪《唐栖志》卷4《街巷》，第1页。

⑦ 李鼎：《李长卿集》卷19《借箸编·旱计第一》，万历刻本。

团，滨临浙江有范村市。[1] 可见杭州城市经济的发展依赖水道源源注入活力。所以康熙二十三年（1684）钱塘人裘炳泓具呈请开城河时说："杭城全藉西湖之水达城内之河，上通江干，下通吴墅。……若河道开通，不惟水火之患可除，亦且万民乐业，利赖无穷矣。"[2] 为此，地方政府自康熙前期到乾隆三十六年持续修浚城河，确保水道畅通。富勒浑称，杭州"左江右湖，水利攸系甚钜。钱塘江则筑塘以捍之而不使溢入西湖，则建闸以引注之，而灌输于城中大小河，以分达于城外上下两塘河，灌田畴，通舟楫，咸取资焉。是城河之通塞，所关于民生之利病，匪浅鲜也"[3]。

苏杭城市发展依赖商品流通，流通税收盈缩成为苏杭城市经济发展与否的重要指标。苏州西北三十里的浒墅关和杭州北郊的北新关，既是运河南端的两个税关，也是运河全程七大税关中的两个重要税关。浒墅关"为南北往来要冲，舟航喧集，商贾骈至，课额甲于他省"[4]。北新关为各省通衢，"上通闽广、江西，下及苏松、两京、辽东、山东、河南、山陕等处"；"极燕秦齐楚之众，果布珠琲之饶"[5]。两关税收情形，既反映了江南当地的商品生产和流通情形，也是运河全程商品流通的直观反映。

前列"明代八大钞关税收及其比例表"显示，万历时期，苏州浒墅关和杭州北新关两关税收分别为4.5万两和4万两，两关税收约占运河七大钞关税收总额31.8729万两的27%；天启年间两关分别为8.75万两和8万两，两关税收约占运河税收总额42.2429万两的40%，增长了13个百分点。需要指出的是，同时期北方的两个运河钞关临清和河西务的税收减少了26.19%，显示出南直隶和浙江境内的4个运河钞关的地位更加重要。天启年间，浒墅关税收为8.75万两，崇祯末年更增加到18万两[6]，这固然是明廷横征暴敛的反映，但也显示出苏杭城市经济直到明末一直是在上升的。

入清后，浒墅关的地位极为重要。乾隆初年粮食税约占该关税收总额

---

① 万历《杭州府志》卷34《镇市》，《中国方志丛书·华中地方》第524号，第2539页。

② 裘炳泓：《请开河呈》，乾隆《杭州府志》卷40《水利一·城内河》，第10页。

③ 富勒浑：《重浚会城各河记》，乾隆《杭州府志》卷40《水利一·城内河》，第16页。

④ 道光《浒墅关志》舒明阿序，江苏古籍出版社，1992年标点本。

⑤ 雍正《北新关志》卷7《钤辖》，第1页，卷15《文词》，第1页；姚文蔚：《户部郎斗瞻何公督理北新钞关去思碑》，雍正《北新关志》卷15《文词·碑记》，第31页。

⑥ 应天巡抚黄希宪崇祯十三年七月二十四日告示称："照得浒墅关税递岁叠增，数至一十八万。"（黄希宪：《抚吴檄略》卷1《军门示》，崇祯刻本，第26页）

的 50.5%。[①] 自雍正到乾隆前半期，浒墅关每年征税平均在银 50 万两左右。该关税率米粮与豆均为银 4 分，按此折算，每年过关纳税商品量相当于粮食 1250 万石，若按雍正十三年（1735）豆税占 24% 的比例计算，则每年过关纳税的豆粮为 300 万石以上。

嘉庆四年（1799），朝廷再次确定榷关盈余银两数：临清户关 11000 两，浒墅关 235000 两，淮安关 111000 两，扬州关（兼由闸）68000 两，北新关 65000 两。[②] 浒墅关和北新关税收盈余银共 30 万两，占运河税关盈余银总数 490000 两的 61% 强。道光十一年（1831），清廷再次厘定各关税收正额和盈余银：淮安关（含宿迁）364363 两，浒墅关为 421151 两，扬州关为 163791 两，临清户关为 48376 两，北新关为 188054 两。[③] 浒墅关和北新关共为 609205 两，占总数 1185735 两的 51.38%。其中仅浒墅一关，就占 36%。单就运河流通而言，清代苏杭两地的城市经济较之明代更为突出了。

运河流通的盛衰也直接影响苏杭城市经济的发展。乾隆初年，以苏杭为中心的江南地区，据江宁布政使安宁奏称，那里“人烟辏集，其船只之多，大小不下数十万艘，百姓赖以资生者，何啻数百万人”[④]。明代弘治时的北新关，“路当吴、楚、闽、越之冲，水浮陆走者”[⑤]。明后期，杭州“襟江带河，北抵燕而南际闽，在城诸河仅若浍渎，取行水道而已。舟航鳞次，信宿不达，以故水输陆产，辐辏而至者，皆以湖墅江干为市”。杭州为东南大都会，居民“以舟为车，楫为马，风樯云筏，蚁附而麇至焉”[⑥]。聂心汤说：“入钱塘境，城内外列肆几四十里，无咫尺瓯脱，若穷天罄地，无不有也。”[⑦] 清雍正时，杭州“四境之胜据，百物辐辏，以贾云集，千艘万舳，往回不绝，东南财赋之乡，此其征矣”[⑧]。

---

① 参见许檀《明清时期运河商品流通》，《历史档案》1992 年第 1 期。

② 《嘉庆道光两朝上谕档案》，嘉庆四年三月十八日，广西师范大学出版社，2000 年影印本，第 4 册，第 105 页。

③ 转见倪玉平《清朝嘉道关税研究》，科学出版社，2017，第 8 页。

④ 乾隆七年八月二十日，户部会议，梁廷楠：《粤海关志》卷 8《税则一》，广东人民出版社，2002 年校注本，第 153 页。

⑤ 李旻：《公恕堂记》，雍正《北新关志》卷 15《文词》，第 1 页。

⑥ 黄汝亨：《南户部郎司北新关璞严荆公德政碑记》，雍正《北新关志》卷 15《文词》，第 37 页。

⑦ 万历《钱塘县志·纪疆·物产》，万历三十七年刻本，第 30～31 页。

⑧ 雍正《北新关志》卷首《北新关四境图说》，第 1 页。

明中期到清中期，运河沿线大致稳定，社会经济持续发展，运河流通顺畅，苏杭经济除了灾荒性特殊年景，大体上处于繁荣昌盛的状态。乾隆年间，浒墅关正羡税银多达50万余两。① 乾隆后期起，运河山东、苏北段淤积日益严重，经由运河的南北货物流量迅速减少，与此同时，华北地区棉布业兴盛，江南棉布市场收缩，北上的绸布流量大减。相反的是，以上海为中心的南北洋航线日渐繁忙，迅速成长为南北物流中心，苏州、杭州的商品聚散功能急遽下降，城市也日趋不景气。嘉庆年间，华北地区、长江中下游地区水旱灾害不断，社会物力趋于萧条，运河商品流量持续下降。道光五年（1825），因高家堰坍塌，清江高、宝一带断流，“百里商贩不通，继而挑浚运河，水势未旺，即严催重运，漕船衔尾北上，现又筹办起驳，商船稍大者即不能插帮行驶，北货仍属寥寥”②，浒墅关税收大受影响。道光初年，漕粮改由海道北运，南货大减。道光四年（1824）黄河决口，咸丰初年太平天国起事，会通河长年失修，淤塞不通。咸丰五年（1855）黄河在铜瓦厢决堤，黄河改道，淮安以北的运河水道更为淤塞，河南、山东等地的豆船几乎不再来淮，北来商品大为减少。天灾人祸，使运河特别是江苏以北运河的流通功能丧失殆尽。太平天国兴起后，长江运输也不畅通，江南运河段流通深受影响，人称“军兴以来，江路梗阻，川、楚、江、皖等省商贾率皆裹足”③。咸丰军兴后，清廷增创厘金，内河税卡大增，原来行经运河的商品，多由海路，“内河厘捐林立，海口各路通商，南北货物大都航海而行”④。

现有研究表明，嘉庆年间直到道光末年，运河税关浒墅和北新等的税收持续减少。嘉庆元年（1796），浒墅关实征税收总额为486430万两，自嘉庆三年（1798）减少至421285两，嘉庆八年（1803）减为383187两，道光元年（1821）为401285两，道光二十一年（1841）减为296768两。前后相较，道光末年税收只是嘉庆元年（1796）的61%。如果较之兴盛的乾隆中期，大约只有55%。具体说来，嘉庆三年（1798），浒墅关税收较

① 道光《浒墅关志》卷5《榷税则例》，第118页。

② 《苏州织造兼管浒墅关延隆折》，道光五年四月二十六日，《宫中档朱批奏折·财政类·关税》，档案号：04-01-35-0374-007。

③ 《苏州织造德毓折》，咸丰五年六月二十四日，《宫中档朱批奏折·财政类·关税》，档案号：03-4378-032。

④ 《淮安关监督舒麟折》，同治九年十一月初十日，《宫中档朱批奏折·财政类·关税》，档案号：04-01-35-0389-051。

前两年少 6 万余两，盖因“上年江省收成丰稔，粮价平减，川楚贩米来苏未能获利，兼之该处军务未竣，商贾不克流通，以致米船到关甚属寥寥”[①]。嘉庆四年（1799）稍有起色，“查浒墅关以米豆税为大宗，杂税次之，现在豆税无几，杂税与上年相等，惟米税一项，全赖上游四川、湖广及安广等处米船络绎来苏，方能旺税。而上年川、楚米船来苏甚少，因湖广米价较苏州昂贵”[②]。嘉庆九年（1804），“惟浙江湖州一带所产丝斤收成歉薄，到关船只甚属寥寥。又兼秋间河口淤阻，南北杂货商船不能通行”[③]。嘉庆十年（1805），浒墅关少收税银 7 万两。嘉庆十二年（1807）更少收 12 万两。浒墅税关官员抱怨：现在民食不致匮乏，上游又有被灾之处，所来者多在沿途贮销，而到浒墅关者甚属寥寥。至豆杂等税全赖水利，河路顺通，方可络绎往来。乃今年自春至冬，干旱异常，各处阻浅，而京口、常州一带为浒墅关咽喉要路，尤形消涸，船只不时拥挤阻滞，载船稍重者必须数分小船驳运，始能抵关，“商民费用既繁，销售时不能获利，是以来者少而回载稀”[④]。大体上自嘉庆七年（1802）以后，因米豆正税到关渐少，川、楚、江西等省运输粮食不如从前旺盛，兼以江北、淮扬等地粮价增昂，商船趋利而往，不从镇口进口，浒墅关税收连年减少亏损。嘉庆十六年（1811）少收 6 万两，嘉庆十八年（1813）少收 1 万两，嘉庆二十年（1815）少收 9 万两。苏州郊区枫桥米行盛时原有 200 多家，到嘉庆二十一年（1816），浒墅关阿尔邦奏：“从前苏州枫桥一带开设米行甚多，十数年来，陆续歇闭，现在较少一半，有册可稽。”[⑤] 嘉庆十九年（1814）少收 14 万两。嘉庆后期浒墅关税收仍然持续下降。进入道光年间下降数量加大，道光二年（1822）少收 7 万两，三年（1823）少收 11 万两，五年（1825）、六年（1826）两年均少收 7 万两，七年（1827）少收

① 《苏州织造兼管浒墅关舒玺折》，嘉庆三年二月十三日，《军机处录副奏折·嘉庆朝·财政类·关税》，档案号：02－1766－088。

② 《苏州织造兼管浒墅关全德折》，嘉庆四年二月十三日，《宫中档朱批奏折·财政类·关税》，档案号：04－01－35－0359－021。

③ 《苏州织造兼管浒墅关那苏图折》，嘉庆九年十二月二十四日，《宫中档朱批奏折·财政类·关税》，档案号：04－01－35－0362－045。

④ 《苏州织造兼管浒墅关舒明阿折》，嘉庆十二年十一月二十日，《宫中档朱批奏折·财政类·关税》，档案号：04－01－35－0365－006。

⑤ 《苏州织造兼管浒墅关阿尔邦折》，嘉庆二十一年七月十八日，《宫中档朱批奏折·财政类·关税》，档案号：04－01－35－0368－042。

9 万两，八年至十年（1828～1830）均少收 6 万两，十四年（1834）至道光末年，少收均在 10 万两以上，其中道光十五（1835）和二十九年（1849）均收少 14 万两。①

杭州北新关，嘉庆元年（1796）实征税为 195749 两，六年（1801）起超过 20 万两，十八年（1813）起又减至 20 万两以下；道光元年（1821）为 194488 两，十四年（1834）减为 162582 两，二十一年（1841）为 188219 两。② 减少幅度较小。较之浒墅关，北新关税收较少依赖运河，这更加说明运河流通与苏杭城市盛衰的密切关系。

相形而言，象征苏杭城市经济兴衰的浒墅和北新关税收的持续减少，意味着苏杭城市经济在上海的日益崛起和壮大中日趋低迷，处于萧条景况。

The Circulation of Goods and Materials in the Grand Canal and the Development of Urban Economy in Suzhou and Hangzhou from the 15th to the 19th Century

Fan Jinmin

Abstract: The Grand Canal from the 15th to the 19th century, located in the most developed economic belt, had become the most important north-south material and goods corridor, gathered commodities from the upper middle reaches of the Grand Canal and South China. The Grand Canal became the most important north-south material and goods passageway, which provides all kinds of materials to the capital Beijing. The material and goods circulation of the Grand Canal has also become a barometer of the national economy. Suzhou and Hangzhou, the two largest commodity circulation cities along the canal, had been in a prosperous period for a long time. Whether the canal and the river system were

① 倪玉平：《清朝嘉道关税研究》，第 57～63、254～260 页。

② 倪玉平：《清朝嘉道关税研究》，第 308～317 页。

smooth or not directly affected the prosperity and decline of the urban economy of Suzhou and Hangzhou. The canal was the lifeline of the urban economic development of Suzhou and Hangzhou. The level of commodity circulation of the canal directly affected the urban economy. The city economy of Suzhou and Hangzhou relied on the smooth flow of the canal to carry out commercial activities by virtue of the canal. Suzhou and Hangzhou imported various raw materials, silk fabrics, books and other bulk commodities and various handicrafts. The level of circulation tax indicated the development of urban economy in Suzhou and Hangzhou.

Keywords: Grand Canal; Suzhou; Hangzhou; Commodity Circulation

（责任编辑：王玉朋）

明清时期淮安漕运文化特征述论*

吴士勇**

内容摘要 淮安与漕运渊源很深，吴王夫差筑邗沟，隋炀帝修运河，元明清时期大运河南北贯通，淮安一直处于漕粮中转的中心位置，因而奠定了其交通枢纽地位。漕运拉动了淮安经济文化的发展，在明清时期达到了古典式繁荣的顶峰，进而形成了独特的漕运文化，即强调遵守等级秩序和上下尊卑关系，注重礼仪、服饰与举止，官场文化十分浓厚；以土宜、回空揽载与私盐贩运为代表的漕运经济日趋繁荣，形成了汇聚南北财货、注重商品流通的商业文化氛围；融汇八方文化，善于学习和借鉴，逐步形成了互利互鉴、包容天下、具有鲜明特色的区域文化。

关键词 明清 淮安 漕运文化

传统社会早期的漕运泛指官方物资的水运，它的内容多样，诸如粮食、木材、金属等物质的运输，均可视为漕运。到了宋元以后，随着漕运制度的发展，漕运便专指漕粮运输。① 淮安与漕运的渊源由来已久。春秋时期吴王夫差开挖邗沟，入淮处在末口（今淮安）。此后，魏文帝开挖山阳池，隋文帝开山阳渎，淮安从此开始运河漕运的历史。隋炀帝建立以洛

---

* 本文是江苏省社科基金项目“明清苏北漕河交通与城镇聚落变迁研究”（16LSC001）和江苏省社科基金项目“明代以来洪泽湖归江入海格局的演变与苏北区域社会”（16LSB002）的阶段性成果。

** 吴士勇，历史学博士，淮阴师范学院历史文化旅游学院教授，主要研究方向为明清史与运河文化。

① 倪玉平：《清代漕粮海运与社会变迁》，上海书店出版社，2005，“绪言”，第10页。关于漕运概念的探讨，可参阅拙著《明代总漕研究》，科学出版社，2017，“绪论”，第7~10页。

阳为中心的运河漕运体系，在淮安设立了管理漕运的专门机构，淮安城市发展迎来空前的机遇。唐代淮安是唐王朝物资转运的重镇。宋太宗“开河自楚州至淮阴，凡六十里，舟行便之”[①]，又在淮安设江淮转运使，从此，淮安扼守江淮的战略地位和经济地位得到了进一步的提升。明清两代，贯穿南北的京杭大运河成为中国经济的大动脉，淮安地处大运河中部的黄、淮、运交汇处，遂成为天下交通的枢纽。淮安地位的提升以及社会经济走向繁荣，与明成祖迁都北京、改海运为内河漕运有着密切的关系。在明清两朝的经营下，淮安成了京杭大运河上的漕运重镇。清咸丰五年（1855），河决铜瓦厢后，运道淤塞，漕运式微，海运崛起，淮安的商贸地位一落千丈。捻军攻陷清江浦后，清廷裁撤河道、漕运官员，拨发的帑金日渐减少。加上此地水利设施年久失修，水旱灾害频仍，农业凋敝不堪。由于缺乏农业的支持，淮安的商业也迅速衰落下去，以致百事废罢，生计萧然。可以说，古代淮安城市的兴衰与运河漕运的起伏相始终，考察古代漕运，淮安是一个不可回避且带有典型意义的范本。两千年来的漕运发展，使得淮安城市文化深深地烙上了漕运文化的印记。

相关学术史研究主要集中于漕运经济与淮安历史地位方面：有学者阐释了淮安作为“运河之都”在中国历史上所占据的重要地位，[②] 有从明代朝鲜使臣的视角发掘与运河和淮安相关内容的，[③] 有考证淮安会馆与商品经济关系的，[④] 有将淮安的漕运、盐运结合起来讨论淮安城镇经济发展历程的，[⑤] 有描述漕运兴盛与衰落对淮安经济影响的，[⑥] 有对淮安商品流通的种类、流通地区以及商人在其中起到的作用等内容进行初步论述的。[⑦] 上述研究或宏观或微观，都对淮安漕运文化有所论及，对本研究大有裨益，然对淮安漕运文化的提炼与概述仍稍显薄弱。

---

① 《宋史》卷96《河渠志六》，中华书局，1977年标点本，第2379页。

② 赵明奇、韩秋红：《运河之都淮安及其历史地位的形成》，《江苏地方志》2006年第4期。

③ 张德信：《朝鲜使臣眼中的运河与淮安——以权近〈奉使录〉为中心》，《淮阴工学院学报》2006年第6期。

④ 沈旸、王卫清：《大运河兴衰与清代淮安的会馆建设》，《南方建筑》2006年第9期。

⑤ 高寿仙：《漕盐转运与明代淮安城镇经济的发展》，《学海》2007年第2期。

⑥ 江太新、苏金玉：《漕运与淮安清代经济》，《学海》2007年第2期。

⑦ 王元林：《明清淮安商品流通地理初探》，《淮阴工学院学报》2007年第2期。

一 尊卑鲜明、等级森严的官场文化

漕运兴起后，淮安衙门林立，大小官员不计其数。官员、掾吏和百姓之间存在着不可逾越的等级关系，这种现象到了明清时期尤为典型。

明太祖时，尝置京畿都漕运司，设漕运使，常驻淮安。永乐间，设漕运总兵官，以平江伯陈瑄治漕。宣德中，又遣侍郎、都御史、少卿等官督运。至景泰二年（1451），漕运中断，始命副都御史王竑总督，兼巡抚淮、扬、庐、凤四府，徐、和、滁三州，治淮安。嘉靖三十六年（1557），以倭警，添设提督军务巡抚凤阳都御史。四十年（1561）归并，改总督漕运兼提督军务。万历七年（1579）加兼管河道。有明一代，淮安府漕、河、盐、榷、驿衙门林立，为全国漕运指挥中心、漕船制造中心、漕粮指挥中心、盐运集散中心。从山阳县城至清江浦区区三四十里地，除总督漕运部院、淮安知府、山阳县令衙门外，尚有：漕运镇守勋爵总兵衙门，永乐三年（1405）设，天启二年（1622）革。漕运镇守参将衙门，洪熙至宣德初设，隆庆五年（1571）革。漕储道参政衙门，隆庆六年（1572）设。淮海道衙门，天启二年（1622）设。漕运刑部主事（员外郎）衙门，成化十九年（1483）设。两淮运司批验盐引所，正德十年（1515），由淮南迁至淮北河下大绳巷。淮北盐运分司署，正德年间迁至淮安河下。淮安管仓户部监清江浦常盈仓衙门，驻清江浦。淮安清江厂工部督治漕船衙门，驻清江浦。淮安钞关（南京户部）衙门，驻板闸。淮安府清军贴堂同知衙门，专管清军、驿传、马政，驻扎本府。万历八年（1580），移驻甘罗城，兼管清河、桃源、并山阳、高家堰、柳浦等处河道。万历十一年（1583），复驻本府，兼柳浦、海口等处河道，余如故。山清河务同知衙门，万历间题设，管山阳、盐城、清河、桃源河务，及高家堰、永济河、清江浦里外河，及柳浦湾、云梯关海口各处河道。淮安府海防同知衙门，万历二十二年（1594）以新建庙湾城防倭添设，专管海防、捕粮、税课等事务。淮安府东河船政同知衙门，万历四十年（1612）题设，管理东河船政，驻扎清江浦，督造漕船。淮安府通判衙门，成化九年（1473）增设，弘治八年（1495）裁，嘉靖十六年（1537）复设。专管捕盗、缉私盐。正德间添设一员，兼管水利，后裁去，驻扎淮安府城。[①]

① 乾隆《淮安府志》卷18《职官·明》，荀德麟点校，方志出版社，2006，第602～643页。

上述衙门叠加起来竟达20个之多，为全国省级以下地方政府所在地所罕见。清王朝建立以后，除继续在淮安设漕运总督府外，康熙十六年（1677），又把河道总督府从山东济宁（时称“北清河”）移置到淮安清河县（时称“南清河”）。漕运总督府是统掌全国漕运的最高机构，机构设在山阳（淮安府治所），漕运总督府的最高长官为总督，官秩从一品，总督府的机构庞大，文官武校及下辖官兵有两万余人。河道总督府负责督办全国黄河、运河堤防、疏浚工程等，最高长官是河道总督，官秩从一品或正二品。从地理位置看，漕运总督府与河道总督府相距不到四十里。区区一个淮安府，竟然驻扎了两个总督衙门，为他地所罕见。除此之外，清代尚有巡视南漕监察御史、淮安钞关、漕储道、淮扬道、淮安知府、通判、推官、府学教授、府学训导、照磨、检校、大军仓大使、税课司大使、山阳知县、县学教谕、县学训导、主簿、典史、板闸巡检（上述为文职）；中营参将、中营游击、中营副将、中营都司、中营守备、左营都司、左营守备、右营游击、右营守备、淮安城守营参将、城守营守备、淮安卫掌印守备、大河卫掌印守备（上述为武职）。这还没包括明嘉靖中到清乾隆二十四年（1759）设立的、曾驻河下（府城西北关厢）的盐运分司等机构。[①]

漕运总督驻守淮安，督查漕船，设仓转运漕粮。因而，大批的理漕官吏、卫漕士兵、从漕杂役，甚至装卸搬运漕粮的工人等都以此为生。围绕着漕运形成了一支巨大的“文武兵吏”队伍。这支队伍过于庞大，以致抱怨丛生。《淮阴竹枝词》中有一首云：“飞燕寻巢识主人，一枝栖托亦艰辛。林间有鸟自来去，好过一年淮上春。”原注有：“漕帅驻节淮安，卫所官弁僦屋而居，用度日费。每春夏，有鸟鸣曰：淮上好过。官弁曰：淮上殊不好过。”[②] 官员好过，弁员不好过，除了经济方面的原因外，还有鲜明的等级秩序和上下尊卑关系使然。

我们还可以从总督部院及其周边建筑中看出其中的等级关系。淮城的官署几乎都集中在旧城，而且大都盘踞在高敞地段。漕运总督府是府城中品秩最高的机构，坐落在旧城正中，面朝南城门楼，处于丁字交叉的大街口。屋宇高大雄伟，且是城内地势最高的地方。尽管府城周围几百年来因

① 同治《山阳县志》卷5《职官》，《中国地方志集成·江苏府县志辑》，江苏古籍出版社，1991年影印本，第55册，第89页。

② 范以煦：《淮壖小记》卷2，咸丰五年刻本。

黄河决溢，地势年年增高，部院旧址仍然高出其他地方很多。在总督部院的周围，北有府衙，西南是县衙，东南有府学，西邻县学，各衙门环拱前后，作众星捧月之势。这些建筑都处于地势较高的地段，凸显出官僚队伍在淮安的地位。

官僚队伍讲究遵规守矩和等级尊卑，这深深地影响了士绅阶层。士绅们特别讲究烦琐礼节和举止服饰，以此彰显出与下层人物的等级差距。我们可以从《车桥闻见记》中看到士绅们所推崇的处世风范：韦应庚“执礼必恭，虽幼卑办不肯简率”，又“居家事太夫人以礼，入见都如古仪。尝与太夫人隔室居，太夫人再三呼之，始应。怪其迟，曰：彼时世琯未著衣冠，故未敢应”。另外一些士人或者“事兄嫂极恭顺”，或“所坐处衣冠整肃，望而知为古处君子”。车桥在府城东涧河边，虽不是运河城镇，但因有涧河直达府城并与运河相通，深受府城影响。《车桥闻见记》中还说：“予观车桥老辈每过人家，必戴缨帽；后则有戴便帽者，然岸帻而来，衣冠肃然；近则寒天俱戴毡帽幞关，往来街市，猥琐阘冗，望之与乡野人无异。”① 君君、臣臣、父父、子子的封建等级关系，本由儒家所倡导，而在官僚队伍集聚之地淮安，这种官场规制被进一步强化，此地士绅们习以成俗的烦琐礼仪与对服饰容止的讲究，正是其等级森严的官场文化的外化反映。

二 汇集南北、注重流通的工商业文化

漕运是封建国家的政治行为，但在明清漕运实践中，也不乏商品流通行为。明清两代的漕运经济主要由土宜、回空揽载与私盐贩运组成，在淮安便形成了汇聚南北财货、注重商品流通的商业文化氛围。

漕军携带土宜自明人始。明代漕军借助漕运之便，在沿途私下进行商品运输与买卖，参与商业活动，本是公开的秘密。洪熙年间，明廷干脆颁布法令，准许漕运人员携带一定数量的货物，并免抽税，以补运军生计与运粮脚价的不足：“运军除正粮外附载自己什物，官司毋得阻当。”② 具体数量上，成化十年（1474）规定，运军每船附带土产10石，并只允许

① 潘亮彝：《车桥闻见记》，光绪丁丑抄本，淮安市淮安区图书馆藏。

② 万历《大明会典》卷27《户部一四·漕运》，（台北）新文丰出版公司，1976年影印本，第516页。

“易换柴盐”，弘治十五年（1502）重申了这一规定，“附带土宜不得过十石”[①]。其后数额开始逐渐增加，嘉靖三十九年（1560）增加至40石，万历七年（1579）提高到60石，但白粮粮船每运户仍只能带土宜40石。[②]自宣德年间实行兑运法，到嘉靖、隆庆两朝之前的常规年份，每年一般有400余万石漕粮过淮安北上。以“十人驾一船，一船载米三百石”[③]计算，粗略估计，嘉靖以前每年过淮运军，大约携带了10万石货物。嘉靖朝之后，漕政日坏，法令日弛，[④]每年过淮的漕粮仅是前期的一半左右，过淮的漕船每年也仅四五千艘，如万历二十五年（1597）过淮漕船仅有5725艘。[⑤]但由于运军可以携带的土宜数量的增加，漕船实际运载的私货数量仍可达到二三十万石以上。这些货物每年有相当一部分在淮安倾销，从而刺激了淮安商品市场的繁荣。

每年漕船从北方回空，途中也不断揽载货物，同样也促进了南北货物的流通。依祖制，每艘漕船500石，载米350石，加上耗米不过400余石。明代后期不断被突破：“粮船初制，底长五丈二尺，其板厚二寸……头长九尺五寸，梢长九尺五寸……后运军造者，私增身长二丈，首尾阔二尺余。”[⑥]

土宜夹带和回空揽载的漕船运输方式的存在，使得明代淮安商品经济受益匪浅。每年漕船经过淮安之时，往往出现“每丁兑粮完后，即满载私货而行，船重如山”[⑦]的局面。甚至还有运军变卖耗米，“置买私货于沿途发卖”[⑧]。而回空粮船也往往在卸粮之后揽载货物，以致舟重凝滞，开行不便。因土宜免税，不少商人即搭载漕船运输商品，大大降低了商品的运输成本。以淮关为代表的运河钞关，由于“天下货物南北往来多为漕运船及

---

① 万历《大明会典》卷27《户部一四·漕运》，第517页。

② 万历《大明会典》卷27《户部一四·漕运》，第517页。

③ 丘濬：《漕挽之宜》，《皇明经济文录》卷7《户部下》，京华出版社，1999，第198页。

④ 孙玮：《题为漕储关系非轻等事疏》，《神庙留中奏疏汇要》户部卷4，《续修四库全书》，上海古籍出版社，2002年影印本，史部，第470册，第323页。

⑤ 马从聘：《恭报粮船过洪疏》，《兰台奏疏》卷1，《四库全书存目丛书》，齐鲁书社，1994年影印本，史部，第64册，第649页。

⑥ 宋应星：《天工开物》卷中《舟车第九·漕舫》，《续修四库全书》，子部，第1115册，第80页。

⑦ 毛一鹭：《题为转饷事敬佐末议等事疏》，《神庙留中奏疏汇要》户部卷4，《续修四库全书》，史部，第470册，第366页。

⑧ 《明宪宗实录》卷84，成化六年十月己酉，“中研院”历史语言研究所，1962年校印本。

马、快船装载”，因此“国税无人输纳”[①]。像辽东的人参、貂皮，北直隶的梨、枣等货物，往往由这些漕船夹带南下，运销于淮安、扬州、东南诸省，以及川楚、两广等地。

清廷承袭明制。康熙二十二年（1683）规定，每只漕船除运载漕粮500石外，允许附带土宜60石，[②] 数量与明代相仿。雍正七年（1729），于60石土宜之外，加增40石；次年舵工每人准带土宜3石，水手无论人数多少，共准携带土宜20石，每船可附带土宜共计126石。[③] 南方运军所携带的土宜，有生姜、花椒、皮蛋、藕粉、油类、药材、茶叶、铁器、瓷器、纸张等，既有农产品，也有手工业品。这些土宜有不少在沿途销售，如乾隆初年淮关监督唐英奏称：“重运粮艘过淮，自江广附带竹木板片、钉铁、油麻、糖、藤绳、磁器等货，沿途下卸，客商贩买。”[④] 以竹木为例，江西、湖广等地的漕船，“向来额外装带竹木，到北方售卖”[⑤]。嘉庆年间，漕船跨带竹木的数量逐年增加，“较从前多至五六倍，统计江广三省粮船跨木，不下六七十万根之多”[⑥]，总计达到百万根以上。清廷对跨带竹木的漕船规定：“大水之年，准其携带至台庄以南一带地方卸卖，不准带过台庄；水下之年，令其于淮扬一带卸卖，不得过黄河。”[⑦] 这些竹木，有很大一部分倾销到淮安，供应淮安清江船厂修造漕船，支持淮安的城市建设。

对于回空南下的漕船，清廷也放宽了具体的揽载数量。由于回空漕船不带漕粮，对国家的政治与经济生活的影响较小，因此清廷在制定回空揽载规定的时候并不严格。乾隆三年（1738）规定，漕运舵工、水手等人员可以“零星捎带梨、枣六十石，免其输税”[⑧]，乾隆十年（1745）具体规定，回空船只经过山东境内时，首批漕船“每年五六月间回空之时尚无

① 《明宪宗实录》卷205，成化十六年七月乙酉。

② 杨锡绂：《漕运则例纂》卷2《通漕军艘·漕船额式》，《四库未收书辑刊》第1辑，北京出版社，2000，第23册，第322～323页。

③ 杨锡绂：《漕运则例纂》卷16《通漕禁令·重运揽载》，第660页。

④ 唐英：《咨呈两江督院文》，光绪《续纂淮关统志》卷11《文告》，《四库全书存目丛书》，史部，第274册，第30页。

⑤ 杨锡绂：《漕运则例纂》卷16《通漕禁令·重运揽载》，第661页。

⑥ 《清仁宗实录》卷365，嘉庆二十四年十二月庚寅，中华书局，1985年影印本。

⑦ 杨锡绂：《漕运则例纂》卷16《通漕禁令·重运揽载》，第661页。

⑧ 杨锡绂：《漕运则例纂》卷16《通漕禁令·重运揽载》，第667页。

梨、枣可带，以致不能均沾利泽”，因此准许携带核桃、瓜子、柿饼等物60石。乾隆二十五年（1760），清廷再度放宽回空揽载货物的范围，“除麦子一项不准抵数外，其余黄豆、瓜果等物，应准其回空带往，以六十石抵数免税”①。这些规定的出台，使得漕船回空之时如同艨艟商船，装满了北方所产的梨、枣、柿饼等货物，甚至还大量携带官方禁止的私盐。运河之上出现漕船携货南来北往的景象，正如朱彝尊所描绘的：“南去挟枲丝，北来收果核。”②

清代中期之后每年过淮的漕船数量显著减少。如果按照每年过淮5000艘漕船的数量来计算，则乾隆朝漕船所携带的私货数量有60万石左右。而事实上，漕船所带的私货数量远远超出了官方的限定，“沿路包揽，亦沿路脱卸，故其夹带之货，多于额装之米”③，可见，漕船所带的私货数量不仅没有因此削减，反而在总量上有所增加。

南来土宜与北来回空揽载，对于繁荣运河沿岸经济贡献甚大。在正常的漕粮河运的年份，淮安的运河沿岸呈现出“春夏之交，粮艘牵挽，回空载重，百货山列”④的局面。乾隆年间，每年农历二月至五月之间，南方漕船集中过淮，前后共有三次，由漕运总督检验米色、数量，随后放行。由于黄淮交汇的闸门甚难通过，每天过淮的漕船数量不过二三十只。⑤从农历正月第一艘漕船到达淮安，到五六月间最后一艘漕船过闸，近半年的时间之内，几千艘漕船停泊在淮安港口。在等待过坝以及漕运总督盘验的过程中，水手、旗军往往登岸，与商人、淮民开展贸易，销售船上货物。而一般在农历九月至十一月间，漕船又会分批来到淮安，在港口停泊数日。此时每船均已揽载了重达三五百石的货物，在等待过闸的同时，漕军上岸兜售梨、枣、棉、烟、饼等北货，还有长芦等北方盐场的私盐；同时漕船还搭载了淮安商人的货物，这可以免缴一定的税额，因此降低了商品

---

① 杨锡绂：《漕运则例纂》卷16《通漕禁令·重运揽载》，第667页。

② 朱彝尊：《漕船》，乾隆《淮安府志》卷30《艺文》，《续修四库全书》，史部，第700册，第601页。

③ 王芑孙：《转般私议》，《清朝经世文编》卷47《户政二二·漕运中》，（台北）文海出版社，1972年影印本，第1647页。

④ 同治《山阳县志》卷1《疆域》，《中国地方志集成·江苏府县志辑》，江苏古籍出版社，1991年影印本，第55册，第23页。

⑤ “重运过闸之时，既以千余名夫力挽拽，每竟一日，不能得十数船出口。”见徐越《分黄导淮事宜疏》，《山阳艺文志》卷3，山阳（淮安）县志筹印委员会影印本，第87页。

的运输成本。贸易所得的收入，商人与漕户分成，可谓一举两得。因此商人往往与漕运旗军互相勾结，早早地在港口处囤积货物，以便与运军交易。这些原本被官方所禁止的贸易活动，却因漕船打着“天庾正供”的旗号，堂而皇之地出现在运河沿岸的港口上。淮安借助过境漕船所携私货的倾销，城市经济日益发展，集市贸易日渐兴旺，商品种类琳琅满目。

私盐贩运也成为漕运经济的一部分。漕船运私虽然不是明清时期私盐贩运的主要方式，却往往是贩运数量最多的。“贩卖私盐之弊，在粮船为尤甚……各帮皆然，而江广帮为尤甚……私贩日多官引日滞。”① 漕船携带私盐的行为，在明代就已经泛滥成灾。明末这一现象尤为突出，“北来各船动多夹带私盐，而回空粮船为甚，船舻百千，扬帆冲关，倘搜缉消息，持挺放火，群拥拒捕，莫可呵阻”②。到了清代，漕船贩运私盐的现象不仅没有得到遏制，反而愈演愈烈。在顺治末年，就已经有“回空粮船约有六七千只，皆出瓜仪二闸，其船一帮夹带私盐，奚止数十万引，合而计之，实侵淮商数十万引盐之地，为害未有大于此者”③ 的记载。乾隆八年(1743)，两江总督尹继善上奏，“陆续查获过仪征等处各帮粮船多带零盐共三万九千七十斤”④。根据道光时期两江总督陶澍的奏折，每艘漕船携带私盐“约计千余石”⑤，按运河之上4000艘漕船的数量计算，私盐总数达到400万石以上。这对已获国家特许经营的淮商权益本是严重的损害，但又反过来刺激了底层平民以盐牟利、参与商贸活动的发财梦。

明清时期的漕运经济，给淮安带来了数量巨大的南北货物，还给劳动力提供了养家糊口的收入；当地的货物，也有不少是倚赖漕船而行销各地的。这些经济利益的获得，依靠的是淮安所占据的运河、黄河、淮河三河汇聚的地理优势。同样，漕运经济日趋繁荣后，淮安成为南北财货的汇聚地，各地商人纷至沓来，逐步形成了浓厚的商业文化氛围。

---

① 道光《钦定户部漕运全书》卷83《通漕禁令·盘诘事例》，《故宫珍本丛刊》，海南出版社，2000年影印本，第320册，第262~265页。

② 《明熹宗实录》卷41，天启三年十一月戊辰。

③ 乾隆《两淮盐法志》卷6《转运六·缉私》，《稀见明清经济史料丛刊》第1辑，北京图书馆出版社，2008年影印本，第5册，第155页。

④ 《两江总督尹继善乾隆八年十二月十一日折》，《刑科题本·违禁类》，转引自张小也《清代私盐问题研究》，社会科学文献出版社，2001，第118页。

⑤ 陶澍：《严查回空粮船夹带私盐折子》，《陶云汀先生奏疏》卷28《苏抚兼署督稿》，《续修四库全书》，史部，第499册，第294页。

三 互利互鉴、包容天下的区域文化

明代后期黄河、运河糜烂不堪，而清代康熙以后则长期保持稳定局面。从明代后期到清代前期，河患在加剧中偶有治理，运道则在清初大为好转。河患猛烈，受灾的是农村；运河好转，得利的是城镇。运道是清代统治者不惜代价治理的对象，运道畅则漕运畅，漕运畅则经济兴，这便是明清时期淮安城镇发展繁荣的主要原因。

淮安政治地位不断提高，淮安城不断扩大，吸引了大量的外来人口涌入。人口多寡历来是评价城市文化发展水平高低的重要指标之一，明清时期淮安城市人口构成复杂，数量庞大。由于运河的畅通，在漕运、盐运及商品经济的刺激下，淮安的外来人口和流动人口甚多，可谓“五方之民杂居淮上”，这些外来人口，主要由六个方面的人士组成。一是中央派出机构的官僚，如漕运总督、河道总督皆入驻淮安，且其级别较高，规模较大，这使淮安出现一支庞大的外来官僚队伍。二是清江督造船厂、淮安榷关与常盈仓的管理人员。三是驻淮漕军。据《漕乘》记载，明代漕军大体保持在12万人左右，成化年间，淮安拥有1830艘漕船，运军多达18300人。四是各类工人。清江督造船厂是当时全国最大的漕船厂，吸引了全国许多地方的造船工人（苏州、扬州二地较多）；淮安建有运河沿线的四大粮仓之一（其他三处分别是徐州、临清、德州），中转粮食需要大量工人，其中有相当一部分是外来人口；淮安处于黄、淮、运交汇处，是运河治理最为关键的地段，明清时期淮安地区的河工几乎天天在进行，因而聚集了天下各地的治黄、治河民工。五是商人。天下盐利淮为大，叶淇改“开中法”以后，淮安成为淮盐的重要集散地，吸引了安徽、陕西、山西等省的大量盐商；由于淮安是当时全国知名的商品集散地，故除盐商之外，其他商人也云集淮安，有不少商人还纷纷落户或入籍，这使淮安人口迅速上升，且给淮安古城带来了新的风貌。六是南来北往的士子客旅。淮安是南船北马、九省通衢的咽喉之地，是著名的水陆交会要冲，因此南来北往的官员、文人墨客及参加科举的士子，无不在此歇息，无不在此改换交通工具，这不仅增加了淮安的人口数量，而且成了淮安文化包容四方的一道亮丽风景线。总之，明清时期淮安的外来人口远远超出了本地人口，正如乾隆《淮安府志》所云：“第以水陆之冲，四方辐辏，百工居肆倍于土著。”

明清时淮安人口究竟有多少，史书中仅有模糊描述，而无确切记载。乾隆《淮安府志》载，淮安府治所山阳县常住人口“不下数十万”，《淮关统志》云“淮郡三城内外，烟火数十万家”，学者依据这些材料，认为“淮安的常住人口在百万以上”①。如果再加上清江浦人口和河下等大镇的人口，淮安其时当为全国屈指可数的大都市之一。

大量外来人口，尤其是高素质的南来北往的官员、文人墨客及参加科举的士子在不断扩大的淮安城中歇息、立足、安身立命，充实了淮安的文化底蕴，他们是促成明清时期淮安文化繁荣的主力军。漕运的兴盛，使淮安成为五方之民杂处之地，各方文化在此沉淀。历经三四百年的发展，终于形成既有运河漕运文化色彩，又带有本区域特征的地域文化。如明清以前淮安土著安土重迁，以农业为本，俗尚简朴，但随着人口的频繁流动、南北商品的汇集、商业的繁荣、官僚贵族的往来、富商大贾的麇集，淮安城市的商贸消费之风日盛。而士绅阶层则普遍热衷文教和科举，这种风尚代代传承，许多家庭世世代代全力以赴地追求科名。如朴学家丁晏一生科举不第，于是全力课教其子，其二子寄居于府城内勺湖书院前三仙楼上发愤苦读，终于双双中举。② 为振兴文风，士绅们还讲究城市的风水布局。乾隆间修文渠闸，漕督毓守称之为文风所系；嘉庆间士绅们疏浚城河，漕督铁保便从“郡城水法”的角度来诠释其与淮安文脉的关系。再如淮安本土居民大都乐于交往、喜欢热闹和关心公共生活。清代清江浦庙会，“每年有抬阁一二十架，皆扮演故事，分上中下四层，最上一层高至四丈，可过市房楼檐，皆用童男女为之，远观亭亭然如彩山之移动也。此外旗伞旌幢，绵亘数里，香亭数十座无一同者。又有坐马二十四匹，执辔者皆华服少年。又有玉器担十数挑，珍奇罗列，无所不备”③。每一次庙会都会给城镇居民提供很多直接与间接的工商业机会，使其感受到这种大规模的人群聚集既是娱乐的方式又是致富的门径。

以上文化现象的生成，显然与漕运的兴盛密切相关。因为漕运的发展，汇聚而来了四方人群和各地文化，兴起了城市工商业经济，市民生活亦逐渐摆脱了传统农业社会的影响。富有淮安地域特色的饮食文化、养生

---

① 张强：《漕运与淮安》，《东南大学学报》（哲学社会科学版）2008 年第 4 期。

② 蔡云万：《蛰存斋笔记》，上海书店出版社，1997，第 58 页。

③ 金安清：《水窗春呓》卷下“都天会”条，中华书局，1997，第 75 页。

文化、科举文化、小说戏曲，以及会馆与园林等，皆应运而生了。

以会馆和园林为例。会馆由流寓各地的同乡人所建，是专供同乡聚会、寄寓的场所，也是商帮的地缘组织。会馆按类型分为三类：一是以官吏为主的会馆，它们是官僚士绅和科举士人居停聚会的场所；二是士商共建的会馆；三是以商人为主的会馆。[①] 明清时期淮安的会馆多数属于后面两种类型。漕运、盐运的兴盛，使淮安成为五方之民杂处之地。外来人口的增多与商业的繁荣，尤其是安徽、陕西、山西等地众多实力雄厚的盐商的聚集，使淮安的城市面貌和社会风气发生了巨大变化。在商贾的经营下，淮安城市出现了一批著名的会馆。如西门与北角楼之间的江西会馆，河下的湖南会馆，周宣灵王庙同善堂（新安小学旧址）的新安会馆，福建庵（今楚州区莲花新村北）的福建会馆，北角楼的镇江会馆，竹巷晋商的定阳会馆，湖嘴街浙商的四明会馆，中街句容人的江宁会馆，等等。

这些会馆大都为外来行商所建。行商来淮经商、外商移居淮安，增加了淮安的常住人口。沈德符指出："京师五方所聚，其乡各有会馆。为初至居停，相沿甚便。"[②] 由于在淮安经营会馆的大都是商人，因此淮安会馆虽具有为同乡行旅提供困乏支助的功能，但更主要的是为在外经商的同行或友人准备的住所。大量会馆出现在淮安，说明此地是一个南来北往的商业都市，也表明此地蕴藏着巨大的商机。会馆的创立既为行商到淮安从事经贸活动创造了良好的外部环境，也为外地人口到淮安谋生提供了就业的场所。行商虽然是一个不大的群体，但他们在商品流通中发挥了特殊作用，在吸引外来人口入淮方面贡献率是最高的。

明清时期，凭借大运河在商品流通中的优势，盐商们寓居或落户淮安、扬州等地，由此揭开了在淮扬地区兴建私家园林的序幕。晚清黄钧宰写道："吾郡西北五里曰河下，为淮北商人所萃。高堂曲榭，第宅连云，墙壁垒石为基，煮米屑磁为汁，以为子孙百世业也。城北水木清华，故多寺观，诸商筑石路数百丈，遍凿莲花。"[③] 据李元庚记载，兴建在河下镇的私家园林有六十五座。[④] 这些园林大部分为盐商及官绅所筑，其中盐商程

① 唐力行：《商人与中国近世社会》，商务印书馆，2003，第 90～91 页。

② 沈德符：《万历野获编·畿辅·会馆》，中华书局，1959，第 608 页。

③ 黄钧宰：《金壶七墨·金壶浪墨·纲盐改票》，《笔记小说大观》，江苏广陵古籍刻印社，1984，第 27 册，第 136 页。

④ 李元庚：《山阳河下园亭记》，刘怀玉点校，方志出版社，2006，第 522～555 页。

嗣立的菰蒲曲、盐商程鉴的荻庄、官绅张新标的曲江楼等负有盛名。

淮安会馆与园林反映了商人群体“富而好儒”的人生哲学，以及追求精致内敛的生活情趣。这种人生和生活的志趣，构成了明清淮安城市文化的风尚，并对淮安城市文化的未来发展产生了较大影响。就其建筑风格而言，淮安园林具有南秀北雄、相互融合的特点：既有北方园林高敞规整的特色，又有江南园林精致巧构的情调，自成一种“雅健”风格，呈现出江南园林向北方园林过渡的性质。

再以饮食业为例。明清时期淮安城市人口大量聚集。每年过淮漕军、过境官员、外来商人云集，借此东风，以饮食业为代表的服务业蔚然崛起。

淮安饮食业的繁荣，从酒楼的盛况可见一斑。从山阳城南到清河马头镇，一路上酒楼饭庄、饼铺面馆、小吃棚叫卖担，填街塞巷，行人川流不息，因此有“清淮八十里，临流半酒家。淮浦高楼高入天，楼前贾客常纷然。歌钟饮博十户九，吴歈不羡江南船”① 等歌谣诗句。“是时河水方盛，（王营）镇冯陵通津，轩盖日夜驰，故旅店之业亦夥，供张被服，竞为华侈。”② 当时最有名的酒楼，是位于淮安旧城西南角万柳池边的清溪馆。《淮壖小记》中有述，“清溪馆在万柳池侧，昔漕镇建牙南府，谓之三堂，南门迤西有水门，漕艘到淮，泊南角楼，人由此进城，集此酒肆名播南北”③。而吴玉搢在《山阳志遗》中记载得更加详细，“酒肆也……南门迤西有一水门，凡南来漕艘到淮，俱泊舟南角楼，旗丁粮长皆由此关入城。传闻当年粮艘不畏过江而畏过湖。西风一浪漂溺者无算。是以姻娅眷属咸送至淮，过淮后方作欢而别。凡随船来者，从集于淮，此馆水亭花榭有江南之致，靡不解囊沽酒，以饯北上者”④。

饮食业的繁荣，还可以从淮扬菜系的盛况上体现出来。明代中期之后，淮扬菜逐渐成为全国最主要的菜系之一。《清稗类钞》中记载的“全羊席”与“全鳝席”，堪称淮扬菜的精品。“清江庖人善治羊，如设盛筵，可以羊之全体为之。蒸之，烹之，炮之，炒之，爆之，灼之，熏之，炸

① 陈抗行、任伟礼编著《天下财利》，红旗出版社，2007，第 139 页。

② 张煦侯编著，荀德麟点校《王家营志》卷 3《职业・交通》，方志出版社，2006，第 227 页。

③ 范以煦：《淮壖小记》卷 2，咸丰五年刻本。

④ 吴玉搢：《山阳志遗》卷 1《古迹》，民国 11 年刊本，淮安市淮安区图书馆藏。

之。汤也，羹也，膏也，甜也，咸也，辣也，椒盐也。所盛之器，或以碗，或以盘，或以碟，无往而不见为羊也。多至七八十品，品各异味。号称一百有八品者，张大之辞也。中有纯以鸡鸭为之者。即非回教中人，亦优为之，谓之曰全羊席。同、光间有之。”“同、光间，淮安多名庖，治鳝尤有名，胜于扬州之厨人，且能以全席之肴，皆以鳝为之，多者可至数十品。盘也，碗也，碟也，所盛皆鳝也，而味各不同，谓之全鳝席。号称一百有八品者，则有纯以牛羊豕鸡鸭所为者合计之也。”① 淮扬菜在清代的繁盛，是由于大量外来人口的涌入，不同地域的饮食文化特色因此聚于淮安；商品货物的交流，又让淮扬菜的原料来源异常丰富；以盐商为代表的富庶群体，使得类似“全羊席”这样的奢华消费成为可能。

综上所述，明清时期的淮安城地处黄河、淮河、运河的交汇处，其漕运枢纽地位日趋彰显。在行政权力和外来人口的推动下，淮安城市规模不断扩大，城市经济文化日趋繁荣。明清时期淮安城市文化的核心和立足点在于漕运文化，漕运兴则淮安兴，漕运败则淮安败。漕运作为政治权力下兼有经济流通功能的特殊粮食运输模式，对淮安的官场文化、商业文化和地域文化进行了重构，逐步积淀下来，并影响至今。值得注意的是，淮安特色鲜明的漕运文化，在运河沿线城市文化中或多或少都有所体现。就此而言，今天我们研究运河文化，淮安作为具有典型漕运文化特征的运河城市，可视为众多运河城市中的样本。将其作为个案研究，不仅有推动地方历史文化建设之意义，还能深入挖掘运河沿线城市的共性文化特征，积极参与到大运河文化带的建设中。

Comments on the Cultural Characteristics of Huai'an Water Transportation in Ming and Qing Dynasty

Wu Shiyong

Abstract: Huai 'an had a deep connection with grain transportation. King Fu Cha of Wu built Hangou, Emperor Yang of the Sui Dynasty built the canal,

① 徐珂：《清稗类钞》第13册《饮食类》，中华书局，2001，第6267~6268页。

and the Grand Canal ran through the north and south during Yuan, Ming and Qing Dynasty. Huai 'an had always been in the center of grain transportation, thus establishing its position as a transportation hub. Water transportation promoted the development of economy and culture of Huai 'an, reaching the peak of classical prosperity in the Ming and Qing dynasty, thus forming a unique culture of water transportation, i. e. emphasizing the observance of hierarchy and the relationship between the upper and lower levels, emphasizing etiquette, clothing and manners, and a strong culture of bureaucratic. The grain transportation economy, which is represented by entrainment, returning to the air for transportation and smuggling of salt, had become increasingly prosperous, forming a commercial and cultural atmosphere that brought together North and South goods and paid attention to the circulation of commodities. Integrating the cultures of all directions and being good at learning and learning from them, we had gradually formed a regional culture of mutual benefit, mutual learning, inclusiveness and distinctive features.

Keywords: Ming and Qing Dynasty; Huai 'an City; Culture of Water Transportation of Grain

(责任编辑：王玉朋)

汴河及其在中国运河开发史上的地位

李　泉*

内容摘要　汴河（通济渠）是宋代沟通黄、淮的重要人工运河。它始于隋炀帝开挖的通济渠，其上游河道与汉魏汴渠大体相同，但开封以东则转向东南流，直接入淮。北宋政府十分重视汴河的维护治理，采用修狭堤岸、变更水源和设置水柜等创新举措，保证了汴河的畅通。北宋末年，汴河被黄泛泥沙淤废，但北宋治理汴河的经验，为明清会通河、中河水工建设及管理提供了重要借鉴。

关键词　汴河　木岸狭河　引洛入汴　水柜

东汉到魏晋时期的汴渠出黄河入泗水通淮水，是沟通黄淮的重要运道。隋代所开通济渠，唐宋时期也被称为汴河、汴水或汴渠，但流经路线已与前代的汴渠不同。为解决泥沙淤积问题，北宋中期兴办木岸狭河、导洛入汴工程，设置水柜，保证了汴河畅通。其治理汴河的理论和实践，对后代产生了深远影响。

一　汴渠的历史变迁

汴渠（汴水），《汉书·地理志》作“卞水”，乃蒗荡渠的支流。[①] 两

---

* 李泉，聊城大学运河学研究院教授、硕士生导师，主要研究方向为中国古代史、运河史。

① 《汉书》卷28上《地理志》“河南郡·荥阳”：“卞水、冯池，皆在西南。有狼汤渠，首受泲，东南至陈入颍，过郡四，行七百八十里。”（中华书局，1999年标点本，第1253页）“狼汤渠”，《水经注》作“蒗荡渠”。

汉之际，今开封以西到黄河分水口的蒗荡渠已被称为汴渠，[①] 开封以东称汳水（获水）。当时汳水（获水）东流的路线是：自浚仪（今河南开封）北出蒗荡渠（汴渠）东南流，经小黄（今开封东小黄铺）南、外黄（今河南民权西北）南、考城（今民权东南）南，过睢阳（今河南商丘）北，东流至今安徽砀山东，折向东南流至萧县南，东至彭城（今江苏徐州）北入泗水。[②] 汴水（蒗荡渠）与汳水（获水）直接相通，逐渐成为连接黄河与泗水、淮水的重要水运通道，其水源主要由黄河分水口（汴口）流入，所以到了魏晋时期，汳水（获水）之名逐渐被汴水取代，人们把汴口到泗水间整条河道均称为汴水。[③] 汉魏汴渠如图1所示。

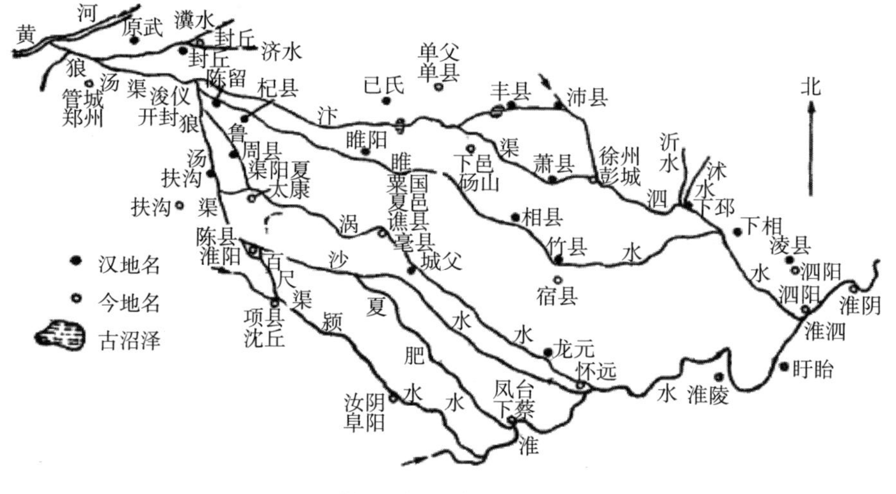

图1　汉魏汴渠示意

资料来源：姚汉源《中国水利发展史》，上海人民出版社，2005。

东汉初年王景治河，河、汴分流，在黄河入汴口修建斗门，控制黄河入汴水量，汴渠的交通条件大为改善。顺帝阳嘉四年（135）诏书中说漕

---

① 《后汉书》卷76《王景传》："平帝时，河、汴决坏，未及得修……后汴渠东侵，日月弥广，而水门故处，皆在河中。"（中华书局，1999年标点本，第1666页）平帝，指西汉平帝（公元1~5年在位），说明当时黄河分水口以下已称作汴渠。

② 参见邹逸麟《获水、汳水、汴水、通济渠（汴河）》，载复旦大学中国历史地理研究所编《历史地理研究》（1），复旦大学出版社，1986，第414页。

③ 郦道元《水经注》把"汴"和"汳"看作一个字，认为汳水便是汴水。《宋史·河渠志》："汳即汴字，古人避反字，改作汴字。"邹逸麟认为，汳与汴声形皆不同，原来也不是一条河道。参见邹逸麟《获水、汳水、汴水、通济渠（汴河）》，载《历史地理研究》（1），第415页。

渠（汴渠）“东通河济，南引江淮，方贡委输，所由而至”①。胡渭《禹贡锥指》也说：东汉“建都洛阳，东方之漕，全资汴渠，故惟此为急。河、汴分流，则运道无患”②。魏晋时期，黄河安流，汴渠虽时有浅阻，但一直是沟通黄淮的重要运道。

隋炀帝所开通济渠，唐以后也被称为汴河、汴渠或汴水，它是否由此前的汴渠疏通而成？《隋书》关于通济渠的记载十分简略，自板渚到淮河之间的流经路线语焉不详，③ 所以后人对于通济渠流经路线的认识，产生了很大分歧。或认为通济渠由泗入淮，或认定它不经泗水直接入淮。

最早记载通济渠由泗入淮的是《元和郡县志》，该书卷 6《河南府》载：通济渠“自洛阳西苑引谷、洛水达于河。自板渚引河入汴口，又从大梁之东，引汴水入于泗，达于淮。自江都宫入于海”④。后来司马光在《资治通鉴》中采纳了这种说法。⑤ 苏轼在《书传》中也说“自淮泗入河，必道于汴”，且认为“自唐以前，汴、泗会于彭城之东北，然后东南入淮；近岁汴水直达于淮，不复入泗”⑥。而今，仍有不少人赞同这种观点。⑦

也有许多学者认定隋炀帝所开通济渠不经泗水，直接入淮。唐元和四年（809）李习之的旅行日记《来南录》中详细记载了由汴河乘船南下所经之地，未入泗水，直接至泗州（今安徽盱眙）入淮。⑧《元和郡县志》的“汴州”“宋州”“宿州”“徐州”“泗州”条均有汴河流经的记载，与李习之所记相合。故武同举在《淮系年表·水道编》中认定通济渠从今商

---

① 严可均辑《全上古三代秦汉三国六朝文》第 2 册，河北教育出版社，1997，第 918 页。

② 胡渭著，邹逸麟整理《禹贡锥指》卷 13 下，上海古籍出版社，2013，第 497 页。

③《隋书》关于开挖通济渠的直接记载有两处。一是卷 3《炀帝本纪》：大业元年三月辛亥“发河南诸郡男女百余万，开通济渠，自西苑引谷、洛水达于河，自板渚引河通于淮”。（中华书局，1973 年标点本，第 63 页）二是卷 24《食货志》：“开渠，引谷、洛水，自西苑入，而东注于洛，又自板渚引河，达于淮海。”（第 686 页）

④ 朱偰编《中国运河史料选辑》，中华书局，1962，第 17 页。

⑤ 参见司马光编撰《资治通鉴》卷 180《隋纪》，邬国义校点，上海古籍出版社，2017，第 1979 页。

⑥ 苏轼：《书传》卷 5，载曾枣庄、舒大刚主编《三苏全书》第 1 册，语文出版社，2001，第 500 ~ 501 页。

⑦ 参见邓拓《中国救荒史》，商务印书馆，2011，第 386 页；朱偰《中国运河史料选辑》第三编第六章，中华书局，1962；王育民《中国历史地理概论》（上册），人民教育出版社，1985，第 276 页。

⑧ 李习之：《来南录》，载姚鼐纂集，胡士明、李祚唐标校《古文辞类纂》，上海古籍出版社，2016，第 615 页。

丘东南的夏邑，经过今河南永城，安徽宿县、灵璧、泗洪，至盱眙入淮河。全汉昇、岑仲勉、史念海、谭其骧、邹逸麟及日本学者青山定雄等人也都论证过这种观点。

笔者认为隋炀帝所开通济渠是直接入淮的。他之所以开挖新河道，是因为原来的汴渠“迂曲，回复稍难”①，由汴入泗后有百步洪（徐州洪）和吕梁洪，乃通淮必经之险滩。百步洪位于徐州东南，因长约百步，故名。这段河道，两岸均为山地，河道中巨石林立，“水中巨石巉岩龃龉，惊涛激浪，迅疾而下，凡数里始静，舟行过此，少不戒即破坏覆溺”②。苏轼《百步洪》诗曰：“长洪斗落生跳波，轻舟南下如投梭。水师绝叫凫雁起，乱石一线争磋磨。有如兔走鹰隼落，骏马下注千丈坡。断弦离柱箭脱手，飞电过隙珠翻荷。”③ 其险要可知。离百步洪不远又有吕梁洪，“巨石齿列，波流汹涌”，“悬水三十仞，流沫四十里”④。自古以来，徐、吕二洪一直是泗水运道险要去处，顺行艰险，逆行更难。由隋唐到明清，史书文集中过二洪遇险的记载比比皆是。隋炀帝是个会享乐、讲排场的皇帝，他乘坐的龙舟，上下“四重，高四十五尺，长二百尺。上重有正殿、内殿、东西朝堂，中二重有百二十房”⑤。这样的大船要想通过水面狭窄的徐、吕二洪，是根本不可能的。所以，隋炀帝选择了新路线，由汴口到开封东利用了古汴渠河道，宁陵以下到睢阳（今河南商丘）合于睢水，过宿州入蕲水达淮水。由于利用了几段自然河道，所以隋炀帝能够在五个月的时间内将这条长达千里的运河开通。

因为通济渠（见图2）自开封东出汴渠东南流，其水源来自汴口，所以到了唐代，人们习惯上把新开的通济渠也称作汴渠，宋代或称其为汴河、汴水。除偶尔有人把隋代之前的汴渠称为古汴渠外，⑥ 一般史书古籍对汉魏汴渠（古汴渠）和唐宋汴渠（通济渠）在称谓上不加分别。胡渭说

---

① 乐史：《太平寰宇记》卷1：“隋大业元年以汴水迂曲，回复稍难，自大梁城西南凿渠引汴水入，号通济渠。”（中华书局，2007年标点本，第5页）又云：“《舆地志》云：汴水自荥阳受睢水，东至陈留、彭城，南入泗水，经县（指陈留县）界入雍丘界。自后开通济渠，此渠废。”（第10页）

② 同治《徐州府志》卷11《山川考》引《旧志》，《中国地方志集成·江苏府县志辑》，江苏古籍出版社、上海书店、巴蜀书社，1991年影印本，第61册，第366页。

③ 陶文鹏、郑园编选《苏轼集》，凤凰出版社，2014，第45页。

④ 顾祖禹辑著《读史方舆纪要》卷29，商务印书馆，万有文库本，第1300页。

⑤ 《资治通鉴》卷180，中华书局，1956，第5621页。

⑥ 古汴渠之称，见于《太平寰宇记》卷2（第24页），《元丰九域志》卷1（中华书局，1984，第18页）及《宋史》卷91《河渠志一》（中华书局，1977年标点本，第2263页）。

汴河“枝津交络，名称互见，使人目眩心摇”①，即指此而言。直到今天，仍有人分辨不清二者异同，造成许多不应有的混乱。

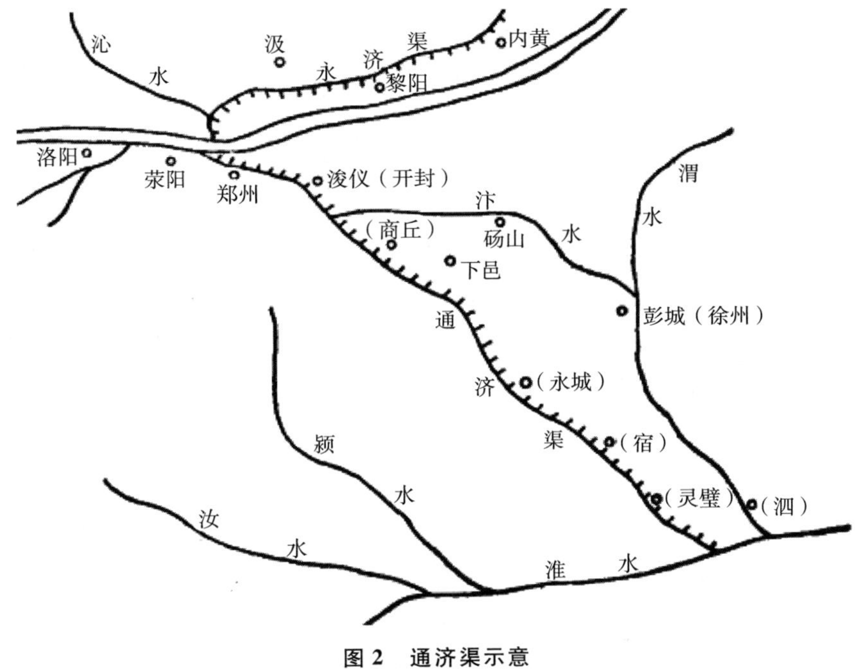

图 2　通济渠示意

资料来源：张含英《历代治河方略探讨》，水利出版社，1982。

二　北宋中期的狭河与清汴

通济渠（汴河）自隋大业元年（605）开挖，到北宋时渠水已安然流淌300多年。唐代属黄河“安流期”②，中下游决溢少，河道行洪能力强，对汴河的危害较小。其间虽因战乱出现淤浅，因藩镇割据而断航，③ 但一经疏浚治理，便可通航。唐代对汴河的治理主要集中在三个方面。一是修

① 胡渭著，邹逸麟整理《禹贡锥指》卷15，上海古籍出版社，2006，第596页。

② 参见谭其骧《长水粹编》，河北教育出版社，2000，第481～517页。

③ 安史之乱时，通济渠一度淤浅，难以通航，广德二年（764）二月，第五琦主持疏通汴河（参见《旧唐书·代宗本纪》，中华书局，1975年标点本，第275页）。三月，刘晏任转运使时，也曾修治淤塞的汴河（参见《资治通鉴》卷223，中华书局，1956年标点本，第7164页）。后李希烈割据江淮，漕路阻断，朝廷不得不将漕运路线南移，“自颍入汴”，一度以淮颍水代替了原来的汴河运道（参见《新唐书·王绍传》，中华书局，1975年标点本，第4804页；《旧唐书·王绍传》，第3520页）。唐末五代战乱，汴河也因此失修而断航。

治渠首，如玄宗开元之初的15年间，曾多次疏浚汴口。二是局部修治，安史之乱后，刘晏“每年正月发近县丁男，塞长茭，决沮淤”，清明过后，“远水自然安流”[①]。三是整治汴渠下游入淮河段，由虹县至临淮150里，水流迅急，行船困难。开元年间汴州刺史齐澣奏请朝廷批准，自虹县开河30里北入泗水，百余里出泗水，又开河至淮阴。新开河道水流湍急，后废而不用。[②] 总之，唐代汴河淤浅尚不严重，稍加疏浚，便可通航。

宋代汴河的地位较之唐代更加重要。太祖时“东京有汴渠之漕，岁致江、淮米数百万斛，禁卫数十万人仰给于此”[③]。太宗时参知政事张洎说，如今京城甲卒数十万人，居民比汉唐增加十倍，物资供应依赖汴河，“汴水横亘中国，首承大河，漕引江、湖，利尽南海，半天下之财赋，并山泽之百货，悉由此路而进”[④]。仁宗时张方平也说，“国依兵而立，兵以食为命，食以漕运为本”，漕运则依赖汴河，“汴河之于京师，乃是建国之本”[⑤]。但是，入宋以后汴河淤浅问题却日益严重。真宗大中祥符八年（1015）规定，汴河淤淀，三五年疏浚一次。[⑥] 十几年以后，汴河由“河行地中”变成“仰而望河”[⑦]。仁宗皇祐三年（1051）便不得不自汴口开始全线浚治，“岁以为常”[⑧]。宋神宗熙宁年间（1068～1077），汴河已经是“岁岁堙淀”，不仅京城以西河底淤高，京城以东到雍丘、襄邑一段河道，“河底皆高出堤外平地一丈二尺余，自汴堤下瞰，民居如在深谷”[⑨]。汴河迅速淤高的原因，一是黄河泥沙含量大增，[⑩] 二是疏于治理，名义上每年

① 《旧唐书》卷123《刘晏传》，第3513页。“茭”，用竹或芦苇编成的绳索，“塞长茭”即用竹索填土石为埽，修筑堤岸。

② 参见《旧唐书》卷190中《文苑·齐澣传》，第5038页；《新唐书》卷38《地理志》，第991页。

③ 《宋史》卷260《李怀忠传》，第9022页。

④ 《宋史》卷93《河渠志三》，第2321页。

⑤ 张方平：《上神宗论并废汴河》，载赵汝愚编《宋朝诸臣奏议》（下），上海古籍出版社，1999，第1397页。

⑥ 《宋史》卷93《河渠志三》，第2322页。

⑦ 苏轼：《张文定公墓志铭》，载《苏轼文集》卷14，中华书局，1986，第450页。

⑧ 《宋史》卷93《河渠志三》，第2322页。

⑨ 沈括：《梦溪笔谈》卷25，上海古籍出版社，2015，第167页。

⑩ 北宋之初，秦陇之间树木被大量采伐，自百姓至官员无不私贩木材以牟利。（参见《宋史》卷256《赵普传》，第8933页）仅官方每年从渭河上游采伐的大木便达万株以上（参见《续资治通鉴长编》卷3，中华书局，1979年标点本，第68页）。严重的水土流失，造成黄河泥沙含量大增，“河流混浊，泥沙相半”。（《宋史》卷93《河渠志三》，第2310页）

浚治，实际上“邑官徒带空名而汴渠至有二十年不浚”①。

为了保证汴河顺利通航，政府常年征发夫役，清除淤沙，疏通航道，培修堤岸，避免决溢。但是用人力清除一丈多深的泥沙，肯定是无法办到的。于是有人提出用收狭河身的办法，增加河水深度，以利行舟。宋真宗大中祥符八年（1015），太常少卿马元方提议挖深河道中流，宽5丈，深5尺，以挑河之土筑堤。河中泥沙松软，如何挖出五丈宽的河道？这个办法无法施行，所以真宗没有采纳他的建议，乃派韦继昇疏通河道。韦继昇请在沿河“浅处为锯牙，以束水势，使水势峻急，河流得以下泻”②。所谓“锯牙”，就是由河岸向河中心修筑一道道像锯齿一样的短坝，使河水聚于中流，以束狭河身，提高上游水位，在水流量不变的情况下，河水流速增加，加大河水挟沙量，以减缓泥沙淤淀（见图3）。但是，这种锯牙狭河的办法只适用于“岸阔底平”的河段，无法在上千里汴河上普遍使用，于是又有人提出了新的狭河的方法——木岸狭河。

图3　锯牙狭河示意

北宋时期大规模的木岸狭河有两次，一次在宋仁宗嘉祐年间，另一次在神宗元丰年间。

宋仁宗庆历以前，管勾汴河使符惟忠便提出了木岸狭河的主张，他说：“渠有广狭，若水阔而行缓，则沙伏而不利于舟，请即其广处束以木岸。”③ 按：符惟忠，生年不详，北宋水利家，因治惠民河有功，除泾原路兵马钤辖兼知泾州，改留都大管勾汴河使，迁西上阁门副使，庆历二年（1042）跟随富弼使辽，卒于道。他提出设立汴河木岸的年代无从考知，但肯定是在庆历二年（1042）以前。对于他的建议，不少人反对，三司也

① 沈括：《梦溪笔谈》卷25，上海古籍出版社，2015，第167页。

② 李焘：《续资治通鉴长编》卷85，中华书局，1985，第1959页。“锯牙”又称“锯齿”，见《宋史》卷93《河渠志三》，第2310页。

③ 《宋史》卷463《符惟忠传》，第13555页。

以为难以施行。提举汴河司余良肱说，泗州至京城千余里，江淮漕卒接踵，须借树木遮阴，且树木盘根错节，可以固堤，不应砍伐。他多次上疏，反对木岸狭河的做法。经过十多年的讨论、权衡得失，宋仁宗最后下定了狭河的决心，嘉祐元年（1056）下旨："诏三司，自京至泗州置狭河木岸。"[①] 这次狭河，共用木楗、竹索 3840200 份，役工 1864000 人，做成木岸 31400 步。[②] 按宋制 360 步为一里计算，共做成木岸 87 里多。[③] 嘉祐五年（1060）"赐修狭河木岸役卒缗钱"[④]。嘉祐六年（1061），都水监上奏：汴河自应天府（今河南商丘）抵泗州，直流湍急，无所阻滞，但应天府以上至汴口，不少地方岸阔水浅，应限制宽度为 60 步（300 丈），[⑤] 超宽的地方立木为岸，狭河以束水势，水深则易于行船。至于木材的来源，只要砍伐河岸树梢即可。仁宗下诏兴役，又有人提出反对，宰相蔡京[⑥]认为前代便已狭河，此法可行。工程过半，河岸上的树木不够用，只得从民间购买。木岸修成后，反对者已无声息，原来水浅难行、急流险滩处，均无阻滞，操舟往来十分方便。[⑦] 从汴口至泗州约上千里，[⑧] 把河岸宽阔处均做成木岸，这是亘古未有的大工程，不可能一蹴而就，直到宋英宗治平二年（1065），仍可以看到"诏以狭汴河，赏官吏有差"[⑨] 的记载。木岸修成后，汴河交通大为改善，"旧曲滩漫流，多稽留覆溺处，悉为驶直平夷，

① 李焘：《续资治通鉴长编》卷 184《仁宗》，第 4448 页。

② 王应麟：《玉海》卷 22《地理·河渠》，（台北）中文出版社，1977，第 481 页。

③ 《宋史》卷 149《舆服一》："今法，五尺为步，三百六十步为里。"（第 3493 页）

④ 李焘：《续资治通鉴长编》卷 191《仁宗》，第 4624 页。

⑤ 李焘：《续资治通鉴长编》卷 184 注云："司马光《记闻》云：张巩建议大兴狭河之役，使河面俱阔百五十尺。"（第 4448 页）是狭河宽度为 15 丈。《涑水纪闻》记其事："张巩大兴狭河之役，使西俱阔百五十丈，所修自京东抵南京。以东已狭，不更修也。今岁所修，止于开封境。"王临注云："此条原委未明，亦似有脱误。"（上海书店，1990，第 9 卷，第 10 页）按：仁宗至神宗朝，张巩曾判都水监，则京东狭河之议，或为张巩所倡。

⑥ 此处蔡京疑为蔡襄之误。按：蔡京于熙宁三年（1070）登进士第，时年 23 岁。嘉祐六年（1061），他只有 14 岁，尚未入仕，故此处之蔡京不可能是北宋末年的权相蔡京。"京"疑为"襄"字之误。按：蔡襄于嘉祐五年任翰林学士权三司使，按宋代惯例，此职多可晋升参知政事（副宰相）。时称三司使为计相，文中称其为宰相大概是这个缘故。

⑦ 《宋史》卷 93《河渠志三》，第 2323 页。

⑧ 熙宁年间，沈括曾经专门测量过汴河的长度，自京师（今河南开封）上善门至泗州淮河岸，共长 840 里 130 步。加上开封至汴口的河道，肯定超过千里。白居易《隋堤柳》诗中有"西有黄河东接淮，绿荫一千三百里"，较为近真。唐诗中咏汴河者，多称汴河为"千里长河"，此亦约数。

⑨ 徐松辑《宋会要辑稿》方域 16《汴河》，中华书局，1957，第 7578 页。

操舟往来便之”[①]。

第二次大规模狭河是宋神宗元丰年间。熙宁六年（1073）有人提议在蔡河上设置木岸。因工程浩大，神宗没有批准。当然，木岸不是一劳永逸的工程，需要经常维修，熙宁八年（1075）十月，都水监提出暂时关闭汴口，以便修理锯牙、木岸。元丰二年（1079）七月引洛通汴河道完成，乃关闭汴口，专以洛水为汴河水源。次年二月，都大提举导洛通汴宋用臣提出，汴河有的河段太宽，水行散漫，多有浅滩，请拨工料狭河。这次狭河共600里，用钱20余万缗，河边的树木被大量砍伐。[②] 这次狭河后水面更窄，“都大提举导洛通汴司言所狭河道，欲留水面阔八十尺以上，束水水面阔四十五尺”。神宗下诏：“狭河处留水面阔百尺。”[③] 仁宗时汴河以黄河为水源，狭河的目的一是增加河水深度以便行船，二是加快流速冲刷泥沙。这次狭河时，汴河改以洛水为水源，无须冲刷泥沙，只是为了增加河水深度。洛水水量小，要使汴河达到行船要求的深度，必须收缩水面，所以这次狭河较上一次水面缩小了2/3。元丰五年（1082）十月，狭河工程结束。

1999年、2012年考古工作者对安徽濉溪县柳孜运河码头遗址进行了考古发掘，揭露出34米长的河道及两岸河堤。其中北岸河堤自隋唐以来一直使用，没有发生过位置移动。南岸河堤是晚唐以来直接在河道上修筑的，采用阶梯状堆筑法，在河堤中打入木桩以加固河堤，河堤剖面内坡斜度大约为70度，当是木岸狭河后的河堤。[④] 河南夏邑县济阳镇发掘清理了唐宋时期汴河的堤岸，也发现有“可能是木岸狭河的遗迹”[⑤]。

关于木岸的构造，史书中缺乏记载，有人认为木岸是用木桩、木板做成的河岸，这不过是望文生义罢了。嘉祐六年（1061），都水监所上木岸狭河的奏疏中只提到“梢”这种物料，说“梢，伐岸木可足也”。工程过

① 《宋史》卷93《河渠志三》，第2323页。

② 《宋史》卷94《河渠志四》，第2329页。

③ 李焘：《续资治通鉴长编》卷303《神宗》，第7383页。

④ 参见安徽省文物局编《安徽省全国重点文物保护单位纵览》，安徽美术出版社，2015，第79页。

⑤ 参见夏志峰《运河河南段考古工作概述》，载河南省社会科学院等编《河南大运河文化带建设高层论坛论文集》，2019年11月印行。

半，“岸木不足，募民出杂梢”①。《宋史》解释说“伐山木榆柳枝叶谓之梢”②。“梢”就是树梢，是制作埽的主要材料。《玉海》中提到制作木岸时大量使用“木楗、竹索”，堵塞河道决口所用竹木土石均称“楗”，木楗、竹索是制作埽的主要材料。由引可知，木岸狭河时先要做“埽”（卷埽如图4所示）。“埽之制，密布芟索（用芦苇拧成的绳索），铺梢，梢芟相重，压之以土，杂以碎石，以巨竹索横贯其中，谓之“心索”。卷而束之，复以大芟索系其两端，别以竹索自内旁出……置于卑薄之处，谓之“埽岸”。既下，以橛臬阂之，复以长木贯之，其竹索皆埋巨木于岸以维之。”③ 将埽置于筑堤处，然后用木桩层层固定，便做成了埽岸，宋代史书所说的木岸，实际上就是这种埽岸。

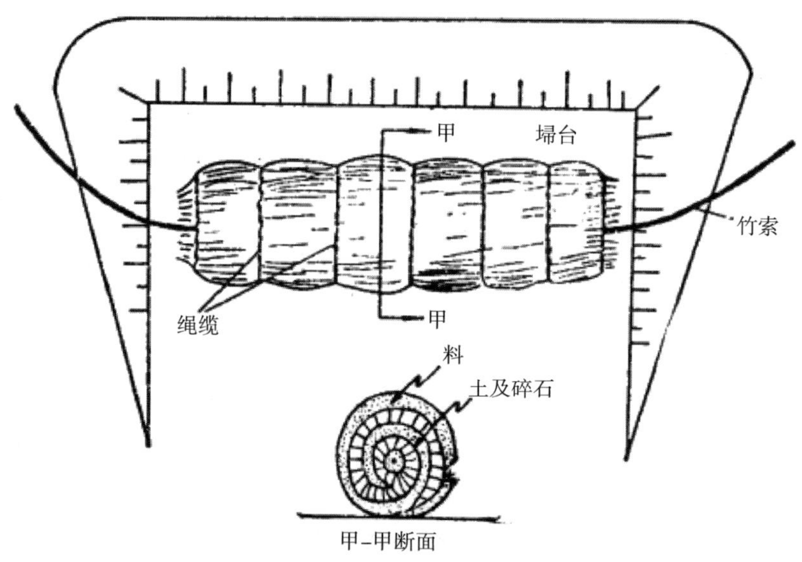

图4　卷埽示意

资料来源：水利部黄河水利委员会《黄河水利史述要》编写组编《黄河水利史述要》，水利电力出版社，1984。

嘉祐年间实行木岸狭河以后，河道变窄，河水加深，船只往来顺畅。但是它并不能从根本上解决河道泥沙淤积的问题，特别是汴口，每年都要清除淤积，为防止黄河冰凌壅塞汴河河道，冬天堵塞，春天掘开，不仅耗费财力，也

① 《宋史》卷93《河渠志三》，第2323页。

② 《宋史》卷91《河渠志一》，第2265页。

③ 《宋史》卷91《河渠志一》，第2265～2266页。

使得汴河冬季无法行船。于是，在初次木岸狭河不久，便有人提出彻底解决汴河淤积的办法，堵闭黄河水源，将清水引入汴河行船，史称“清汴”①。

首先提出兴建清汴工程的是郭咨。他提议“自巩西山七里店孤柏岭下凿七十里，导洛入汴，可以四时行运。诏都水监杨佐同往计度”②。按：郭咨，生卒年无考，宋仁宗时进士，富弼、符惟忠使辽时曾提出“大水御戎”之策，时任提举黄御河堤岸。可知他与符惟忠为同时代人或稍晚。又杨佐皇祐（1049～1054）之后两任都水监，英宗死后出使辽国，卒于途中。③ 由此也可推断郭咨提议约在皇祐年间到仁宗晚年。当时黄河大水时常泛流至武济山，开河引洛水从武济山前经过，“须凿山岭十数丈”④，工程太大，难以施行。熙宁二年（1069）提举两浙常平秘书丞侯叔献先是提出将京、索二河水引到京畿附近浇灌农田，可得谷数百万石，以节省漕运费用。到了熙宁六年（1073）六月，他又提出开挖白沟河，引京、索二河为水源，一年四季行舟，则汴河可废。⑤ 王安石表示支持，宋神宗则以为汴河不可废。后决定白沟河分三年开挖，是否废汴河，等白沟河开成后再定。十月，王安石提出：汴河所以淤高，是因为黄河水源混浊，堵塞汴口，引诸陂泽沟渠清水入汴，则汴河不会出现沙淤。⑥ 从此，清汴提上日程。次年，白沟河工程停止。熙宁八年（1075），同管勾外都水监丞程昉提议：以京西三十六陂为水塘，潴水入汴。这与王安石的主张同出一辙，也可能是揣摩王安石心思提出的意见。朝廷马上派翰林侍读学士陈绎等实地考察。陈绎等考察后说，管城、新郑、密县境泉源丰富，引来入汴，可以济运。又说，若于正月开汴口，使清水入汴河，然后关闭汴口，再引索水、金水、蔡水入汴，如此清汴必成。⑦ 因诸县境内泉水及索、金、蔡水水源不足，故仍须开闭汴口，引黄河水源。熙宁十年（1077），黄河主河

---

① 《宋史》卷94《河渠志四》：“元丰改汴口为洛口，名汴河为清汴。”（第2334页）时人谓引清水（洛水）入汴后的汴水为“清汴”。

② 《宋史》卷326《郭咨传》，第10532页。

③ 《宋史》卷333《杨佐传》：皇祐年间，汴水泛溢不常，杨佐测试地势，凿渠通河，于是置都水监，佐以盐铁判官同判。后于英宗治平四年（1067）卒于使辽途中。（第10695～10696页）

④ 《宋史》卷94《河渠志四》，第2327页。

⑤ 参见徐松辑《宋会要辑稿》食货七《水利上》（第4915页）；方域十六《白沟河》（第7591页）；方域十七《水利》（第7605页）。

⑥ 参见李焘《续资治通鉴长编》卷248，第6040页。

⑦ 参见李焘《续资治通鉴长编》卷260，第6347页。

道北移，武济山北麓出现了滩地，可以在滩地上开挖河道，引洛入汴，于是清汴工程提上了日程。[①]

元丰元年（1078）五月，西头供奉官张从惠认为每年开闭汴口，通漕时间仅有200余天，今黄河北移七里，滩地高阔，“可凿为渠，引洛入汴”[②]。知都水丞范子渊亦认为可行。神宗览奏，十分重视，即派人勘视。元丰二年（1079）正月，使者还，以为工程浩大，且引洛河道离黄河太近，容易发生危险，故不可为。神宗复派宋用臣前往。宋用臣还奏可行。三月，都水监丞范子渊申说清汴工程之利：岁省开闭汴口工费，京城无黄泛之险可省防河劳费，黄河之水不再妨阻漕运，漕船可省牵挽人夫，沿汴河巡河使臣、兵卒、工料皆可裁省。[③] 神宗乃决心引洛入汴（见图5），任宋用臣为都大提举导洛通汴，四月兴工，只用了45天，引河便已开成。七月，关闭汴口，将管理汴口的官吏迁于新洛口。

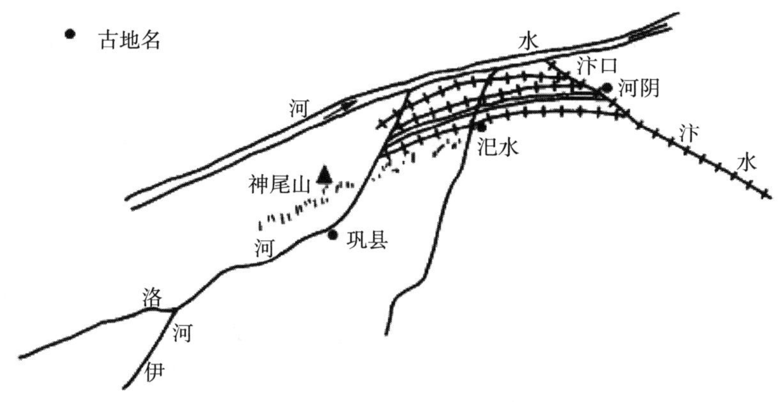

图5　引洛入汴示意

资料来源：《黄河水利史述要》编写组编《黄河水利史述要》，黄河水利出版社，2003。

为了解决导洛入汴后汴河水量不足的问题，当时的水利专家们建议沿汴设置水柜。早在熙宁六年（1073），都水监丞侯叔献便提出开挖白沟河，“储三十六陂”[④] 以为水源。熙宁八年（1075），都水监丞程昉提出将三十

---

① 沈括：《梦溪笔谈》卷25：“熙宁中，议改疏洛水入汴”，派沈括“按行汴渠”（上海古籍出版社，2015，第167页），测量自京城至泗州淮岸的地势落差。可知导洛入汴事自熙宁年间便已开始筹备。

② 《宋史》卷94《河渠志四》，第2327页。

③ 参见徐松辑《宋会要辑稿》方域十六《汴河》，第7581页。

④ 《宋史》卷94《河渠志四》，第2342页。

六陂修筑堤堰，“潴水入汴通运”[①]。元丰二年（1079），宋用臣提出“引古索河为源，注房家、黄家、孟家三陂及三十六陂，高仰处潴水为塘，以备洛水不足，则决以入河”[②]。在清汴工程进行的同时，水柜建成，汴河水少时，“即以柜内清水添助行流”[③]。《玉海》云：“汴河南有三十六陂，古蓄水之地。”[④]《集古录》载唐人侯喜《复黄陂记》碑：“黄陂在汝州，汝州三十六陂，黄陂最大，溉田千顷。”[⑤] 三十六陂在中牟县西北，即古圃田泽遗留下来的36处塘泊。[⑥]

王安石起初力倡引清水入汴，后衍生出导洛通汴的实践。元祐元年（1086）哲宗即位，高太后当政，王安石新法尽废，引洛通汴事也被提起。变法反对者首先就水柜问题发难。三月、八月，苏辙两次上疏，陈述水柜弊端，请求废除水柜。[⑦] 理由主要有两条。其一，水柜占压民田，政府无田兑还，亦不能照价补偿；靠近水柜之田，也无法耕种。其二，“自宋用臣兴置水柜以来，元未曾取以灌注，清汴水流自足，不废漕运”。水柜并未起到补充汴河水量的作用，故请“尽废水柜，以便失业之民”[⑧]。十月，朝廷下诏斥责祥符雾泽陂募民承佃、增置水柜的做法，同意刘挚、苏辙等人的意见，废中牟、管城等县水柜。[⑨]

没过几年，反对者又开始诘难清汴工程。元祐四年十二月（1090），御史中丞梁焘言：导洛通汴“始闻其说则可喜，考其事则可惧”，在黄河嫩滩上开河，一旦黄河决口溃入，则京城可危。他建议复开汴口，引黄河水入汴河。[⑩] 不少主管河道的官员赞同这种说法。次年十月，诏引黄河水入汴，洛水、黄水并用。

---

① 李焘：《续资治通鉴长编》卷260《神宗》，第6347页。

② 《宋史》卷94《河渠志四》，第2328页。

③ 李焘：《续资治通鉴长编》卷488《哲宗》，第11588页。

④ 王应麟：《玉海》卷22“熙宁白沟河元丰清汴”条，第490页。

⑤ 欧阳修：《欧阳修集编年笺注7》卷142，巴蜀书社，2007，第525页。

⑥ 王云五主编，傅泽洪辑录《行水金鉴》卷161引周洽《看河纪程》：“中牟县西北……为陂者三十有六，若大灰、小灰之类，其实一圃田泽耳。”（商务印书馆，1936，万有文库本，第2332页）

⑦ 苏辙于三月十八日上《乞给还京西水柜所占民田状》，不久又上《再论京西水柜状》。参见郭预衡、郭英德主编《唐宋八大家散文总集》卷10《苏辙》，河北人民出版社，2013，第7090页。

⑧ 《宋史》卷94《河渠志四》，第2330页。

⑨ 参见《宋史》卷94《河渠志四》，第2330页。

⑩ 《宋史》卷94《河渠志四》，第2330～2331页。

绍圣元年（1094），高太后去世，哲宗亲政，重新起用宋用臣等人，依元丰旧例，关闭汴口，开启洛口，引洛通汴。此后仍有人提出引洛渠道经黄河嫩滩，十分危险，建议复置汴口，罢去洛口。绍圣四年（1097）杨琰请求依元丰旧例，引洛入汴，同时以京西界大白龙坑及三十六陂为水柜，助汴河行运。提举汴河司贾种民言，引黄河水入洛口，比起引清水来更难调节，故主张只引洛水。哲宗听从了他的建议，堵塞汴口。徽宗即位后，无大改作。

北宋后期汴河管理松弛，黄河泛滥，河身日高。宋金之际，汴河完全堙塞废弃。南宋韩元吉《行汴渠中》诗曰："东海桑田未可期，隋河高岸已锄犁。楼船锦缆知无地，枯柳黄尘但古堤。"① 楼钥《北行日录》中记载道："自离泗州，循汴而行，至此（按：指宿州）河益堙塞，几与岸平。车马皆由其中，亦有作屋其上。"② 可见，到南宋初年，汴河局部河段已经淤平，成为村舍农田。

宋代是汴河交通最辉煌的时期，当时通往京城的三条运河中，汴河的漕粮运输量占总运量的 80% 以上。③ 仁宗时木岸狭河，抬高河道水位，冲刷泥沙下行。神宗元丰年间，开通引河，导洛入汴，设置水柜，蓄水济运。这些具有开创性的举措，有效地改善了汴河的通航状况，为后代运河的修治管理提供了宝贵的经验。

三　狭河清汴对后代运河水工的影响

元朝定都大都，政治中心移至北方，而经济重心却在东南。京城所需粮食及其他生活物资均需南方补给。为了开辟一条便捷的河运路线，乃将隋唐大运河截弯取直。开挖会通河，南自鲁桥（今山东微山县鲁桥镇）出泗水，

① 韩元吉：《行汴渠中》，载《南涧甲乙稿》卷 6，中华书局，1985，第 96 页。韩元吉（1118 ~ 1187），字无咎，号南涧，孝宗隆兴间（1163 ~ 1164）官吏部尚书。

② 楼钥：《北行日录》，载顾宏义等整理标校《宋代日记丛编》（3），上海书店出版社，2013，第 1190 页。楼钥（1137 ~ 1213），字大防，号攻愧主人。孝宗隆兴元年（1163）进士，官至参知政事。《北行日录》乃乾道五年（1169）任温州教授期间，以书状官身份从其舅汪大猷出使金朝时所作日记。

③ 据《宋史》卷 93《河渠志三》载，张方平论汴河曰："国家漕运，以河渠为主。国初浚河渠三道，通京城漕运，自后定立上供年额：汴河斛斗六百万石。广济河六十二万石，惠民河六十万石。广济河所运，止给太康、咸平、尉氏等县军粮而已。惟汴河专运粳米，兼以小麦，此乃太仓蓄积之实……国家于漕事，至急至重。然则汴河乃建国之本，非可与区区沟洫水利同言也。近岁已罢广济河，而惠民河斛斗不入太仓，大众之命，惟汴河是赖。"（第 2323 页）

北至临清入卫河，渠化鲁桥到徐州间的泗水河道，以徐州到淮安间被黄河所夺的泗水河道为运道，实现了京杭大运河的全线贯通。北宋的狭河与清汴，对元明清时期会通河、中河工程建设管理，均产生了重大影响。

（一）水源问题

北宋中期以前，沟通黄淮的运河均以黄河为水源。黄河水源充足，但大量泥沙又会淤塞运道。北宋元丰年间尝试以洛水取代河水，元祐年间一度河水、洛水并用，绍圣以后又改为引洛通汴。元代开挖会通河，明代对其水源进行调整。在会通河水源变化的过程中，北宋引洛入汴的经验起到了重要作用。

会通河是元代新开挖的河道，所经区域地形复杂，水源缺乏。于是修堽城坝、金口坝，拦截汶水、泗水，引清水至济宁入会通河后，南北分流。元顺帝时河臣王喜说，黄河北支从北清河（大清河）入梁山泊，然后由会通河经御河入海；南支由南清河入会通河，合泗、淮入海，“如此则南北闸河水增舟顺，可无启闭之劳而国家永享其利”①。黄水、清水并用，显然是接受了北宋时期的水源模式。

明永乐九年（1411）重修会通河后仍坚持黄水、清水并用。在维修堽城坝、金口坝的同时，宋礼又筑戴村坝，拦汶水至南旺附近入湖，以补充会通河水量。同时使用黄河水源，虑“北河（按：指会通河）水小”，乃于张秋西南开汊河，“于金龙口建坝，分黄河之水，达于张秋”②。后陈瑄建议朝廷委派官员专门管理疏浚汊河。当时，黄河南支沿南清河由耐劳坡（今山东济宁西）或塌场口（今微山县南阳镇南）入运，后在耐劳坡建永通闸，控制黄河入运水量。北支沿灉河、汊河至张秋、安山（今山东梁山县安山镇）一带入运河及安山湖。③ 正统元年（1436），有漕臣上言，“金龙口水接张秋，是引水通运之处”，应令工部派遣官员，负责疏通管理，

---

① 王喜：《治河图略》，载中国水利史典编委会编《中国水利史典·黄河卷1》，中国水利水电出版社，2015，第43页。

② 张伯行：《治河议》，载谭其骧主编《清人文集地理类汇编》第5册，浙江人民出版社，1988，第7页。

③ 崇祯《郓城县志》（崇祯七年刻本）卷1《方舆志》：“灉河亦黄河支派……由曹州之夹河滩入境，历县西北，抵荆门驿口入运河。”荆门驿在今阳谷县张秋镇附近。又康熙《曹州府志》（康熙十三年刻，后印本）卷14《河防》：黄河故道“至州南金堤集会灉河东注，复折而北，至州东五里双河口分为二支”，一支东北流经郓城至张秋沙湾入运河，一支南流经巨野、嘉祥，至鱼台塌场口入运河。

“上命允行”①。正统十年（1445）以后，黄河屡决于金龙口，泛流至张秋沙湾，冲淤运河。朝廷派员连年修堵，黄河北流入会通河水量不断减少。景泰二年（1451），会通河乏水，行船困难，朝廷派员勘察引黄河道，“因其水势缓处修筑岸口，使分灌南北”②。景泰五年（1454）徐有贞治理黄河、堵塞沙湾决口后，同样采用开河分流的办法，凿广济河引黄河水至张秋入运入湖，使运河“不至干浅，以阻漕运”③。但是，黄河泛滥之水经常北流至张秋，冲决运河堤岸，淤塞运道。弘治年间刘大夏改变治黄方略，修筑太行堤，堵塞黄河北流河道。黄河冲决运河的问题解决了，但黄河入运水源逐渐断绝。经过元明上百年的艰辛探索，会通河水源由黄水、清水并用，终于转变为单独以汶泗清水为水源。

尽管汶泗水源不足，但会通河基本上保持常年通航，这是因为后人吸取了北宋清汴工程的经验，在水工技术和管理方面又有创新。其中最关键的举措在于开源与节流。所谓开源，就是广开水源，“遍历山川，疏浚泉源，以通水利，以济漕运”④。明代工部设分司于宁阳、南旺，派遣主事负责寻找、疏导泉源。整个明清时期，泉源数量不断增加。成化年间吴宽所记山东泉源总数“百二十余”⑤，弘治年间王琼《漕河图志》所记为163处，⑥《明实录》嘉靖二十一年所记泉源数为209处，万历年间工部主事张克文所记泉源数为272处，⑦ 而《泉河史》所记明末泉源数达336处。⑧ 疏通开发泉源，引入运河，对于弥补黄河水源断绝后运河水量的不足，起到

① 张伯行：《治河议》，载谭其骧主编《清人文集地理类汇编》第5册，第7页。

② 《明英宗实录》卷205，景泰二年六月戊辰，“中研院”历史语言研究所，1962年校印本，第4385页。

③ 《明史》卷83《河渠志一》，中华书局，1974，第2018页。

④ 汤节：《疏凿泉林寺泉源记》，载杨宏、谢纯撰，荀德麟、何振华点校《漕运通志》卷10，方志出版社，2006，第263页。

⑤ 吴宽：《觐泉亭记》，《家藏集》卷34，《景印文渊阁四库全书》，1986年影印本，集部，第1255册，第280页。朱睦㮮《乔公传》载：成化年间乔缙为都水主事督理山东泉源，山东原有泉170多个，乔缙“行郡，得堙塞泉四百有奇，侵匿泉二百有奇，合六百余泉，会于四水（汶、泗、洸、沂），漕运大济”。这里说，光是乔缙发现的堙塞和隐匿的泉数便多达600多个。与其他文献记载大相悬殊，似不可信。见《行水金鉴》卷111引《乔公传》。

⑥ 王琼著，姚汉源、谭徐明点校《漕河图志》卷2，水利电力出版社，1990，第10～13页。

⑦ 张克文：《新泉序》，谢肇淛《北河纪》卷2，载中国水利史典编委会编《中国水利史典·黄河卷1》，中国水利水电出版社，2015，第271页。

⑧ 参见邹逸麟《试论我国历史上运河的水源问题》，载复旦大学历史地理研究中心编《历史地理研究》（3），复旦大学出版社，2010，第11页。

了重要作用。所谓节流，就是密集修建船闸，以控制河水的流速和流量。据有关文献记载，元代会通河上建有船闸 27 座，明代水闸增至 67 座。[①]万历十六年（1588）给事中常居敬上《查理漕河疏》，提出了会通河治理的 8 项措施："浚泉源以资灌注"、"复湖地以预潴蓄"、"筑坎河以防渗漏"、"建闸座以便节宣"、"设闸官以肃漕规"、"给关防以重事权"（给南旺管泉主事印信以加重其权力）、"严筑坝以便挑浚"（禁止随意在河中筑坝拦水）、"复夫役以备修防"（增加浅铺、泉夫、堤防夫役人数以便于挑浚）。[②] 这道奏疏，是明后期黄河水源断绝后政府开源节流措施的全面概括和系统总结。

总之，会通河水源的使用，借鉴了北宋汴河水源开发的经验，在此基础上，辅之以开源节流措施，使会通河的运输能力较之汴河大有提高。

（二）设置水柜

宋代以前便有蓄湖水以济运的工程，长江以南有始建于晋代的练湖，南唐时吕延祯《复练塘奏状》有"湖水放一寸，河水涨一尺"[③] 之说。长江以北有"扬州五塘"，五塘创始于东汉，唐宋时期是灌溉农田、接济运河的重要水源，"蓄天长、六合、灵、虹、寿、泗五百余里之水，水溢则蓄于塘，而诸湖不致泛滥，水涸则启塘闸以济运河"[④]。但在运河沿线大规模利用自然湖沼陂塘加以人工修建而成的水库——"水柜"，则为元丰年间宋用臣首创。明清沿袭此做法，并将水柜的作用发挥到了极致。

明初会通河沿线设有四大水柜，东平安山湖以黄河为水源，汶上南旺湖以汶水及诸泉为水源，济宁马场湖以黄河及汶、泗水为水源，沛县昭阳湖以泗水及诸泉为源。[⑤] 各水柜水源稳定，水量充足，在补充运河水量方

① 参见蔡泰彬《明代漕河之整治与管理》第五章，台湾商务印书馆，1992。

② 常居敬：《查理漕河疏》，陆耀《山东运河备览》卷 12《名论下》，载中国水利史典编委会编《中国水利史典·运河卷 1》，中国水利水电出版社，2015，第 914～916 页。

③ 张国维：《吴中水利全书》卷 13，《景印文渊阁四库全书》，1986 年影印本，史部，第 578 册，第 368 页。

④ 王士性著，吕景琳点校《广志绎》卷 2《两都》，中华书局，1997，第 28 页。

⑤ 明前期会通河两岸有四个大湖，后人称之为"四大水柜"。嘉靖初年杨宏、谢纯撰《漕运通志》云："宋礼、陈瑄经营漕河既已成绩，乃建议请设水柜，以济漕渠"，遂立四大水柜。（《漕运通志》卷 8，四库存目丛书本，齐鲁书社，1997，第 148 页）清人多言宋礼始建"四大水柜"。（参见张伯行《居济一得》卷 5《东省湖闸情形》，1985，第 89 页；雍正《山东通志》卷 19）

面起了至关重要的作用。成化、弘治之际四大水柜蓄水状况有了变化：黄河水源逐渐断绝，安山湖浅涸；洸河淤塞，马场湖蓄水减少；坎河口筑坝，南旺湖水量大增，面积扩大，地位越来越重要。

在水柜管理方面，明政府采取了颇有成效的措施：清理水柜边界，严禁垦占湖田；修建堤岸水闸，严禁盗决湖水；开拓水源，增加水柜容量。主旨在于加强各水柜的蓄水调节功能。从现有文献记载来看，弘治以前有关水柜建设的工程较少。① 弘治以后，水柜维护成为朝廷及治运大臣们最为关注的问题。弘治七年十二月（1495），刘大夏堵塞黄河决口后，遵照朝廷指令，会同其他官员办理“南旺湖水利”②。弘治十二年（1499），针对豪右侵占南旺湖上游土地的情况，管河右通政张缙奏请朝廷同意，对南旺湖进行清丈修浚。③ 对其他水柜的修筑维护也提到日程上来，弘治十三年（1500），通政使韩鼎勘察安山湖边界，发现四周湖地多被人侵占。④ 乃严令禁止，并提议加强安山湖管理，“故决属山、安山湖堤者如南旺湖例，俱充军”⑤。此后，历任总河均以修治会通河水柜为要务，嘉靖十三年（1534），总河刘天和修复南旺西湖三面湖堤51里及湖河之间的18座减水闸；筑马场湖堤60里，置减水闸5座。嘉靖二十一年（1542），总河王以旂言四大水柜蓄水减少，豪强占种，于是严加清查，修闸筑堤，使水柜得以恢复。万历年间，总河万恭、都给事中常居敬、总河潘季驯等，都曾勘察丈量湖地，禁止垦种；修筑堤防，设置斗门，务求增强蓄水济运功能。他们也曾努力为各水柜寻求新水源，如在安山湖西开挖河道，引陂水入湖，或将蜀山湖多余之水引入马场湖等。虽然明后期安山、南旺、马场各

---

① 明前期整修水柜者甚少，见于文献记载的有：宣德年间，陈瑄在昭阳湖口置闸、南旺湖筑堤（《明宣宗实录》卷106，宣德八年九月丙寅，“中研院”历史语言研究所，1983，第2379页；杨荣《平江伯圹志》，黄宗羲《明文海》卷447，中华书局，1987，第4779页）；正统年间，兖州知州陈霖建减水闸于河岸（于慎行：《兖州府志》卷19《河渠志》）。成化年间陈锐建议修筑疏通昭阳、南旺、孙村等湖水利（《明宪宗实录》卷112，成化九年正月己未，第2182页）。

② 《明孝宗实录》卷95，弘治七年十二月甲戌，第1747页；卷101，弘治八年七月乙未，第1871页。

③ 《明孝宗实录》卷152，弘治十二年七月甲子，第2684页；卷154，弘治十二年九月戊午，第2731页。

④ 刘天和：《问水集》，载中国水利史典编委会编《中国水利史典·黄河卷1》，中国水利水电出版社，2015，第67页。

⑤ 《明孝宗实录》卷188，弘治十五年六月丙午，第3465页。“属山”当为“蜀山”之误。

水柜都出现了湖底淤高、蓄水减少的状况，但有关方面的努力也收到了良好的效果，崇祯十四年（1641），总河张国维上奏说：近年以来，蜀山、马踏二湖蓄水渐少，马场、安山二湖已成平陆。去年修复各湖，效果良好，今年入夏大雨，“蜀山、马踏、安山三湖水俱盈满。又马场西连蜀山，例须蜀山盈满，然后启斗门以入马场。今蜀山初满，斗门未启，而马场已收水五分。是由运河同知谭彩去冬于府之西，创开一渠，以通马场，故伏秋水发，奔腾灌入”①。直到明朝末年，水柜蓄水仍十分可观。清代对水柜的管理更为重视。重申明代以来关于泉源水柜管理的法令，严禁盗决泉、湖之水，违者处以重罪。设置水志，规定水柜蓄水深度，随时向朝廷及皇帝报告，确保水柜的蓄水量。同时明确各水柜边界，严禁随意开垦湖田。

会通河的南旺湖、微山湖水柜，实际由水柜、水壑构成。会通河“地形东高西下，非有湖为之积潴则涸，故漕以东皆有水柜。非有湖为之宣泄则溃，故漕以西皆有水壑”②。水柜、水壑相配合，河湖之间遍置水闸斗门，运河水小时输水济运，运河水大时排水入湖，保证了运河船只安全行驶。

比较而言，宋代水柜属于创始阶段，水柜设置地点过于集中，工程设计及管理水平不高，没有充分发挥蓄水济运的作用，所以元祐年间有人批评说：“自宋用臣兴置水柜以来，元未曾取以灌注。”③ 明清时期继承宋代的做法，因地制宜设置水柜，加强水源管理，修筑水柜堤岸，制定蓄水标准，兴建斗门等收水排水设施，水柜分布合理，工程施设和管理水平逐步提高，对于维持会通河常年通航起到了至关重要的作用。

（三）束水攻沙

早在西汉末年王莽当政时，大司马史张戎便提出疾水冲沙的理论：“水性就下，行疾则自刮除成空而稍深。”④ 宋代发展了这一理论并付诸实践，于是有了木岸狭河工程，且有明显成效。

元代到明前期的京杭大运河，徐州到淮安间借黄行运。万历年间泇河

① 王云五主编，傅泽洪辑录《行水金鉴》卷132引《崇祯长编》，第1912页。

② 孙承泽纂《天府广记》卷21，北京古籍出版社，1984，第279页。

③ 《宋史》卷94《河渠志四》，第2330页。

④ 《汉书》卷29《沟洫志》，第1348页。

开通后，借黄行运的里程缩短。康熙年间开中河，运河才完全脱离黄河，有了独立的河道。明代黄河在今山东、江苏、安徽境内有许多支流岔道，且多次在徐州、邳州一带决口，淤塞运道；黄河正流（运道）宽阔多浅滩，泥沙淤积，行船困难。为了解决这个问题，水利专家们借鉴宋代狭河的理论和实践，提出了“束水攻沙”的主张。

嘉靖初年，黄河频繁于徐、邳一带决口，黄泛之水倒灌入会通河，泥沙填淤，堤岸坍塌。刘天和出任总理河道后，提出了“束水行运”的主张。他说，“闸河身博不逾六丈，故水束而深”，如今留城附近黄水泛入，河道宽至数十丈，会通河本来水量就小，河身骤然加宽，河水变浅，所以行船困难。他提议实行“小河之法”：在河中筑堤，使河道变窄，河水自然变深。[①]

隆庆、万历之际，万恭任总理河道时，徐、邳黄河运道淤浅，虞城生员献“深河之法”：“如欲深北则南其堤，而北自深。如欲深南则北其堤，而南自深。如欲深中则南北堤两束之，冲中坚焉，而中自深。”[②] 用束堤狭河的办法，使水流加速以冲刷淤积，这与宋代的木岸狭河如出一辙。故时人李豫亨说：“今邳州、宿迁一带河道，遇黄河水不通，亦浅漫阻舟。但桩草筑坝逼水，若如宋人为木岸狭河，颇为省易。”[③] 此后，潘季驯继承了万恭的“束堤深河”思想，提出“筑堤束水，以水攻沙”。他说：“水分则势缓，势缓则沙停，沙停则河饱”，“水合则势猛，势猛则沙刷，沙刷则河深。”[④] 在靠近河床处筑缕堤以束水涮沙，于缕堤外筑遥堤以防止泛滥，同时筑格堤防止河水顺堤下流，筑月堤以防险。潘季驯“束水攻沙”的治黄理论取得了明显的效果，对后世影响也很大，清代靳辅、陈璜均主张这一学说，用来治理黄河淤积。

总之，古汴渠沟通黄河与泗水、淮水，东汉到魏晋时期是重要的南北水路通道。隋炀帝所开通济渠，唐宋时期亦被称为汴渠（汴水、汴河），它直接沟通黄河与淮水，在南粮北运和南北物资交流方面起到了无可替代

① 刘天和：《问水集》，《行水金鉴》卷 121，第 1758 页。

② 万恭：《治水筌蹄》，《行水金鉴》卷 27，第 406 页。

③ 李豫亨：《推篷寤语》卷 9，隆庆五年李氏思敬堂刻本，第 14～15 页。原本“邳州”作“印州”，误，今依王大可《国宪家猷》本改正。

④ 潘季驯：《河防一览》，载黄河水利委员会黄河志总编辑室编《历代治黄文选》，河南人民出版社，1988，第 147 页。

的作用。宋代汴河淤浅严重，木岸狭河，引洛通汴，设置水柜，不仅有效解决了汴河水道淤塞问题，其理论和方法对后世影响也很大。元明清时期的水利家们继承发展了宋代治汴的理论方法，用之于会通河、中河的工程建设和管理，取得了举世瞩目的成就，为我们留下了宝贵的文化遗产。

Bian River and its Position in the History of the Development of Chinese Canals

Li Quan

Abstract: Bian Canal, or so-called Tongji Canal was an important canal that connected the Yellow River and the Huai river in the Song Dynasty. It started from the Tongji Canal excavated by Emperor Yang of the Sui Dynasty. Its up-stream channel was roughly the same as the Bian Canal of the Han and Wei Dynasties. However, it turned southeast at the east of Kaifeng and entered Huai River directly. The government of Northern Song Dynasty attached great importance to the maintenance and treatment of the Bian Canal, and adopted innovative measures such as narrowing embankments, changing water sources and setting water tanks to keep its flow smoothly. In the late years of the Northern Song Dynasty, the Bian Canal was silted by the Yellow River. However, the experience of the Northern Song Dynasty in treating the Bian River provided an important reference for the hydraulic construction and management of Huitong River and Zhong River in the Ming and Qing Dynasty.

Keywords: Bian River; Narrowing the River by Wooden Embankments; Diversion from Luo River to Bian River; Water Tank

（责任编辑：胡克诚）

元代水运法制特点研究*

徐晓光**

内容摘要 元代水运法的演进呈现与元代社会自身特征相适应的特点。元代“河海共济、海运为主”的漕运格局的形成与水运法规调整之间存在密切关系。漕粮运输方式的选择和漕运路线的变化带来管理机构的不断调整与漕运行政法律制度的完善，大运河法律制度日趋完备，在中国运河法制史上起到承前启后的作用。根据漕运的变化进行专门、有效的水运关系调整，充分体现了法规适时调整的时代性特点。元朝海外贸易非常发达，规范海船运输的“市舶法”周密、细致，体现面向世界的开放性特点。

关键词 元代 漕运 水运法

元代大运河的贯通使中国古代的漕运进入全新时期，其格局、路线、重要性等方面均异于前代。① 与此相适应，漕运管理也较前代有所变化，这对法律制度的影响较为明显。此外，元代漕粮水运虽部分依赖大运河，但海运仍占主导地位，故而研究元代水运法时也要涉及海运法律制度。元朝初年，多种漕运方式同时摸索进行，在经历了河运、海运以及河海联运

---

* 本文为国家社会科学重大招标项目“民间规范与地方立法研究”（16AZD070）的阶段性成果。

** 徐晓光，法学博士，江苏师范大学法学院特聘教授、贵州师范大学历史与政治学院教授、博士生导师，主要研究方向为中国法制史、民族民间法。

① 参见钟行明《元明清大运河管理制度的演进》，载李泉主编《运河学研究》第1辑，社会科学文献出版社，2018，第99页。

的多种尝试后，最终选择了“河海并行，海运为主”的运输方式，体现了人们征服内河水患和排除海洋风险，环境适应能力的增强以及航海、造船、气象观测等技术的进步。[①] 元代海外贸易非常发达，“海上贸易法”亦是元代水运法研究的重要内容。

仅就元代漕运制度来说，其包括河道法律制度与河运法律制度、陆运与海运法律制度等几部分内容。它们之间既相对独立又相互交融，因此水运法的演进呈现与元代社会自身特征相适应的特点，即中央与地方、文官与武官，河道与河运（有时是陆路与陆运）、航线与海运，互相协作而又存在冲突的特点。从而在多种内外因素的综合作用下，遵循社会发展规律和自然规律，对保证国家漕运和海外贸易正常运转的“水运法”提出了更高的要求。正是在这种“内外合力”的推动下，水运法律制度开始走向成熟，体现出混合性、丰富性的特点。

元代水运包括政府主导的运河漕运、海上漕运（以下简称海运），以及政府和民间的海外贸易活动，所以水运法规应该包括运河漕运规则、海运规则以及海外贸易法律规则等，各类水运法规各自调整水运关系中的一般问题，如管理机构的设置、船舶的规格、货物的品种、通过的凭证、商品的税收、河道的疏通、航线的设定等。从运输的性质上说，漕运是国家重要的经济制度，是政府有组织地通过水道调运粮食的专业运输。运河由国家投资、开凿、维修，虽然运河漕运活动有私人参与，但主要是以政府为主导，受政治因素的影响很大；而海运更是政府组织的、对粮食由海路的调运，几乎完全是政府行为。海外贸易也多是以国家主导、商人参与的“官本商办”形式，所以元代“水运法”是国家调整多种水运关系的行政法规，从形式上说，其是包括元朝皇帝制诏、政府单项法令和个别指令以及司法部门判例的“混合型”法律体系。

严格地说，“水运法”除上述所举，还应该包括国内其他河流的运输规范。但元代以前中国很多河流的运输基本还在民间进行，运输关系通过民间运输规范调整，如以后发挥很强运输功能的汉江、清水江—沅江，在明清以后才有国家的宏观调控，通过厘金等方式进行管理。以往学界对元代水运研究存在重漕运、轻河道，多国内运输、少海外贸易，重管理、轻

① 李德楠：《元代漕运方式选择中环境与技术的影响》，载李泉主编《运河学研究》第 2 辑，社会科学文献出版社，2018，第 49 页。

规范，重静态、缺动态，重单线、缺整体联系的局限。本文在尽量采集元朝水运法律规范的基础上，结合当时的社会环境，探讨元代“水运法”的主要特点。

一　混合调整水上运输关系，“因事定制”的特点

元朝在行政立法方面多以诏制、条格[①]为依据，因此元朝的行政法律制度，主要是由因时立制、临事制宜而陆续颁发的各种单行法构成。政府下令，凡在朝及地方各衙门均应分别类编先后颁发的各种“格例”，使各级官吏的工作有所遵循，因而《大元通制》《至正条格》等格例类书都是具有法律性质的政书，[②] 如《大元通制》就有“河防”（今已不存）、“市舶”等内容。《元典章》（《大元圣政国朝典章》）[③] 是一部至治二年（1322）以前元朝法令文书的分类汇编，保存了最高统治集团议决事务的记录，从中可看出元政府决定和处理政务的准则、方法、过程。对于元朝法制曾有人认为“有例可循，无法可守”。《元典章》中单项法令、个别指令和判例多，作为普遍制定的法律条文少，正反映这种法制的特点。[④]

耶律楚材是辅佐元太祖、太宗两朝的重臣，曾上奏《陈时务十策》，提出了“信赏罚、正名分、给俸禄、官功臣、考殿最、均科差、选工匠、务农桑、定土贡、制漕运”十项政事，“皆切于时务，遵行之”[⑤]。《陈时务十策》实际上成为当时立法的指导原则，其中就有关于漕运制度的内容。

元人赡思重订的水利著作《河防通议》分上、下2卷，共6门，其中上卷3门为“河议”“制度”“料例”。“河议”对各种河防令、河防事务、相关地方官员的职务、河桥埽兵的放假请假制度、沿河州府遇防的人力调配、河防军夫的疾病治疗、河埽堤岸遇雨涨水受损所管官员的处置等做了详细的介绍；“制度”部分主要记述了开河、闭河、定平（测水平）、物料

① 按：条格，即中国古代经皇帝亲自裁定或直接由中书省等中央机关颁布给下属部门的各式政令。

② 《中国大百科全书·中国历史·元史》，中国大百科全书出版社，1985，第29页。

③ 《元典章》，陈高华等点校，中华书局、天津古籍出版社，2011。

④ 《中国大百科全书·中国历史·元史》，第141页。

⑤ 《元史》卷146《耶律楚材传》，中华书局，1976年标点本，第3462页。

等相关制度与方法；“料例”主要介绍了修筑河堤、安装闸坝、造船的用料定额等。[①] 可见，元朝的漕运、河道管理相关法律制度的日趋完善，是庞杂的运河体系得以运转的重要保障，奠定了运河法律制度的基础。

元朝漕粮运输变化多样，情况比较复杂。由元初的水陆联运、河海联运至后起的海上运输，运输方式的选择和漕运路线的变化带来管理机构的调整与漕运行政法律制度的完善。漕运法律制度的变化虽然是多种因素综合作用的结果，但漕运方式的选择和路线的变化无疑是一个重要的因素。[②]

全国水利管理机构的设置，都由皇帝以诏制的形式发布，或中书省（有时为尚书省）以行政命令方式下达。元代中央设有都水监作为最高水利管理机构，运河河道属其管辖范围。山东、江南等处设有“都水分监”“行都水监”等派出机构，分管会通河、江浙一带运河河道和水利。

为有效地进行管理，元代厘定官署运行规程的“条格”被首先确定下来。“条格”中对某项事务能够成系列的，被称为“准则”“格例”等。而对于运河上的运输“格例”，先后规定很多旨在维护水上交通秩序的条款，可以分成以下三类。

（一）完善水上交通法规

漕粮是国家重要物资，保障漕船优先通过是最重要的交通规则，此外，官船、驿船也会尽快安排通过。但运河上还有大量的商船和民船，有时还有漂运的木筏，对河道交通影响甚大。例如会通河开通后，只允许150料船通过，但有权势的富商为增加运量，造远超于规定的大船，致使河道时常拥堵。[③] 有鉴于此，元朝政府先在会通河南北两端的沽头和临清各建一石闸，以限制通过船只的宽度。后又在金沟、沽头两闸中间放两个隘闸，各放大一丈，作为“石则”，以限制船的长度，梭板等船可以通行，大都及江南地区的“红头花船”则不可通行。[④] 入闸通船，必须检查船只的承载量和长度，如不符合规格，则必须立刻离开，否则将船只没收。

元代“条格”中一般不规定刑事处罚的内容，对严重违反运河水上交

① 王云、李泉等：《中国运河文献书目提要》，人民出版社，2012，第2页。

② 参见钟行明《元明清大运河管理制度的演进》，载李泉主编《运河学研究》第1辑，社会科学文献出版社，2018，第100～101页。

③ 《元史》卷64《河渠志一·会通河》，第1611页。

④ 柯邵忞：《新元史》卷53《河渠志二》，上海古籍出版社，2017，第135页。

通法的经济处罚一般是“没其船”，情节恶劣、构成犯罪的要移交司法部门，按照法律程序判罪量刑。根据已断案例类推解释，比附定罪。从元朝法律形式看，“断例”相当于律，“条格”相当于令，并包括格、式，“诏制”相当于敕。[①]《新元史·刑律下》记载：“刑律之条格，画一之法也，断例则因事立法，断一事而为一例也。诏制则不依格例，而裁之自上者也。”[②] 至元二十九年（1292），会通河“皆置吏以司其飞挽启闭之节，而听其狱讼焉”，这说明闸官具有司法职能。

（二）严格运输过程管理

元朝时会通河经沛县东金沟、沽头诸处闸地，地形高峻，旱季时水浅，船只难以通行，而每到雨季，土堰又会被冲决，就需要限制船只的规格。至治三年（1323）四月，有大臣建议运送金沟、沽头、隘闸三处现有的石块，于沽头月河内修一所堰闸，并将隘闸移至金沟闸月河或沽头闸月河内。如水大时则大闸全部打开，让水通流，以方便通行；水小时则闭金沟大闸，上开隘闸。沽头则闭隘闸，而启放正闸行舟。泰定四年（1327）四月，沽头到临清“石则制度”建立后，“中书省下都水监、委壕寨官与济宁路、东昌路委官相视如所议行之”[③]。朝廷对这一立法经验进行推广，要求山东运河沿线各地官员现场观摩，照此而行。

（三）禁止运粮官军扰民

针对漕运过程中押运漕粮的官军凭借官方优势，在运河（扬州、淮安段）要路故意阻塞河道、欺压过往客船、侵扰岸边居民等弊端，元朝政府出台了一系列禁止性规范，如在头船与尾船上各插一面白旗，书写运官姓氏，以便于识认，官员因惧怕连累而会有所警戒。法律明确规定，不仅违反规定而扰民的运粮官军本人要负刑事责任，还要追究相关官员的连带责任。天历三年（1330）规定：“命后、诸王、驸马、各支往来使臣，及斡脱权势之人、下番使臣等，并运官粮船，如到闸，依旧定例启闭，若似前不候水则，恃势捶拷守闸人等，勒令启闸，及河内用土筑坝坏闸之人，治

---

① 《通制条格》，浙江古籍出版社，1986，第230~238页。

② 柯邵忞：《新元史》卷103《刑法志·刑律下》，第236页。

③ 柯邵忞：《新元史》卷53《河渠志二》，第135页。

其罪。”①

海外贸易方面，元朝先后制定“官本船法”和《市舶准则》共22条款，规定市舶抽分：粗货十五分取二分，细货十分取二分，另纳舶税三十分取一分，审核批准出海贸易的船只、人员、货物发给公验、公凭。外国商船运载货物来华也依例抽分，外国商船返航由市舶司发给公验、公凭。《市舶准则》不仅规定海外贸易的税收、批准、货物种类，还规定对违法船主的处罚，市舶司官员违法也有相应的处罚规定。② 这些具体的法律制度都是通过“条格”的形式固定下来，有效地调整了海外贸易法律关系。

二　针对性调整特殊水运关系的特点

关于运河用水与附近农田灌溉的矛盾问题，元朝开挖通惠河时，郭守敬曾提议，通州到大都之间的河段，使用浑水灌溉农田，再通过旧闸河踪迹导通清水，线路自昌平县西折南转，过双塔、榆河、一亩、玉泉诸水，自西水门入都城，到南边汇成积水潭，东南出文明门，再从东进入通州高丽庄后入白河，堵塞12处清水口，减少了附近水系变迁对通惠河的影响，公私两种漕船在通惠河都可通行。文宗天历三年（1330）三月，中书省大臣称：“世祖时开挑通惠河，安置闸座，全借上源白浮、一亩等泉之水，以通漕运。今各枝及诸寺观权势，私决堤堰，浇灌稻田、水碾、园圃，致河浅妨漕事，乞禁之。”③

为调节不同季节水量，历代多利用运河沿岸的洼地蓄水，称为“水柜”，旱时防水入河，涝时接纳运河的溢水和各处来水。运河沿途多与湖泊相互连通，元时山东运河主要的“水柜”有安山湖、蜀山湖等，通过连接运河与湖泊的闸门来调节运河水位，使舟楫正常通行。水闸可以“度高低，分远迩，以节蓄泄”④。元代对运河“水柜”的维护管理也非常重视，头门的启闭、湖堤的养护、湖水的调节时间，都有成规定制。严禁私决堤堰、浇灌稻田等妨碍漕运的行为，如太宗七年（1235）敕令：“贪利之人

① 《元史》卷64《河渠志一·会通河》，第1614页。

② 《通制条格》卷18《市舶》，第230~232页。

③ 《元史》卷64《河渠志一·通惠河》，第1590页。

④ 《元史》卷64《河渠志一·会通河》，第1608页。

盗掘灌溉，请令禁之……犯者以违制论，徒二年，决杖七十。”[①]

为节制用水和保持航行水深，还要在运河航道上建立很多通行闸。至元二十六年（1289），开通会通河，中间建闸 31 座；[②] 至元三十年（1293），开通通惠河，建坝闸 11 处，共 20 余座。[③] 各闸均设有闸官、闸户若干，负责船闸启闭管理和维护。为确保船闸的正常运转，元代形成了较为成熟的水闸管理法制。元朝规定：当运河水位高于规定标准时要开闸排水，低于标准水位时要开闸给水。这类闸门有专人管理，负责及时给水排水，闸官不能玩忽职守，否则要受到处罚。规定各闸旁立水则，测量水深，按规定的深度行船，以免出现交通事故。至大元年（1308）五月，颁布诏书禁止使臣、权豪以及官船不按水则、不依定例过闸，禁止在河内临时筑土坝，禁止守闸之人不按时开闸。[④] 天历三年（1330）三月，皇帝又颁布类似诏书，说明事情的重要性。要求“‘守闸之人，恃有圣旨，合启闸时，故意迟延，阻滞使臣客旅，欺要钱物，仍不畏尝宪也。’仍令监察御史、廉访司尝加体察”[⑤]，“其大都、江南权势红花头船，一体不许来往。准拟拆移沽头隘闸，置于金沟大闸之南，仍作运环闸，其间空地北作滚水石堰，水涨即开大小三闸，水落即闭锁大闸，止于隘闸通舟”，“果有小料船及官用巨物，许申禀上报，权开大闸，仍添金沟闸板积水，以便行舟”[⑥]。

三　“海外贸易法”细致、周详，具有开放性特点

元代的海外交通运输十分发达，灭宋以前，以陆道为主，沿着古丝绸之路通向中亚、西亚和黑海北岸，沿途有波斯、叙利亚、俄罗斯。灭宋以后，海道贸易逐渐占了主要地位，可通日本、朝鲜、印度、波斯湾以至非洲各地。元朝是中国历史上统治范围最广，与国外往来最频繁的朝代，海

① 《元史》卷 64《河渠志一・芦沟河》，第 1593 页。

② 《元史》卷 64《河渠志一・会通河》，第 1608 页。

③ 《元史》卷 64《河渠志一・通惠河》，第 1590 页。

④ 参见钟行明《元明清大运河管理制度的演进》，载李泉主编《运河学研究》第 1 辑，第 103 ~ 104 页。

⑤ 《元史》卷 64《河渠志一・会通河》，第 1614 页。

⑥ 《元史》卷 64《河渠志一・会通河》，第 1612 页。

外贸易在全国统一后比以前有了很大发展。[①] 元朝根据时代的变化和现实需要，重视海上漕运法律关系的调整，完善了海运法律制度，充分体现了法律适时调整的时代特征。

忽必烈为垄断海外贸易，于至元二十一年（1284）在杭州和泉州设立市舶司都转运司，到至治二年（1322）定泉州、庆元、广东三市舶司，保证了海外贸易的顺利进行，扩大了贸易范围，使臣、商旅往来十分方便、安全。陆道有严密的驿站系统，海道有较为先进的航海技术做保障，元朝的经济繁荣与航海科技发展与运用密切相关。在航行实践中，在航途上竖立航标，确立港口导航制，创制通俗的"航海言语"，对水文和气象进行预报，对开发中国东部海域的航运做出了贡献。[②] 海外贸易、海运活动中的航海经验、航道选择、海运组织及口岸法规等规则因素，都起到关键性的作用。发达的交通条件、科技水平和制度保障，极大地促进了海外贸易的发展，所以元代商业贸易的显著特点就是直面世界的开放性，这对当今我国实现"一带一路"的伟大构想无疑具有一定的借鉴意义。

（一）海外贸易的立法原则

元朝对外关系与海外贸易的规模超过盛唐时期。据汪大渊《夷岛志略》记载，时东南亚、南亚、西亚、东非各沿海国家和地区与元朝有过贸易往来的共140多个。在中国各大城市均有不少波斯、阿拉伯乃至欧洲和非洲的商人。元政府对海外贸易采取支持鼓励的政策，对海外贸易给予很多"优惠"条件，比如对商人"落后家小，合示优恤"，所在州县"并与除免杂役"等。[③] 这其中有几点原因：第一，国际交往的增多，证明大元帝国声誉之隆和国力之雄厚；第二，海外的奇珍异宝对于蒙古贵族和各族上层人物都是很有吸引力的，况且他们中的部分人本就从事这种贸易以牟取暴利；第三，通过海外贸易，政府可以抽分和征税，这是一笔相当可观的财政收入，堪称元朝的经济命脉。[④]

---

① 徐晓光：《辽西夏金元北方少数民族政权法制对中国法律文化的贡献》，《西南民族学院学报》（哲学社会科学版）2002年第7期。

② 《中国大百科全书·中国历史·元史》，第140页。

③ 《元典章》卷22《户部·课程·市舶》，陈高华等点校，中华书局、天津古籍出版社，2011，第881页。

④ 舒炳麟：《元典章研究》，黄山书社，1995，第120页。

（二）市舶司作为管理对外贸易机构

元朝的海外贸易由政府直接控制，中央设泉府司（院），管理替国家经营买卖的商人，同时也经营市舶事务，但时间不长。① 而“市舶提举司”是主管海外贸易事宜的机构，简称“市舶司”。至元十四年（1277），元军攻取浙、闽等地后，在泉州、庆元（今浙江宁波）、上海（1291年由镇改县，取代南宋时华亭的地位）、澉浦（今浙江海盐）4处设立市舶司，后又陆续增设广州、温州、杭州3处，共7处市舶司。此后几经裁并和废立，终于庆元、泉州、广州3处设置，市舶司由行省直接管辖，每司设提举2人，从五品。其主要职责是：根据商人的申请发放出海贸易证明（公验、公凭）；对准许出海的船舶进行检查，查看是否挟带禁运的金、银、铜钱、军器、马匹、人口等；船舶回港途中，派人前去封堵（封存货物），押送回港；商船抵岸后，差官将全部货物监搬入库，并对全体船员进行搜检，以防私自挟带舶货；将舶货抽分，细货（珍贵品）十取一，粗货（一般商品）十五取一（后又改为细货十取二，粗货十五取二，另征收舶税，三十取一），然后发还舶商自行出售。对于来中国贸易的外国商船，市舶司也采取类似办法管理，运载货物来华也依例抽分；外国商船返航亦由市舶司发给公验、公凭。② 所以市舶司收入在元政府财政中占有较大比重。

（三）“市舶法”是海外贸易基本法规

随着海外贸易的发展，元代先后制定了一些法规，以规范贸易行为、打击不法商人、惩处违法犯罪、维护海外贸易秩序。至元二十一年（1284）起，政府实行“官本船法”。据《元史》记载，其主要内容是“官自具船给本，选人入蕃，贸易诸货。其所获之息，以十分为率官取其七，所易人得其三”。即官府出具船只和资本，招人出海贸易，利润七三开，这是一种官资商办的外贸活动，严令禁止私人出海贸易，“凡权势之家，皆不得用己钱入蕃为贾，犯罪之，仍籍其家产之半”，至于“其诸蕃客旅就官船卖买者，依例抽之”③。元政府制定此法目的是与海商争利，对

① 《中国大百科全书·中国历史·元史》，第98页。

② 张婷婷主编《中国历史百科》第2卷，民主与建设出版社，2014，第413页。

③ 《元史》卷94《食货志二·市舶》，第2402页。

海外贸易的垄断可给政府带来巨额收入，作为“军国之资”。

至元三十年（1293）拟定了22条《整治市舶司勾当》法则，延祐元年（1314）又修订颁布了新的22条《市舶法则》，作为规范海外贸易的基本法规，这个法规是以宋代市舶则例为基础，结合当时的实际情况制定的。该法不仅规定互市贸易的税收、批准、货物种类等具体规范，还规定对违法船商、船主的处罚，以及对市舶司官员违法行为的处罚等。① 其中，在宋代市舶法基础上又增加了一些内容，比如输出品的禁止范围不限于铜铁，更增加了金银和男女人口，不许沿海地方官差强占商舶和除免舶商、梢水人等家小杂役的规定等。根据《元典章》② 所载《市舶法则二十三条》归纳，元代海外贸易法规的主要内容有以下几个方面。

（1）税收制度。规定“依泉州见行体例，从市舶司更于抽讫物货内，以三十分为率，抽要舶税钱一分”，即泉州一地可于抽分之外又取三十分之一为税，他处无此体例。要求严厉禁止“行省官、行泉府司官、市舶司官，在先往往勒令舶商户计稍带钱本下番，回舶时将贵细物货贱沽价钱准折，重取利息，及不依例抽解官课”的行为，违者一经告发，从重治罪，没收钱物，并将没收钱财的三分之一奖赏给告发者。“使臣并大小官吏军民人等，因公往海外诸番勾当，皆是官司措办力船只前去，却有因而做买卖之人，今后回船之时，应有市舶物货，并仰于市舶司照例抽分纳官。”如违，以“漏舶治罪，物货没官”。又“海商自番国及海南买贩物货到中国，虽赴市舶司抽分，而在船巧为藏匿者”，即为“漏舶，正行没官”，按“漏舶”治罪，告首者依例给予奖励。③

（2）公凭、公验制度。规定“番船、南船，请给公凭、公验回帆，或有遭风被劫事故”，须经所在官司“陈告体问的实”，然后移交市舶司转申总府衙门，“再行合属体复”，依照旧例，召保舶牙人保明，并“开具本船财主、纲首直库、梢公、杂事、部领、人伴等人姓名人数，以及船之长、阔、高各若干”。每一只大船，只许带一只小船，小船名曰“柴水船”，并依例“合给公平如大小船”，但“所给公验、公凭各仰在船随行”。如果仅

① 《通制条格》卷18《市舶》，浙江古籍出版社，1986，第98、230～238页。

② 按：《元典章》中圣旨、令旨和省、台文件中多使用以口语硬译蒙古语的特殊文体，其语法特征与汉语大不相同。

③ 《元典章》卷22《户部·课程·市舶》，第875～876页。

有公验或无公凭，即是私贩，“许诸人告捕给赏，断罪”①。

（3）货检制度。规定“金、银、铜钱、铁货、男妇人口，并不许下海私贩诸番物”，“如到番国不复前来者，亦于元赍去公验空纸内明白开除，并附写缘由，若有违犯，止坐商船主”。“舶商下海开船之际，合令市舶司轮差正官一员，于舶船开岸之日亲行检视”，以察看船内“有无违禁之物”。如无夹带，即时“开洋”，但“仍取检视官结罪文状”备查，留待日后明确责任之用，“舶商、梢水人等，皆是趁办课程之人”②。

总之，元朝水运法的演进呈现与元代社会自身特征相适应的特点。元代“河海共济、海运为主”的漕运格局形成与水运法规调整之间存在密切关系。大运河法律制度日趋完备，在中国运河法制史上起到承前启后的作用。元朝海外贸易非常发达，规范海船运输的“市舶法”周密、细致，体现出面向世界的开放性特点。元政府吸收宋朝市舶立法经验，又适时调整“海运法”，颁行相关法规予以支持、鼓励，既可以达到政府直接控制海外贸易的目的，又可增加更多的贸易收入，“以资国用”，确实很有成效，③正所谓“用之以足国，始于元焉”④。当然，由于元朝所处的社会历史阶段的限制，统治时间又较短，故其立法还不尽完善，执行中也有无法达到统治者预期的情况出现，这是封建社会法制难以避免的缺陷。

Research on the Characteristics of the Legal System of Water Transportation in Yuan Dynasty

Xu Xiaoguang

Abstract: In the Yuan Dynasty, the water transport law developed in accordance with the social characteristic. The grain transport was starting with the river, followed by the land and the sea, forming a fixed pattern of the river and the sea. Sea is major, river is auxiliary. In the Yuan Dynasty, the river-sea mutual

① 《元典章》卷22《户部·课程·市舶》，第878～879页。

② 《元典章》卷22《户部·课程·市舶》，第880～881页。

③ 舒炳麟：《元典章研究》，第122页。

④ 丘濬：《大学衍义补》卷34，《漕挽之宜》，京华出版社，1999，第308页。

operation and shipping based grain transport pattern was formed, and there was a close relationship between the pattern and the adjustment of water transport law. The choice of grain transportation mode and the change of grain transportation route brought about continuous adjustment of management institutions and the improvement of the legal system of grain transport. The water transport law became more complete, which played a role in inheriting the past in the history of the legal system of Chinese grain transport. According to the changes in grain transport, a special and effective adjustment of water transport relationship was carried out, which fully reflected the characteristic of timely adjustment of regulations. The overseas trade of the Yuan Dynasty was well developed, and the Trade and Shipping Law that regulated the transportation of sea vessels was meticulously made, reflecting the openness to the world.

Keywords: Yuan Dynasty; Grain Transport; Water Transport Law

（责任编辑：胡克诚）

明清以来淮安清口闸坝体系考辨*

张鹏程　路伟东**

内容摘要　淮安清口是明清大运河与黄、淮的交汇点。明代后期以来，历任河臣在此推行不同的治河方略，逐渐产生了以闸坝为核心的复杂水利体系，由此催生出成序列和多版本的河工图。本文利用河工图信息，结合相关文献，高精度还原了清口地区闸坝设施演替的细节，发现并纠正了已往研究的部分错讹，对官方闸坝命名权与民间闸坝解读权间存在的重大差异进行了分析和阐述。

关键词　大运河　清口　河工图　闸坝体系

明清大运河全长近1800千米，自南而北贯通五大水系，因地形起伏并连通众多自然河道，沿途闸坝众多。位于今淮安市淮阴区码头镇的清口是大运河汇淮与穿黄的关键控制枢纽。① 明中叶以后，在黄河夺淮的大背景

* 本文为2019年度复旦大学“历史GIS与数字人文研究”青年融合创新团队项目；2018年度国家社科基金重大项目“大阪产业部近代中国及海上丝绸之路沿线调查资料整理与研究”（18ZDA188）阶段性成果。

** 张鹏程，复旦大学历史地理研究中心博士研究生；路伟东，复旦大学历史地理研究中心教授，博士生导师，主要研究方向为中国历史人口地理，尤其专注于清以来西北地区人口、移民、民族及区域社会相关问题，对历史GIS及数字人文研究亦颇有兴趣。

① 按：“清口”是历史时期自然变迁与人类改造共同作用的产物。因此，“清口”的概念既曾寓意天然河流淮河与泗水的交汇点，也寓意以码头镇为中心，因工程实践而形成的水利枢纽区域。近年来因大运河申遗之故，“清口”亦被专称为“清口枢纽”。参见谭其骧主编《中国历史大辞典·历史地理卷》，上海辞书出版社，1996，第857页；国家文物局《大运河申报世界文化遗产预备名单（修订稿）》，办保函〔2011〕638号，2011年9月8日。在本文中，如无特定说明，“清口”均指区域概念。

下，为确保漕运畅通，官方治黄以阻黄河倒灌清口为要，治淮以使淮河畅出清口为主，而治运则以使运河安渡清口为核心。清口“施工之勤，糜帑之钜，人民田庐之频岁受灾，未有甚于此者”[①]。故而治理黄、淮、运的国家要政彼此冲突又相互关联地萃此一隅。

由于清口形势紧要，历史资料积淀丰富，后世研究成果亦较多。比如，清代河臣麟庆很早就绘制了清口变迁的历史地图，民国水利专家武同举对此亦多有补益；[②] 当代学者中，邹逸麟比较系统地梳理了历代治河文献，从宏观视角对清口在内的淮河下游运口变迁做了复原；[③] 李孝聪等整理了明中后期以来的清口地区河工图，对一些重要地图的版本、制作和流布等做了探讨。[④] 总体来看，既有研究虽然丰富，[⑤] 但对清口地位最重要、变化也最频繁的闸坝体系尚未给予足够重视，复原工作一般止于示意，且存在不少错讹。[⑥] 近年来，随着河工图等原始文献的披露，使用这些序列化的工程图纸来直观复原河道与闸坝形势，不断受到学者关注。[⑦] 在此基础上，结合有关水利文献，综合运用近现代测绘地图等资料，似可对相关问题展开更深的讨论。

---

① 《清史稿》卷127《河渠志二》，中华书局，1977年标点本，第3770页。

② 麟庆：《黄运河口古今图说》，沈云龙主编《中国水利要辑丛编》第1辑，文海出版社，1969年影印本，第7～53页；武同举：《淮系年表全编·淮系年表弁图·淮系历史分图七至十二》，[出版者不详]，民国十八年（1929），第4～6页。

③ 邹逸麟：《淮河下游南北运口变迁和城镇兴衰》，《历史地理》第6辑，1988，第65～69页。

④ 李孝聪、席会东：《淮安运河图考》，中国书籍出版社，2008；王耀编著《〈黄运河口古今图说〉图注》，中国社会科学出版社，2018。以下正文中，两书分别简称为《图考》和《图注》。

⑤ 众多研究分别涉及清口的历史演变、地域文化以及考古保护等，如王英华：《洪泽湖—清口水利枢纽的形成与演变——兼论明清时期以淮安清口为中心的黄淮运治理》，中国书籍出版社，2008；淮安市历史文化研究会编著《淮安运河文化研究文集》第三辑，河海大学出版社，2012，第40～118页；中国文化遗产研究院、南京博物院、淮安市博物馆编《京杭大运河清口水利枢纽考古报告》，文物出版社，2016。

⑥ 武同举在《淮系年表弁图》中对南运口闸坝的细节有意留白处理。中国文化遗产研究院针对清口枢纽整体有新绘地图，但实质是对咸丰《清河县志》附图的数字化，见中国文化遗产研究院《大运河清口枢纽工程遗产调查与研究》，文物出版社，2012，第203～207页；咸丰《清河县志》卷1《图说》，《国家图书馆特色资源（方志丛书）·江苏》，第204册，第7～16页。

⑦ 王耀曾利用河工图对清口的木龙工程、东西坝工程、陶庄引河工程进行了讨论，但未涉及运口内闸坝系统。见王耀《古地图所见乾隆朝清口地区河渠治理》，《中国典籍与文化》2016年第3期。

一 潘季驯治河前后的清口单闸单河系统

明代初年，黄河沿颍、涡、汴、泗等多条岔流夺淮入海，由于清口只是这些岔流与淮河的交汇点之一，因此当时清口的水势还比较平缓。明永乐十三年（1415）前后，平江伯陈瑄开凿新运河入黄时，在运口设置了一座新庄闸，该闸闸门直对黄河，不需要任何减水设施，便对应了这一时期的总体河势。到正德年间，因新庄闸濒临朝廷敕建的惠济祠，故又被称为惠济闸，这是清口地区最早冠名“惠济”的闸坝。[①]

嘉靖三十一年（1552），运口与运道还曾短暂移动到洪泽湖，是为三里沟河，但很快淤废。[②] 至万历年间，河臣潘季驯采取“束水攻沙”的治河策略，[③] 将黄河河道固定于今废黄河一线，主流只在清口与淮河、运河相交。这使得清口的河势陡然变得剧烈起来，新庄闸既受到黄河河水的冲击，又受制于黄河泥沙的淤积，渐渐难以维持。[④]

有鉴于此，潘季驯于万历六年（1578）废止新庄闸，在惠济祠以南新设置一座通济闸，并在通济闸西南开挖新运口，“离黄向淮，用清避浊”[⑤]。由于新开的万历通济闸与永乐新庄闸同处运道，且有前后相继关系，通济闸便继承了新庄闸的别名，亦称惠济闸。

相较于明代中前期，经过潘季驯治河后的清口地区，最主要的变化只是单个运口和单座闸坝的南移，并无主越河或主越闸之分，无论是闸坝形态还是河道形态都比较单一，详见图1。

① 光绪《丙子清河县志》卷6《川渎下》，《中国地方志集成·江苏府县志辑》第55册，江苏古籍出版社，1991年影印本，第891页。

② 《明史》卷85《河渠志四》，中华书局，1974年标点本，第2094页。

③ 潘季驯：《河防一览》卷首《提要》，《景印文渊阁四库全书》，台湾商务印书馆，1983年影印本，史部，第576册，第138页。

④ 《明史》卷84《河渠志三》，中华书局，1974年标点本，第2083页。

⑤ 潘季驯：《河防一览》卷11《查议通济闸疏》，《景印文渊阁四库全书》，史部，第576册，第366页。

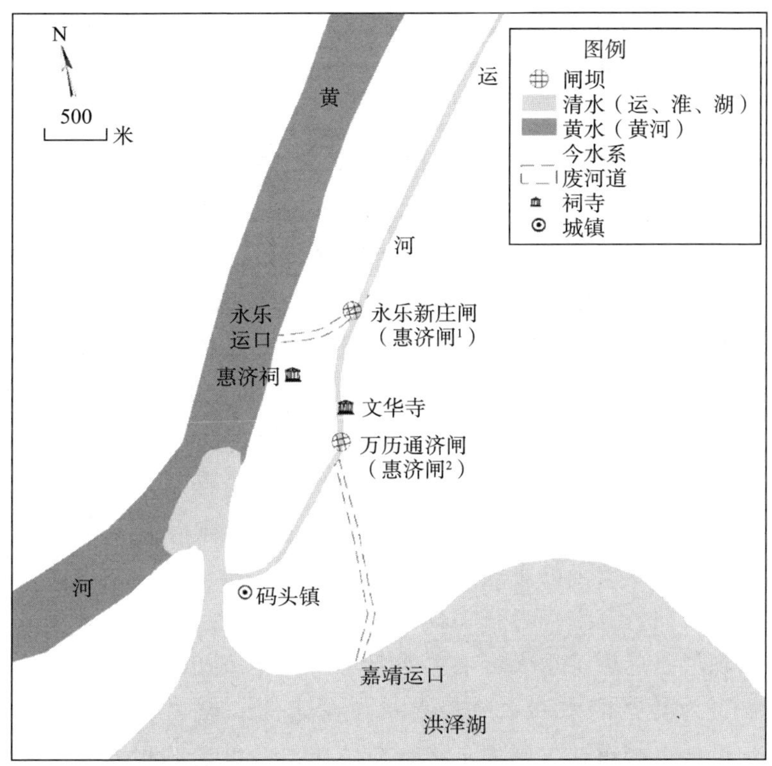

图1　万历六年（1578）至清初的清口地区闸坝体系示意

资料来源：本图由笔者综合多源数据绘制。①

二　靳辅—张鹏翮治河时期“避黄引运”策略下的正越闸河体系

明清易代之际，黄淮运交汇的清口无人问津，附近地区水患连绵。

① 按：今河道使用1∶250000全国基础地理数据。古河道参见（民国）武同举《淮系年表全编·淮系年表弁图·淮系历史分图七》，［出版者不详］，民国十八年（1929），第4页；邹逸麟《淮河下游南北运口变迁和城镇兴衰》，《历史地理》第6辑，1988，第65页图2。与两者不一致处为本文考证位置。古今地名对照参考了两幅近现代测绘地图，分别是（民国）参谋本部陆地测量总局《淮阴城（淮安、淮阴）》，1∶50000，民国二十五年（1936）八月，台湾“中央研究院”近代史研究所档案馆藏，经济部地图全宗，江苏省系列，档号P/11－B－1311；空军航空摄影测量团《三树》，1∶50000，1956年航摄，国家基础地理信息中心藏，历史地形图全宗，档号TD411G－EI500080－094B.1958，TD0B－2013024。地理配准的参考点为惠济祠、文华寺与码头镇，三点的可靠性参见中国文化遗产研究院等《京杭大运河清口水利枢纽考古报告》，文物出版社，2016，第70～71页。以下地图同。

康熙初年，高家堰连续决口两次，第二次几乎使高家堰全线崩溃，洪水突入里下河，运道断绝，“江、高、宝、泰以东无田地，兴化以北无城郭室庐”[①]。

这种严峻的局面，提示晚明潘季驯以来的治河实践迫切需要改变。在潘氏“束水攻沙”的思路下，清口无遮蔽地暴露在黄、运交汇处，以使来自洪泽湖的清水充分涌出，有力地冲刷黄河泥沙。但在清初河工还力有不逮、黄河还持续肆虐的基本条件下，河（黄）势本就强于淮（清）势，刷黄策略并不现实，“当务之急”不是刷黄，而是避黄，更重要的是同时引运，以维持运道。

因此，康熙十六年（1677），安徽巡抚靳辅担任河道总督后，在工程实践中更侧重的是“避黄引淮”。他主持的一项最重要的工作，便是开凿独立于黄河的中运河，[②] 此后，黄、运基本分离，清口的水利枢纽雏形显露，这是黄运关系史上的重大变革。[③]

其后，靳辅及其继任者张鹏翮不断实践各种治河措施，对清口地区的河道、闸坝形态造成了重大影响。明万历以后至清初的单河道、单闸坝河工体系被更为复杂的水利系统所替代。在这一过程中，河工建设旷日持久，闸坝设施兴废更迭，闸坝名称穿插使用，后世遂对相关河工细节的了解模糊不清，讹误频出。

（一）康熙十八年以后的河道体系与惠济、天妃两闸的名称混淆

康熙十八年（1679）以后，靳辅将治河重心投向清口地区，相较于明代，此时的闸坝与河道形势发生了两个比较重要的变化。其一，码头镇以北的万历运口被废弃，新运口迁至码头镇以南，该段河道因经天妃闸入引河，故称天妃闸河；其二，从文华寺以北向东南开凿了一条半圆形的越河，该段河道因经七里闸入引河，又称七里闸河。天妃闸河与七里闸河先后汇入引河后，经运口的清水闸一并通过运口，最终北入

① 《清史稿》卷 126《河渠志一》，中华书局，1976 年标点本，第 3719 页。

② 咸丰《清河县志》卷 1《图说》，《国家图书馆特色资源（方志丛书）·江苏》，第 204 册，第 8 页。

③ 姚汉源：《京杭运河史》，中国水利水电出版社，1998，第 19 页。

黄河。[①]

由此，在避黄引运的新目标下，清口地区产生了正、越两条运道和东西数座闸坝。单一的运道形态被两端相交的正、越河运道形态所取代，整体形状类似一同心椭圆。

尽管运道的演进过程比较清晰，但对于构筑在这些运道上的数座闸坝，后世研究者则对其具体位置及名称意见纷纭。其中问题的核心，在于对惠济闸与天妃闸名实关系的判断上。

比如，光绪《清河县志》载："惠济闸，原名新庄闸，又名天妃闸，旧在惠济祠后，明永乐中陈瑄建。"[②] 可见，在时人理解中，惠济闸即等同于天妃闸。当代学者邹逸麟对清口水利研究颇深，在有关地图中绘制了清口相当多的小地名，也是有惠济闸而无天妃闸。[③] 那么，惠济与天妃二闸，在这一时期究竟是否为同一闸坝，如果不是，它们分别又设置在何处，彼此又有怎样的关联，这些都成了亟待解决的问题。

武同举的相关论述，集中反映了这一问题的实质。他认为："（康熙二十三年）改建南运口七里闸，名惠济闸，建南运口清水新闸以为天妃闸外护，天妃闸即万历通济闸。"[④] 以此首先可以明确，至少在康熙二十三年（1684），天妃闸与惠济闸确实是独立的两座闸坝。

但是，如果全盘认同武同举"天妃闸即万历通济闸"一说，则又颇有不合理处。首先，据新绘地图量算，万历通济闸（武同举称天妃闸）在靳辅治河时代，距离运口的清水新闸已约 2.5 千米，[⑤] 远非濒临河口可言，既然如此，新建的清水新闸，必定不能成为深居运道腹地的天妃闸外

---

① 王英华：《洪泽湖—清口水利枢纽的形成与演变——兼论明清时期以淮安清口为中心的黄淮运治理》，中国书籍出版社，2008，第 88 页；邹逸麟：《淮河下游南北运口变迁和城镇兴衰》，《历史地理》第 6 辑，1988，第 66～67 页。

② 光绪《丙子清河县志》卷 6《川渎下》，《中国地方志集成·江苏府县志辑》第 55 册，江苏古籍出版社，1991 年影印本，第 891 页。

③ 邹逸麟：《淮河下游南北运口变迁和城镇兴衰》，《历史地理》第 6 辑，1988，第 69 页图 3。需要注意的是，邹先生在同页脚注 1 中指出地图画法等研究是"综合诸家之说"。

④ 武同举：《淮系年表全编·淮系年表》表 11，[出版者不详]，民国十八年（1929），第 13 页。

⑤ 清水新闸与万历通济闸的名称在历史上只各出现一次，内涵外延均非常清晰，相关考古发掘已进行了明确定点，因此可以量算两点间精确距离。参见中国文化遗产研究院等《京杭大运河清口水利枢纽考古报告》，文物出版社，2016，第 50～54 页。

护。其次，康熙帝本人的切身体验也证明两闸并非一处，据《行水金鉴》载：

> （康熙二十三年，上）问："天妃闸这样险，何不再造一闸分减水势？"臣（靳）辅奏："已有七里闸一座。"上云："这闸造得有理，连声称好。"上见运口新闸，问云："这闸是为何而造？"臣辅奏："臣恐黄水大涨，天妃闸不能承当，所以又造这清水闸束水，专为天妃闸而设的。"①

显而易见，运口的清水闸"束水"，就是专为天妃闸减水而去，如果天妃闸不能濒临运口，清水闸之建将毫无意义。最后，道光时期河臣麟庆绘制的《黄运河口古今图说》，更为我们提供了最直接的证明。在该书的"康熙十五年后河工图"（见图 2）中，天妃闸和惠济闸被分别标注，惠济闸为东西向，天妃闸则为南北向，且彼此相距较近。考虑到麟庆曾任河道总督，这一在清代河图中仅见的标注内容显得颇具权威性。

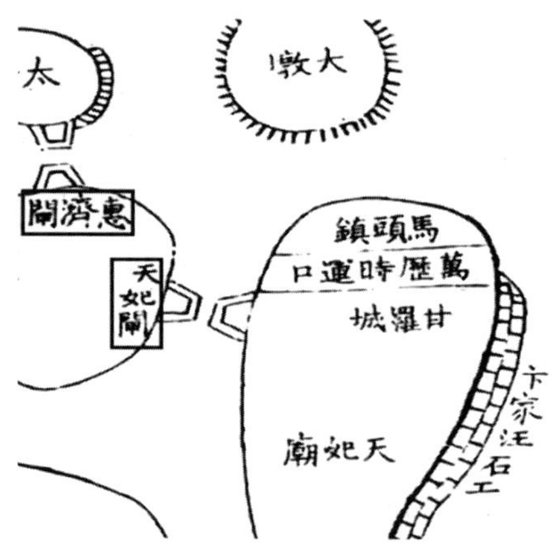

图 2　《黄运河口古今图说》中的惠济闸与天妃闸

说明：断限为康熙十五年（1676）以后，上南下北。图经笔者二值化处理，框为笔者添加。

资料来源：（清）麟庆：《黄运河口古今图说》，道光二十年（1840）刻本，沈云龙主编《中国水利要辑丛编》第 1 辑，文海出版社，1969 年影印本，第 18 页。

① 傅泽洪：《行水金鉴》卷 135《运河水》，《景印文渊阁四库全书》，史部，第 582 册，第 203 页。

根据以上分析，基本可以明确，把惠济闸等同天妃闸的观点实有讹误。真实的情况应该是：多座闸坝虽然在不同的时期有可能被冠以同一个名称，但在某一个特定时期内，同一个名称只能指向其中某一座闸坝。后世文献中一座闸坝对应多个名称的现象，大都是时间层累的结果，这其中有很多是不准确的。天妃闸与惠济闸的混淆就是如此。

建设于康熙十八年（1679）的运口处新闸，名称之所以要舍弃“惠济”而易为“天妃”，其中最根本的原因，是清口地区皇家祠庙——惠济祠名称发生了改变，更具体来说是该祠的主祭信仰发生了改变。康熙初年，由于官方对天妃信仰的尊崇，明代命名的惠济祠更名为天妃庙，“本朝即其旧宇，崇祀天后，遂称天妃庙”①。已有学者研究表明，“闸名变更背后当隐含神灵奉祀的内在机理，与此相关的则为祠庙之名的易变”②。当这种祠庙尊崇传导到闸坝尊崇后，新建的、有控遏运口重要地位的天妃闸之得名“天妃”，便成为题中应有之义。

除了官方推崇这一因素，“天妃”与“惠济”两词在文本背后的内涵与隐喻，也是闸坝名称变化的原因之一。“天妃”所代表的妈祖信仰具有明确的神灵指向，即庇佑来往船只安渡河势凶险的清口地区，“惠济”一词相较之下，则显得语意含混，没有特别的信仰指向。

以上两种因素间的关系，并非呈彼此割裂之势。“惠济”和“天妃”之间的内涵差异只是闸名差异形成的表象，它们本身是民间信仰长期演化的产物，是一种相对独立的存在。只有当官方介入，并有意识地寄托其对河工治理的良好愿望后，该闸坝才能成为“天妃闸”。这既是闸坝命名复杂化的根源，也是对康熙时期“治水政治”的一个典型注解。现将天妃闸的位置标示于图 3，以济直观。

---

① 光绪《丙子清河县志》卷 3《建制》，《中国地方志集成·江苏府县志辑》第 55 册，江苏古籍出版社，1991 年影印本，第 864 页。

② 王聪明：《明清漕运与淮安天妃信仰的变迁》，《安徽史学》2014 年第 6 期。

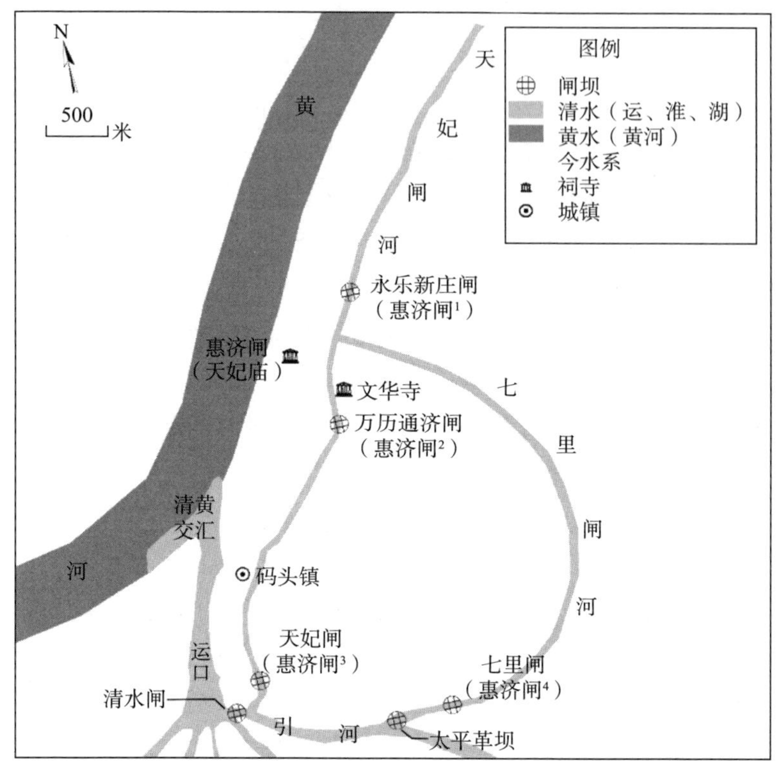

图 3　康熙二十年（1681）前后的清口枢纽闸坝体系示意

资料来源：本图由笔者综合多源数据绘制。

（二）康熙三十四年以后的河道体系与新天妃石闸的通水问题

靳辅于康熙十八年（1679）以后开挖的天妃闸河、七里闸河，事实上构成了清口地区的第一次正、越河体系。但如果仅就水闸来说，此时还并无明确的正、越之分。在七里闸河因淤塞而渐趋失效后，继任总河的张鹏翮于康熙三十四年（1695）在天妃闸河之东与七里闸河之西，另外新开一条与七里闸河走势相近的新越河，[①] 在新越河开辟后，清口内已经事实上形成了第二次正、越河体系。[②]

① 邹逸麟：《淮河下游南北运口变迁和城镇兴衰》，《历史地理》第 6 辑，1988 年，第 67 页。

② 有关这一工程的概貌，现有研究论述甚详，兹不赘述。参见王英华《洪泽湖—清口水利枢纽的形成与演变——兼论明清时期以淮安清口为中心的黄淮运治理》，中国书籍出版社，2008，第 104 ~ 107 页。

存在讨论空间的部分，依旧是清口内的闸坝变迁细节。由于“惠济”“天妃”等名称在靳辅治河后持续存在并混用，一些研究还存在语焉不详之处。幸运的是，张鹏翮主持绘制的系列《运河全图》直观保存了地图资料。结合文献互相考异之下，可以厘清一些问题。

张鹏翮在康熙三十九年（1700）以后继任河道总督，他在氏著《治河全书》后附录有纸本彩色《运河全图》。伴随治河过程的演进，《运河全图》出现了一系列版本，彼此间存在微小但非常关键的差异。[①] 其中最主要的就是天妃闸的通水与否问题。

按照大都会博物馆藏《运河全图》的描绘，天妃闸附近河道通畅，毫无阻碍。李孝聪等在《图考》一书中，据此认为这张地图的断限在康熙四十九年（1710）以后，对应的文献依据是“天妃闸月河和月河上的天妃闸设置于康熙四十九年”[②]。而事实上，康熙四十九年（1710），清口地区真正实施的是“改南运口永济闸为惠济越（月）闸”[③]。也就是说，相关史实是闸坝的更名并非重设。另外，天妃闸附近绘制有河道，也不能等于这一河道就是所谓的“天妃闸月河”，《图考》关于这幅地图的年代断限和相关文献解读都有不妥之处。

而按照天津图书馆藏《运河全图》和华盛顿佛利尔美术馆藏《运河全图》的描绘，天妃闸附近则已经筑堤，堵塞不流。那么，这一“堵塞不流”状态的天妃闸，究竟为何物？它与康熙十八年（1679）左右设置的天妃闸又是何关系？另一张同样绘制于康熙四十一年（1702）以后的张鹏翮河工图，为我们提供了线索。如图 4（a）所示，在该图“头草坝”以北，标识有一座写有“新天妃闸基”字样的闸坝，为封闭状态。查《行水金鉴》，对此实有记载：

> （康熙四十一年）三月十四日，总河张鹏翮题……唯是天妃闸旧基闸塘，年久深洼，戽水难干，故桩碎石有碍下桩铺底，议于运口头

① 主要版本有四种：天津图书馆藏《运河全图》、大都会博物馆藏《运河全图》、华盛顿佛利尔美术馆藏《运河全图》、大英图书馆藏《运河图》。参见李孝聪、席会东《淮安运河图考》，中国书籍出版社，2008，第 86～102 页。

② 李孝聪、席会东：《淮安运河图考》，中国书籍出版社，2008，第 104 页。

③ 武同举：《淮系年表全编·淮系年表》表 11，［出版者不详］，民国十八年（1929），第 27 页。

草坝迤北，建造大石闸一座。①

联系图文，时间、闸名、设置地点均一致，可以断言，这座天妃闸正是新造的天妃“大石闸”，它是康熙时期第二次正、越河体系的产物，不同于康熙十八年（1679）前后设置的第一座天妃闸。

新天妃石闸与旧天妃闸之间的关系既已辨明，最后的问题是该闸何以在前文提到的一些河图中绘制为封闭不通。据笔者推测，新天妃石闸的不通航应该只是一种施工的非常状态，时间不长，却不巧被地图绘制者忠实记录下来。图4（a）中的“闸基”字样已经在某种程度上反映了这点，而前引大都会博物馆藏《运河全图》中，新天妃石闸附近标为通水的状态，则基本印证了这种可能性，② 见图4（c）。除此之外，另一些不同来源的康熙后期河图，③ 同样将新天妃石闸附近标为通水，这也是有力的旁证，见图4（b）。④

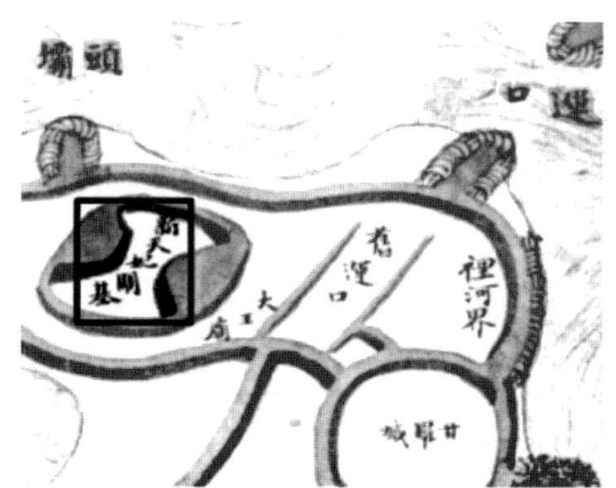

图4（a） 康熙四十二年（1703），封闭状态的“新天妃闸基”

① 傅泽洪：《行水金鉴》卷140《运河水》，《景印文渊阁四库全书》，史部，第582册，第254页。

② 图4（c）中新天妃石闸通水的状态，提示该图断限应当略晚于图4（a），即晚于康熙四十二年（1703）。但如前文所述，又不能晚于李孝聪等错误判断的康熙四十九年（1710），当在两年份之间。无独有偶，大都会博物馆官网将该图绘制时间断为康熙四十五年（1706），今从之。

③ 席会东：《〈王石谷全黄图〉研究》，《故宫博物院院刊》2010年第1期。

④ 王耀在《〈黄运河口古今图说〉图注》一书中，就新天妃石闸通水与否的问题，对康熙四十年（1701）以后的河工图断限做了排序，但按照本文考证，王书恐系有误。参见王耀《〈黄运河口古今图说〉图注》，图8至图12，中国社会科学出版社，2018，第21~32页。

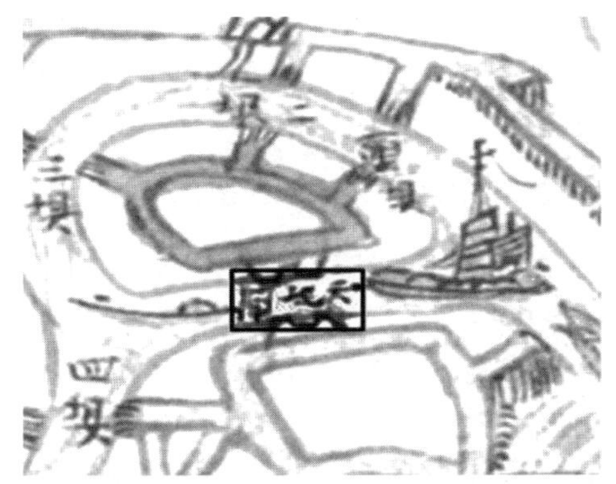

图 4（b） 康熙四十二年（1703），通水状态的新天妃石闸

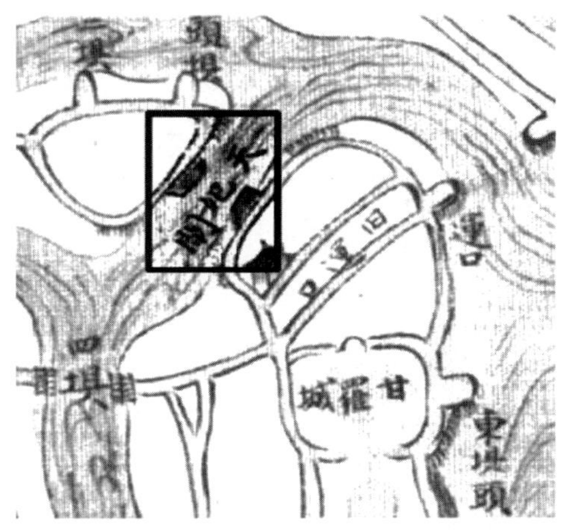

图 4（c） 康熙四十五年（1706），通水状态的新天妃石闸

说明：原图均为彩色，经笔者灰度和色阶处理，框为笔者添加。除图 4（b）为右南左北外，其他地图均为上南下北。

资料来源：各典藏机构康熙河工图。①

《图考》和《图注》等今人著作中出现的讹误，非常典型地展现了因闸坝名称不断层累和借用而形成的讹误。总结其出错路径，大致可以归纳

① 图 4（a）至图 4（c），来源依次为张鹏翮《治河事宜》卷 9《黄河全图》，康熙四十二年（1703）刻本，郑永昌主编《水到渠成——院藏清代河工档案舆图特展》，台北故宫博物院，2013，第 134 页；大英博物馆藏王石谷《全黄图》，台湾“中研院”数位方舆网，http://digitalatlas.asdc.sinica.edu.tw/map_detail.jsp?id=A104000043，2019 年 8 月 10 日；大都会博物馆藏张鹏翮《运河全图》，大都会博物馆官网，https://images.metmuseum.org/CRDImages/as/original/DP142629.jpg，2019 年 8 月 10 日。

如下：首先，因为“天妃”与“惠济”二词在各种地方文献中常常相通，进而“惠济越（月）闸”即“月河上的天妃闸”这种提法，便是可以接受的，这是错误出现的根源；其次，由于康熙十八年（1679）以后开凿的七里闸河与康熙三十四年（1695）以后开凿的新越河，河势都是由东南再折向西南，这与在本就无绝对位置可言的清代河工图中的位置高度近似，两者常常被地图研究者混而为一，故而在七里闸河上设置的当时名称是七里闸的惠济闸，与在新越河上设置的当时名称是永济闸的惠济越（月）闸间彼此混淆，这正是《图考》等书对大都会博物馆藏图误判断限的关键之处；最后，康熙四十一年（1702）在运口附近新建的“新天妃石闸”，依旧难免以上错讹，又被人与康熙十八年（1679）在天妃闸河上设置的旧天妃闸混淆。

通过以上分析，各闸坝的具体位置和相对关系参见图 4 和图 5。

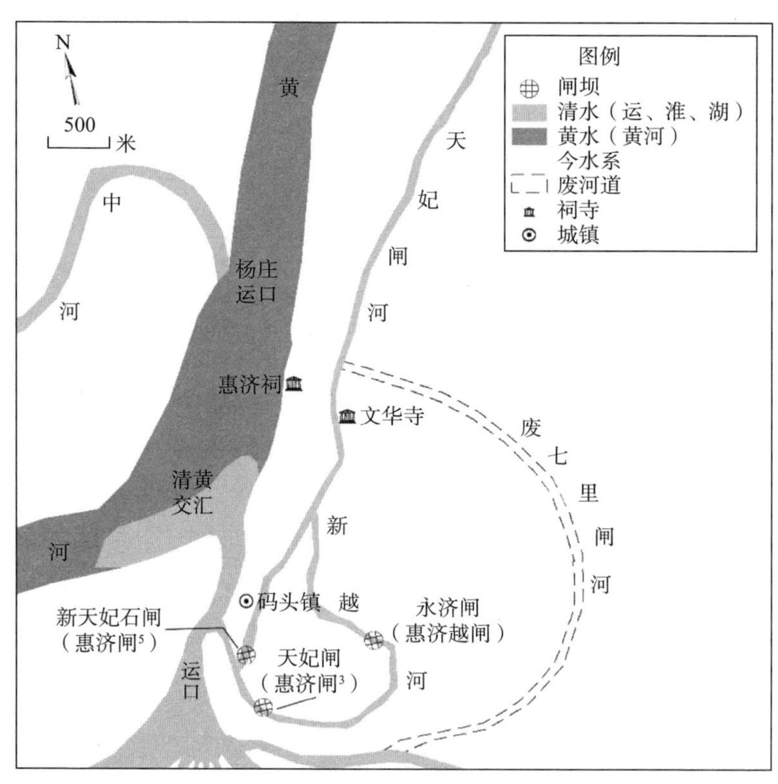

图 5　康熙三十四年（1695）以后的清口枢纽闸坝体系示意

资料来源：本图由笔者综合多源数据绘制。

以上诸般讹误，如果不用成序列并有正确断限的河工图加以综合考察，并结合当时文献的记载，往往容易导致错误在不断累积后愈加难辨。现将靳辅—张鹏翮治河前后，清口地区若干闸坝的名称等信息统列于一表，以便对这一问题的讨论更加明晰，见表1。

表1 靳辅—张鹏翮治河前后的清口地区主要闸坝

官方名称	别名	修筑时间	官方名称来源	备注
新庄闸	惠济闸[1]	约永乐十三年（1415）	万历《淮安府志》卷3《建置志》①	—
通济闸	惠济闸[2]	万历六年（1578）	《河防一览》卷11《查议通济闸疏》	—
太平草坝	济运坝	康熙十七年（1678）	《行水金鉴》卷150《运河水》引《河防志》	—
天妃闸	惠济闸[3]	康熙十八年（1679）	《行水金鉴》卷135《运河水》	—
七里闸	惠济闸[4]	康熙十八年（1679）	《靳文襄公奏疏》卷2《酌改运口疏》②	—
清水闸	太平闸③	康熙二十三年（1684）	《靳文襄公奏疏》卷3《经理未竣工程疏》④	—
新天妃石闸	惠济闸[5]	康熙四十一年（1702）	《行水金鉴》卷140《运河水》	—
永济闸	惠济越闸	康熙四十五年（1706）	光绪《丙子清河县志》引乾隆志	今址
惠济闸[6]	—	雍正十年（1732）	乾隆《淮安府志》卷6《河防》⑤	今址

注：①万历《淮安府志》卷3《建置志》，《天一阁藏明代方志选刊续编》，上海书店，1990年影印本，第8册，第345页。

②靳辅：《靳文襄公奏疏》卷2《酌改运口疏》，《景印文渊阁四库全书》，史部，第430册，第510页。

③太平闸的名称也曾出现在官方文书中，与清水闸并用。

④靳辅：《靳文襄公奏疏》卷3《经理未竣工程疏》，《景印文渊阁四库全书》，史部，第430册，第544页

⑤乾隆《淮安府志》卷6《河防》，《中国方志丛书·华中地方》第397号，台北成文出版社，1983年影印本，第645～647页。

表格说明：1. 闸名后上标为名称的出现次序；2. 前文已引用的官方名称来源，不再标注详细信息。

三 雍乾以后葫芦状河道与“码头三闸”的形成

雍正即位后，其对清口的一些改造措施，意义颇为重大。雍正十年（1732），新天妃石闸被迁徙到二草坝北岸堤内，① 再次改名惠济闸，上下

① 光绪《丙子清河县志》卷6《川渎下》，《中国地方志集成·江苏府县志辑》第55册，江苏古籍出版社，1991年影印本，第891页

又挑引河，形成了如图6所示的今闸址和运道。①

乾隆即位之初，清口一带的工程体系日趋完善。乾隆二年（1737），新任总河高斌鉴于惠济祠边上的黄、运两河仅隔一堤，险峻异常，遂又在康熙运道以东开凿新运道，并建设通济和福兴正、越闸四座闸坝。

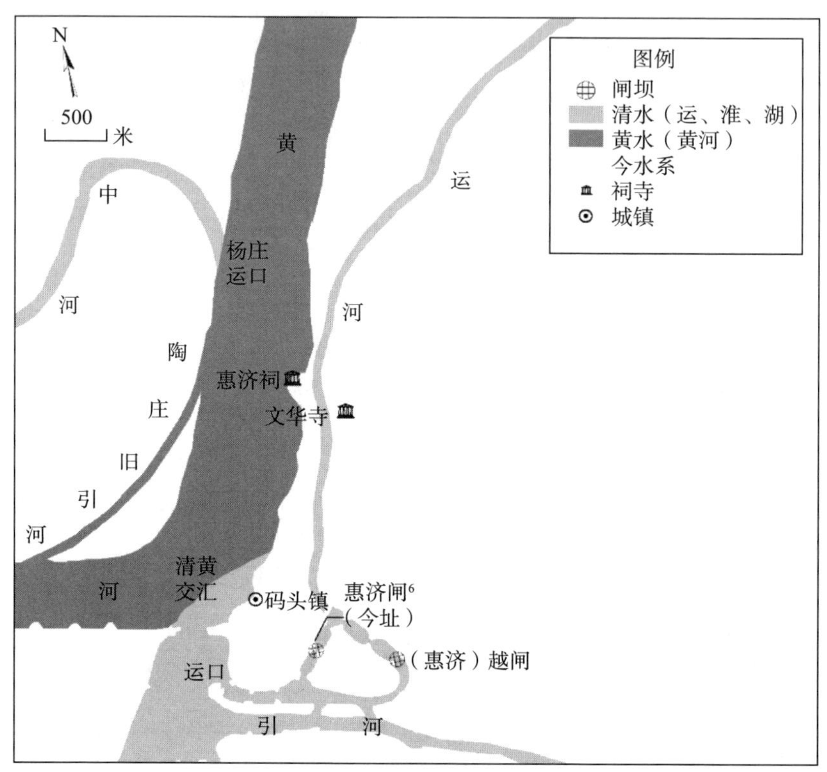

图6 雍正十三年（1735）以后的南运口闸坝体系

资料来源：南运口闸坝体系按高斌所进河图重绘，见（清）高斌《为奏闻清口木龙有效情形折》附图1《雍正十三年清口木龙图》，台北故宫博物院藏，档号（故机）005054，郑永昌主编《水到渠成——院藏清代河工档案舆图特展》，台北故宫博物院，2013，第50页。其余参考图1。

在乾隆初年的河工措施完成后，清口地区俗称“码头三闸”的惠济、通济、福兴正越闸体系正式形成，三组六条的河道相互串联，彼此交通，当地人谓其形状为“U”形，② 但更广泛的提法还是“葫芦河”。

① 武同举：《淮系年表全编·淮系年表》表11，［出版者不详］，民国十八年（1929），第34页。

② 张煦侯著，方宏伟、王信波整理《淮阴风土记》，方志出版社，2008，第372页。

至此，自潘季驯治河以来，因处理黄、淮、运关系而渐次修建的复杂闸坝体系，最终塑造完成。此后垂二百年，这一格局基本不变，① 如图 7 所示。

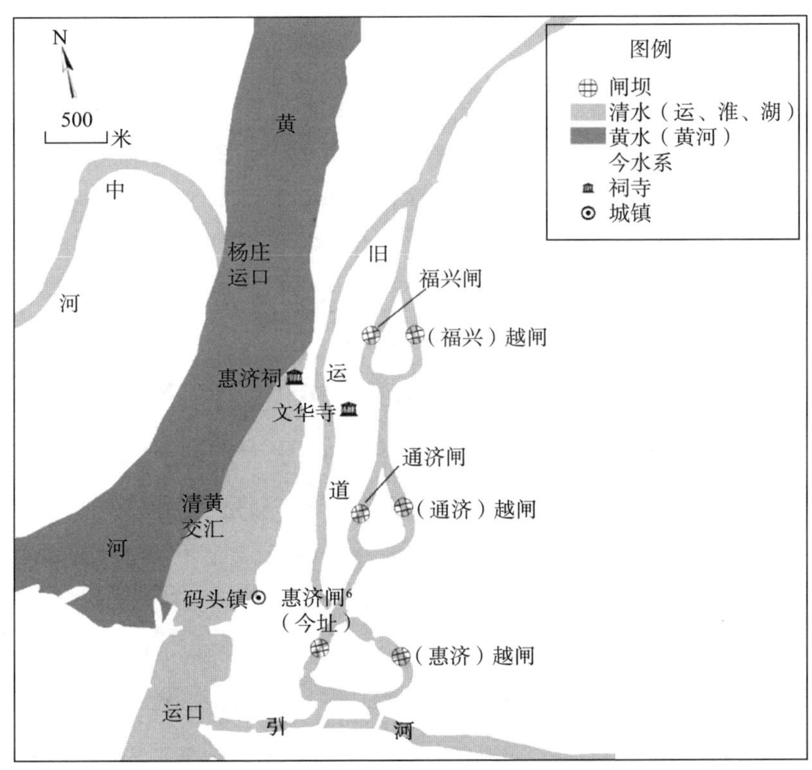

图 7　乾隆十四年（1749）以后的南运口闸坝体系

资料来源：南运口闸坝体系按高斌所进河图重绘，见（清）高斌《为奏闻清口木龙有效情形折》附图 3《乾隆十四年清口木龙图》，台北故宫博物院藏，档号（故机）005054，郑永昌主编《水到渠成——院藏清代河工档案舆图特展》，台北故宫博物院，2013，第 51 页。其余参考图 1。

四　结论：官方命名权与民间解读权的差异

考察清口在明代后期以来的变迁，闸坝体系的旋设旋废与闸坝名称的混杂迭变是两个突出特征。这既体现了黄淮运交汇地带因天然河势变化而

① 王英华：《洪泽湖—清口水利枢纽的形成与演变——兼论明清时期以淮安清口为中心的黄淮运治理》，中国书籍出版社，2008，第 172 页。

形成的天然差异，也体现了官方闸坝命名权与民间闸坝解读权之间存在的人为差异。可以清晰地看到，即便在闸坝系统变迁最为剧烈的清代靳辅—张鹏翮治河时期，官方河工图的相关描绘也是更新及时和逻辑自洽的。今天诸多理解上的混乱与困难，实际源于后世治河文献和乡土文献对早期记忆的覆盖。

事实上，这种差异的延绵远不止本文搁笔的乾隆年间。据笔者在淮阴区码头镇的实地走访，至少在 20 世纪三四十年代，惠济越闸已被当地居民称为“头闸”，意为通航主闸，惠济正闸反倒被称为“备闸”，通济正、越闸和福兴正、越闸也有相似的境遇。其中曲折，还俟后来者深究。

Research on the Sluice System at the Southern Canal Exit of the Qingkou Junction since the Ming and Qing Dynasty

Zhang Pengcheng, Lu Weidong

Abstract: Qingkou, Huai'an is the junction of the Grand Canal, the Yellow River and the Huai River in the Ming and Qing dynasty. From the late Ming dynasty, successive water officials have pursued different strategies for river management here, gradually producing a complex water system with sluice control as the core, resulting in serialized and multiple versions of ancient maps of the Yellow River. By using these maps in combination with the relevant literature, this article restated the details of sluice succession with higher accuracy in Qingkou, found and corrected some mistakes in previous studies, analyzed and expounded the significant difference between the official right to name the sluice and the folk right to interpret the sluice.

Keywords: The Grand Canal; Qingkou; Ancient Maps of the Yellow River; Sluice System

（责任编辑：胡克诚）

1855年黄河北徙对山东运河漕运的影响与官方应对

——以黄运交汇处和山东运河北段为中心的考察

古 帅*

内容摘要 作为黄河变迁史上的最后一次大迁徙，1855年黄河决口北徙给铜瓦厢以下沿黄区域的地理环境带来很大影响，山东运河即为受影响较大的对象之一。本文以黄运交汇处和山东运河北段为研究重点，对黄河北徙给山东运河漕运带来的影响与官方应对，进行了复原和分析。在黄运交汇处，黄河分多股岔流与运道相交，由于泥沙严重淤积，加之黄河各岔道的径流与汛情变化较大，致使此间漕运极为艰难，南北运口及两运口间漕运线路亦因之发生多次改变。黄河北徙后，在借黄济运的形势下，山东运河北段淤积亦较重。同、光之际，清廷围绕该段运道的水源问题，先后多次对导卫济运的奏请进行讨论，但均由于各方案对运、卫间地理形势、卫河径流特征等因素考虑不足而未能施行。

关键词 黄河北徙 山东运河 漕运 导卫济运

无论是在黄河史，还是在运河史的研究上，黄运关系问题一直是学界

* 古帅，历史学博士，山东财经大学文学与新闻传播学院讲师，主要研究方向为历史地理与环境变迁、黄河史、环境史、山东地方史。

关注的重要议题。[①] 随着研究的进一步深入，对具体时段内的黄运关系或影响黄运关系的某一事件展开具体研究，成为当前之要务。作为黄河变迁史上的最后一次大改道，1855 年黄河铜瓦厢决口北徙给山东运河漕运带来巨大影响。在此之前，黄河南流入海，黄运交汇处的清口（今淮安）一带长期作为治黄保运的关键所在；而 1855 年黄河北徙后，黄水直冲山东境内的运河河道，维持山东运河漕运畅通遂成为清廷与山东地方的重要事宜。与之前南流相比，由于黄河北徙后所处的自然地理与社会政治环境形势均有较大差异，故其对运河漕运的影响亦呈现了新的局面。进一步看，黄河北徙后对山东运河及漕运产生了怎样的影响？为维持漕运的畅通，清廷与山东地方采取了哪些应对措施？这些都是本文需要解决的问题。

元代以降，伴随着济州河与会通河的开凿，运河漕运在京城漕粮运输中所发挥的作用渐趋增强。至明代，随着会通河的重修与大运河的再次贯通，运河漕运更成为维持朝廷与国家运转的命脉之所在。受地形、气候等自然地理环境的影响，保证山东运河的水源供给成为维持大运河南北畅通的关键。历代政府虽采取了修筑戴村坝—南旺分水、沿运河设置水柜与坝闸、引泉济运等一系列措施，但黄河泛决始终是运道畅通的重大威胁。[②] 时至 1855 年，黄河在铜瓦厢决口北徙，山东运河再次遭受黄水的冲击。就山东运河整体言之，黄运交汇处无疑成为受影响最为直接而剧烈的地带。另外，黄河北徙挟汶水北趋，位于张秋以北的山东运河北段遂失去水源补给，该段运道所受影响亦较为严重。鉴于此，本文尝试以黄运交汇处和山东运河北段为重点，对此次黄河北徙给山东运河漕运带来的影响及官方应对进行探究，以期加深对清代晚期黄运关系的认识。

---

① 对于黄运关系，岑仲勉、张含英、史念海等前辈学者在进行黄河史或运河史的研究时多有涉及。此外，邹逸麟《历史上的黄运关系》（《光明日报》2009 年 2 月 10 日）、席会东《河防职掌图所见晚清黄河河政变革》（《黄河文明与可持续发展》第 10 辑，2014）、李德楠《明清黄运地区的河工建设与生态环境变迁研究》（中国社会科学出版社，2018）等论著对黄运关系亦有专门论述。

② 关于元明清时期山东运河的历史变迁研究，主要可参考邹逸麟《山东运河开发史研究》，载陈桥驿主编《中国运河开发史》，中华书局，2008；邹逸麟《山东运河历史地理问题初探》，《历史地理》创刊号，上海人民出版社，1981。

一　黄运交汇处的漕运状况

需要明确的是，不同于其他河道之间的交汇，由于黄河河道时常摆动，其与运河的交汇处并非类似于线与线相交的点，而是更接近一个线与线相交织的区域。清咸丰五年（1855）黄河在铜瓦厢决口北徙，由于清廷正陷于内忧外患而无暇顾及，在铜瓦厢至张秋之间呈现多股黄水漫流的局面，黄运的交汇也就成了多股黄流与运道相交。受多方面因素（包括黄流的大小、汛期长短、漕船数量等）的影响，黄运交汇处的河道及漕运形势变得异常复杂，选取合适的漕运线路与维护运口的安全，成为维持此段运道漕运的必然举措。

（一）黄运交汇处的河道及漕运形势

对于黄运交汇处来说，黄河对此处的影响无疑是最为严重的。首先，巨大的黄流东趋大清河，直接将运河两岸的大堤穿破；其次，由于黄河含沙量高，大量泥沙在黄运交汇处淤积，此段运道遂因之受阻。对于运道淤积受损的具体情况，时贤陈锦曾记载道："黄河北徙之明年，平水三闸、五空桥悉淤为畦，大溜挟汶水决涵洞去，运流几绝矣"[①]，"张秋者，黄河穿运泛滥之北岸也，南至沈家口三十里运堤尽决"[②]，"（黄河）大溜截断运堤，南北五六十里间穿运者十余道，当溜则汪洋一片，堤岸被冲，避溜则孤立中泓，河身被淤"[③]。同时，山东知府潘骏文对此有更为详细的记述："自黄河穿运，大溜入大清河东趋，南面沈口运河尚能顺流入黄，北面张秋运河则借黄水分入。其初尚能通行无阻，日久运渐受淤，盖运河自东南而趋西北，黄河自西南而趋东北，二水交流，清不敌黄，挟之东去，故沈口至张秋十二里之运河正身全行淤闭，现须由下游绕越二十余里乃能渡黄。每年黄水盛涨之时，沈口则倒灌入运，直至十八里之戴庙，运水被托，由东岸五空桥旁洩而入盐河，至黄水归槽，运水乃能复出，而河口日

① 陈锦：《勤余文牍》卷6《张秋八里庙开河碑记》，《续修四库全书》，上海古籍出版社，2002年影印本，集部，第1548册，第632页。

② 陈锦：《勤余文牍》卷4《南师平捻纪略》，《续修四库全书》，集部，第1548册，第595页。

③ 陈锦：《勤余文牍》卷1《上淮军统帅请疏通运河书》，《续修四库全书》，集部，第1548册，第526～527页。

垫日高，冬令几于徒步可涉，张秋则非盛涨时，重船万难浮送。迨黄水消落，运口即至断流。此南北受淤轻重之情形也。”①

必须要注意的是，在光绪元年（1875）山东黄河上游两岸大堤未筑之前，黄水在今鲁西南地区呈现出多股漫流的状态，其于穿运之处遂呈现出多股岔流穿运的局面。② 具体来看，黄河在此分多股岔流穿运对运道又产生怎样的影响呢？这需要结合黄河本身的特点加以分析。其一，黄河本身含沙量高，处在黄河多股岔流之间的运道及南、北运口附近很容易受淤。其二，随着本地降水与中上游来水量的季节变化，黄水在黄运交汇处的涨落也易于使得南、北运口及其附近运道淤积加速。③ 其三，虽然是多股岔流与运河相交，但各黄水岔流的径流大小不一且变化无常，④ 这样，与运河相交汇的岔流的南北最大宽幅遂随之而改变，南北运口的位置亦常发生改变。对于黄运交汇处黄河岔道间的地理变迁，东河总督苏廷魁在其奏折中曾指出：“同治四五年间，沈家口一带，浩瀚奔腾。上年（同治八年）该处悉成平陆，河势改由安山等处入大清河”⑤。此外，从同治初期漕运初起时黄运交汇处的情况亦能看出。“同治四年，漕臣吴棠采买试运米石，及五年起运江北漕粮数仅三四万石，于运抵张秋迤南之沈家口守候多日，直至汛水大涨，始能渡黄入运。两年以来，黄水溜势更变，南坝头现已淤

① 潘骏文：《潘方伯公遗稿》卷 1《查勘沈口挑河情形说》，《清代诗文集汇编》，上海古籍出版社，2010，第 732 册，第 473 页。

② 丁宝桢在《查看堤工河防回驻东平折》中对于黄运交汇口处的黄河岔流记述说：“其张秋黄运交穿之处现值水落，河分三汊。”参见《丁文诚公（宝桢）遗集》卷 1，载沈云龙主编《近代中国史料丛刊》第 74 号，（台北）文海出版社，1967，第 154 页。

③ 在黄河铜瓦厢以下河段未发生决溢的正常年份，其在张秋附近穿运处的各岔流径流大小就不同且时常发生变化，而一旦张秋以上的黄河河道发生决溢，则会减小黄运交汇处的水量，漕船渡黄将变得更为艰难。对此，《咸丰同治两朝上谕档》中就提到郓城红船口堤埝溃决导致安山、张秋一带挽运艰难的情况。（参见《咸丰同治两朝上谕档》第 20 册，广西师范大学出版社，1998，第 347 页）

④ 黄运交汇处黄河各岔流径流变化虽与降水、地形等因素有关，其决口漫溢亦为重要影响因素之一。据丁宝桢所说：“因上游大溜在郓、寿境内穿过赵王河东岸者数处，并将安山北至沈家口之运河两岸亦多冲缺，水势愈形散漫，故八里庙之溜益觉微弱。”参见丁宝桢《丁文诚公（宝桢）遗集》卷 7《估挑运河择要办理折》，第 864 页。

⑤ 中国水利水电科学研究院水利史研究室编《再续行水金鉴·黄河卷》第 3 册，湖北人民出版社，2004，第 1341 页。

高丈余，入运之处改至下游之八里庙。”① 很显然，黄运交汇处黄流溜势的变化已导致入运口不得不由南坝头向八里庙转移。据上引文亦能看出，当漕船经临黄运交汇处时，由于运道淤积较重，必须靠黄河汛涨方能渡过。值得注意的是，由于黄河汛期长短、汛情大小的年际变化亦较大，故而其对漕船渡黄产生很大影响，正如时任山东巡抚的丁宝桢所说，“北路运河自黄水穿运以后，水过沙停，通塞不常，且黄流变迁靡定，本年修理之道，来岁即不能行，必须预为勘明道路，相机审定，待至漕船到时，正值黄流汛涨，人事天时两相凑合方免贻误”②。

“人事天时两相凑合”才不致贻误漕运的情形，实质上也反映出黄河影响下在黄运交汇处渡黄条件之苛刻。但对黄河这样变迁靡常的河流而言，又怎能总是顺应人事而利于漕运呢？至于当时漕运之艰状，从李鸿章防剿炮船在此渡黄时的情形之中也能略窥一二。同治七年（1868），李鸿章调集长江水师炮船赴直、东运河防剿，在经过黄运交汇处时，“先期派营将八里庙口门赶紧挑挖，四月间已能进水，时值桃汛初涨，浮送炮船数十只，旋因水势一落，新挑之工又复淤浅，所有续调师船均停泊黄河以内，不得入运，虽以混江龙梳刷，亦未能得力。直至六月初，伏汛大至，乃能运樯直抵沧、德一带，及六月杪贼平之后，师船赶即南旋，而水势已落，免（勉）强拖浅，甫能出运，不过旬日又已断流”③。毋庸置疑，上述情形应与漕船渡黄时的情况基本一致，只不过不同之处在于，漕船队伍更为庞大，若要全帮数百乃至上千只漕船顺利渡黄，必须待黄汛持续一段时间，一旦出现汛期短促或水量小的情况，漕船就会被阻滞在黄运交汇处，不仅延迟北上的时间，也延迟回空漕船南下的时间，最终影响到下一年的漕粮运输。

既然黄运交汇处的形势对运河漕运有着与上述军船渡黄时同样严重的

① 丁宝桢：《丁文诚公（宝桢）遗集》卷 6《筹议东省运河并折漕窒碍各情折》，第 735 页。李鸿章在同治九年闰十月十二日的《河运艰阻请督催验收片》中，对黄运交汇处的溜势变化亦记述道：“同治四、五年间，前漕臣吴棠与臣在两江总督任内曾经试办两次（漕运），其时黄河大溜尚在张秋八里庙上下，筑坝灌引较易为力，故能及早抵通交兑。厥后北淤南下，黄流日徙而南，现已至安山、戴庙一带。”参见国家清史编纂委员会编《李鸿章全集》第 4 册《奏议》，安徽教育出版社，2008，第 144 页。

② 丁宝桢：《丁文诚公（宝桢）遗集》卷 11《勘估运河筹款修理折》，第 1305 页。

③ 丁宝桢：《丁文诚公（宝桢）遗集》卷 6《筹议东省运河并折漕窒碍各情折》，第 735 ~ 736 页。

影响，面对如此困局，运河漕运在此又如何进行呢？据朝臣张之万、奎玉上奏，同治九年（1870）八月初三日，江南漕船全部抵达八里庙，但因其时黄河伏汛渐消，从荆门至七级闸水只有数寸，漕船难以通行，守候二十余日水仍未涨，最后经会商只能“督同管河府厅县设法挖浅过剥，引水灌塘”①。同年，面对黄河交汇口处水势消涸、漕运阻滞的情形，丁宝桢采用了雇用民车将漕粮改由陆运至临清的办法。② 与丁宝桢的办法相似，曾任李鸿章和左宗棠幕僚的袁保恒，在其奏折中也提及张秋运口旋挑旋淤并阻滞回空漕船的情形，建议采用南北兑运之法，即“于东平、临清各建数仓，使东南漕粮以五月前尽抵东平运仓，放船南返，另用剥船运至临清交仓，再用北船常年轮运，由临清达通州”，这样就能使得“南船不过东平，北船不过临清，而以山东河船接济，其间以免濡滞劳费”③。不管是丁宝桢还是袁保恒，其解决黄运交汇处漕运问题的措施有着共同之处，即用陆运周转的办法绕过张秋附近这段淤积严重的河段。当然，如果只是权宜之计，采取这样的措施尚可暂时应付，但面对日渐增加的漕粮，如果长期使用陆运转输的办法，对于山东地方与运河沿线的民众来说不啻巨大负担，更何况从张秋陆运至临清是一段不短的距离。故而，采取变通的办法渡过黄运交汇处的这段运道，才应是更为持久而有效的。

（二）黄运交汇处漕运线路的变化及运口处的淤积状况

同治十三年（1874），丁宝桢在其奏折中对漕船渡黄的情况禀报说：“查春间漕艘经行之路，系于王家垓至东平十里铺修筑御黄长堤一道，又将戴庙闸一带旧河挑挖深通，漕船由下十里铺黄河支河东面绕史家桥，逆挽至八里庙口门停泊待汛，始得向北畅行。”④ 不难看出，当时运道的实质是“借黄绕运”，即借用黄河的岔流行运而绕过十里铺与八里庙之间严重淤塞的十余里运道。虽然此段借黄绕行路程较长，但毕竟是较陆运更为省力的水运。但在同治十三年（1874）之后，此一运段形势又发生了改变，事情起因于当年秋季河决东明石庄户，其时“汛水涨发，黄河大溜由石庄

① 《咸丰同治两朝上谕档》第 20 册，第 255 页。

② 《咸丰同治两朝上谕档》第 20 册，第 269 页。

③ 《咸丰同治两朝上谕档》第 20 册，第 331 页。

④ 丁宝桢：《丁文诚公（宝桢）遗集》卷 11《勘估运河筹款修理折》，第 1305 页。

户全趋东南，以致沙、赵二河之水不绝如线”①。沙河、赵王河二河为黄河穿运处的两支主要岔流，东明石庄户决口致使黄流南趋，沙、赵二河也就成了无源之水，前述“借黄绕运”也就无法继续进行下去，这就是丁宝桢所说“现在办理运道较之春间情形迥别”的原因。清同治十三年（1874）前后黄运交汇处地理形势如图 1 所示。

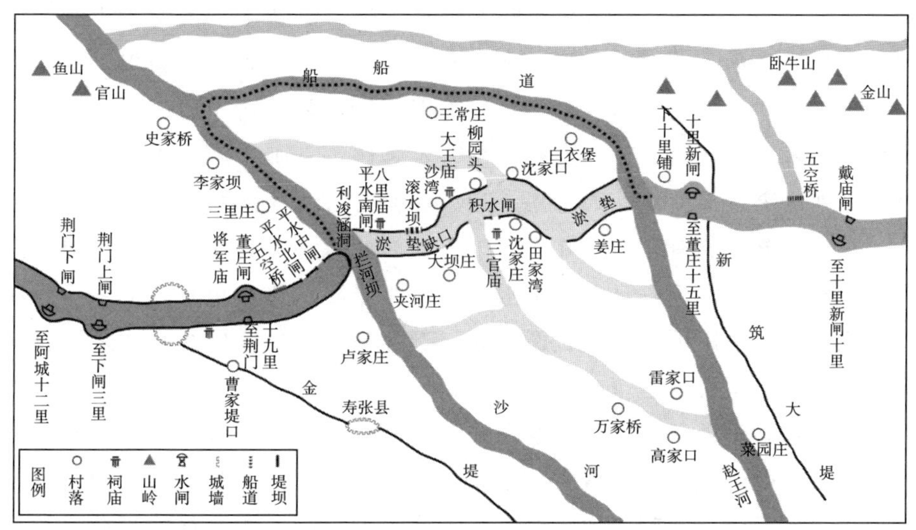

图 1　清同治十三年（1874）前后黄运交汇处地理形势示意

说明：关于此图，详见李孝聪编著《美国国会图书馆藏中文古地图叙录》（文物出版社，2004，第 132 页）。李先生根据“安山湖与张秋镇之间的黄河穿运河道尚未经过陶城埠”推断此图绘制于光绪七年（1881）之前。笔者在此基础上，结合图中漕运的具体线路情况，进一步推定此图应绘制于清同治十三年（1874）前后。

资料来源：底图采自美国国会图书馆藏《山东通省运河情形全图》，索书号：G7822. G7N22. S5，图幅表现年代为 1856 ~ 1880 年，图幅见网址：https://www.loc.gov/resource/g7882gm.gct00247/? sp = 2，2015 - 05 - 15。

面对同治时期黄河河身不断南徙、河决南趋频繁的局势，修筑堤防显得尤为必要。自同治试行漕运之后，为抵御黄水对运道的冲击，江苏候补道章仪林受委会勘运道后，于同治八年（1869）首先提出筑堤束水这一办法。对于此一提议，苏廷魁认为只有将自兰阳决口处至张口黄河穿运处两岸一齐筑堤才能起到束水的效果，因为黄河河道变迁靡定，“新堤筑成，河势又变，别走他处，则新堤仍属虚设”②。另外，如若在张秋附近的黄河

① 丁宝桢：《丁文诚公（宝桢）遗集》卷 11《勘估运河筹款修理折》，第 1306 页。

② 《再续行水金鉴·黄河卷》第 3 册，第 1341 页。

主溜两岸筑成大堤，在漕船渡黄之时需要用套塘之法灌送，且不论山东运河未曾试验过此法，施用套塘之法“必须有水可借”，这是黄运交汇处所不具备的，亦为苏廷魁不赞同此议的原因之一。至同治九年（1870），鉴于黄河在穿运处迁徙无定而无所钤束的情形，漕臣张之万遂又建议在此处筑南北两堤以束水攻沙，“并酌留运口，筑做草坝”。对此，山东巡抚丁宝桢则认为，“若自张秋以西南北两岸分筑大堤，竟置上、下游于不问，诚虑上游泛滥之水无所拦束，当盛涨之时，或由空缺之处越过新堤，则新堤恐成虚设。即或上游地形较高，水势不能遽行漫溢，而中段既束，下游毫无堤防，黄流挟建瓴之势，直趋张秋，奔腾倾泻，则东阿以下至利津十数州县城池居民益被淹没，为害甚烈”①。很显然，对于筑堤束水之议，丁宝桢的看法与苏廷魁有相似之处，但丁宝桢对此似乎看得更远，因为看似筑堤之后利于漕行，而一旦上游黄水北去流路受阻，将难免有黄流夺运北趋危及京畿之患，所谓“黄流性激势猛，迥异他水……今以二百丈之河身紧束洪流，又以不可恃之草闸堵遏水口，诚恐筑做之后，河性喜湾，万一下游渔山一带狭窄处所过水稍形壅滞，而上游一气奔注，则新筑之堤闸恐难当其冲激，夺运北趋亦属事之可虑。设不幸而有此失，则东省之东昌、临清，直隶之天津、河间，地较洼下，淹没何可言状，而北路卫河亦将日形坏裂，兼以此处切近畿疆，害尤不可思议”②。

除前述王家圩至东平十里铺的御黄堤外，在堵筑菏泽贾庄决口之后，又接筑了黄河南岸大堤，运河亦因之多了一重保障。“黄水穿运仅在十里铺至八里庙之十余里，较前只有十分之二三，惟此十余里之姜庄、尖河庄两段运河淤塞过甚”，在这样的情势下，丁宝桢认为：“此时黄水北流，虽深挑亦必旋淤，徒糜工费，将来漕船经行此地，水大则由西坡林家坝、田家湾、道人桥顺流而至八里庙渡黄；水小则由东坡石家桥、李家坝、晋城溯流而至张秋入运，比从前均较便捷。”③ 从此后漕船经行的情形看，虽然绕道史家桥行漕亦多艰阻，但这一路径还是较丁宝桢的上述行漕方案为优。

对于黄运交汇处行漕路线的选择，不仅要考虑河道淤积的具体状况，

---

① 丁宝桢：《丁文诚公（宝桢）遗集》卷8《会勘张秋筑堤束水未敢遽行并现济运濬河情形折》，第926页。

② 丁宝桢：《丁文诚公（宝桢）遗集》卷8《会勘张秋筑堤束水未敢遽行并现济运濬河情形折》，第926～927页。

③ 丁宝桢：《丁文诚公（宝桢）遗集》卷11《疏浚运道折》，第1372～1373页。

还要考虑漕船进、出运口的便捷程度。对南运口来说，光绪元年（1875）前后南岸大堤的筑成在一定程度上保证了其安全；但对于北运口，由于自黄河铜瓦厢北徙后，山东运河北段借黄济运，故其所受黄河影响相对较大。“由黄入运口门，前此为南坝头，曾经逐年挑浚……然上年甫挑之工，次年经水，其淤更甚，仍须再挑。议者谓将口门加挑宽深则进水必畅，不知该处为黄水经临之道，若一律挑深，诚恐夺溜北移，则东昌、德州、河间至京必受其患，即或幸不夺溜，而黄水挟沙而行，沙随水入，水去沙留，多受一分之水，仍多受一分之淤。且汛水初至，皆系倏长倏消，每消一次即有新淤，必须大汛经临，始能畅注。如同治四年，漕臣吴棠采买试运米石，及五年起运江北漕粮，数仅三四万石，于运抵张秋迤南之沈家口守候多日，直至汛水大涨，始能渡黄入运。两年以来，黄水溜势更变，南坝头现已淤高丈余，入运之处改至下游之八里庙。”① 很显然，黄河给北运口及行漕所带来的是多方面的影响：其一，由于山东境内北运河段采用借黄济运的办法行漕，故必须等至黄水汛期大涨之时始能渡黄入运；其二，由于黄河含沙量很高，山东运河北段所受黄水愈多，其涨落之际在北运口门附近的泥沙淤积也就愈重，以致几乎每年行漕都要将其重新挑浚并重筑埽坝，同时，为避免借黄济运时黄水掣溜北上危及京畿，这又对北运口挑浚的宽深程度有所限制；其三，黄水在此溜势变迁无定，影响到北运口位置的稳定性，前述将北运口由南坝头转至八里庙就是明证。

时至清光绪四年（1878），受黄水溜势变化的影响，北运口又发生较大转移，黄运交汇处的行漕局势亦随之大变。其时，张秋八里庙附近的黄水北股（即沙河分支）断流，临近的北运口遂致淤废，面对此情，不得不将北运口转移至陶城铺，并新挑一段河流引黄济运直抵阿城镇。关于此次北运口的转移与黄运交汇处的运道变迁情况，漕运总督文彬在光绪五年（1879）督漕北上时的奏文中亦有记述：“现时北运口在张秋南八里庙，与南运口斜对，相距二十余里。黄流至此虽收束，而溜势散漫，歧汊甚多。大抵溜势近南则北口淤垫，近北则南口浅阻，故漕船出南运口入黄后必东北行二十里，至黄溜汇一之史家桥，再南行二十里，至八里庙北运口，汛水大涨，方能入运。今拟移北运口于史家桥北六里黄河西岸，由阿城傍东

① 丁宝桢：《丁文诚公（宝桢）遗集》卷6《筹议东省运河并折漕窒碍各情折》，第734～735页。

隄开河一道至陶城堡，为出黄入运口门，筑坝灌塘，则黄水不至夺溜，可免牵挽之难。"① 这样虽然解决了北运口的问题，但漕船北上自南运口入黄后，顺流二十五里才能入运，且漕船须停泊在黄河内候汛，在南漕渐趋加增的情况下，再加之黄汛涨落无常，这对漕运来说亦甚不便。② 其实，很可能在八里庙附近的黄河岔道尚未断流之际，漕船渡黄仍绕道史家桥，在担心黄河北溜势弱，且又恐黄水主流全部南趋，以致北运河段无法借黄行运的情况下，山东巡抚文格曾试图于冬季枯水之时挑通淤积的姜庄旧运河段，这不仅会使漕船无须绕行，还能接济黄河北溜水量以利渡黄。可时至光绪五年（1879），黄河在此处的溜势又发生逆转性变化而全注八里庙，在此情形下，若再行挑通姜庄旧河，则又恐北运口门难以承受得住，故而最终未能挑通此段运河旧道。③ 清光绪四年（1878）以后黄运交汇处地理形势如图 2 所示。

毫无疑问，对于黄运交汇处而言，每年都会产生新的淤积，只不过由于每年黄河与运河汛期长短以及是否同步、④ 漕船数量多少等情形各异，故其对漕运的影响程度也轻重不一。在北运口由八里庙迁至陶城埠后，漕船经行南北运口之时，其艰阻情形依然较为严重，所谓"水势长落不时，往往前船甫进，后船浅搁，设法挑淤，进驶捞剥兼施办理，尤为棘手"⑤。不仅仅是漕粮北上，回空漕船经行黄运交汇处时亦同样艰阻。同治九年（1870），江北冬漕试行河运之时，因黄水迁徙不定，回空船只多经由海路返回，而至北运口门改至陶城埠后，清廷严禁漕船乘海路南返，但每当回空漕船由运道回返至东昌后，河水多早已消落，南北运口也已淤塞，因第二年的新漕北运急需船只，"或自集船夫挑挖，或向东昌府借款兴挑，始

① 《清史稿》卷 450《文彬》，中华书局，1977 年标点本，第 12547 ~ 12548 页。

② 潘骏文：《黄河穿北运河议》，《潘方伯公遗稿》，第 495 页。

③ 朱寿朋编《光绪朝东华录》第 2 册，《近代中国史料丛刊三编》第 98 辑，第 371 ~ 380 号，（台北）文海出版社，2006 年影印本，第 687 页。原文中说："兹查黄流全注八里庙，情形变迁，若再挑通姜庄旧河，则北运口门愈形吃重，惟有暂节此费，再行察看情形办理。"

④ 据中国第一历史档案馆编《光绪朝朱批奏折》中对光绪二十四年（1898）漕船渡黄时情形的记载："漕船行抵陶城埠，往往进口维艰，而黄运两河又不能同时并涨，既进运口，仍须候汛入卫。"（参见《光绪朝朱批奏折》第 100 辑，中华书局，1995，第 75 页）

⑤ 《光绪朝朱批奏折》第 99 辑，第 103 页。据曾国荃对光绪二年（1876）黄运交汇处行漕情况的记载："迨抵张秋八里庙，正在趁汛入运，而水势甫涨即消，后帮候水继进，仍然水退胶舟，以致首尾十二起断续迟留，几致无从措手。复又易船为车，星夜转运，始得悉数进口，依次挽出临清。"（参见曾国荃《酌保运河出力各员疏》，载《曾国荃集》第 1 册，岳麓书社，2008，第 174 ~ 175 页）

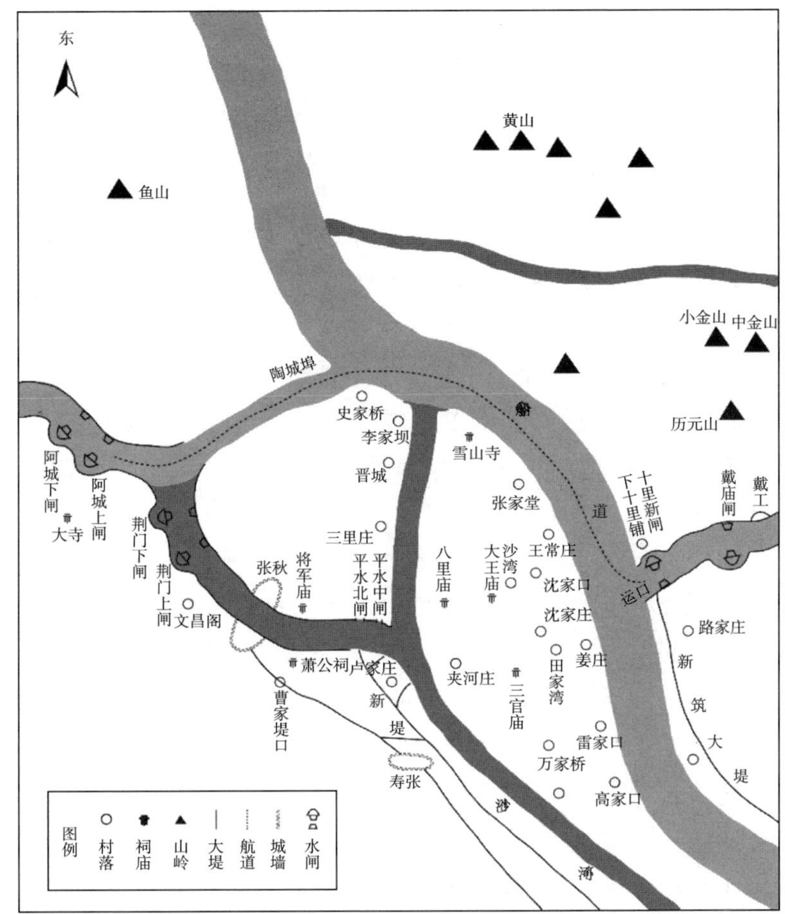

图 2　清光绪四年（1878）以后黄运交汇处地理形势示意

说明：之所以判断此图的时间为清光绪四年（1878）以后，是因为“光绪四年，张秋八里庙黄水北股断流，又将北运口移至陶城铺，以就黄水挑新河，至阿城镇以归旧河”（参见潘骏文《黄河穿运北运河议》，《潘方伯公遗稿》，第 495 页）。另，王耀在《美国藏〈山东运河全图〉与光绪朝山东运河状况》（《贵州师范学院学报》2016 年第 1 期）一文中考证《山东运河全图》中的黄运交汇处通道为光绪七年后新的过黄通道。

资料来源：底图采自美国国会图书馆藏《山东运河全图》，索书号：G7822. G7. S5，图幅见网址：https://www. loc. gov/resource/g7882g. ct001053/，2015 - 05 - 15。

获勉强南旋”①。对于自北向南而行的回空漕船来说，且不论回空之时黄河汛期早已过去，而北运口也几乎已被淤塞，地势南高北低的逆挽形势也极不利于渡黄。针对此情，时人甚至有使水南流以助漕船渡黄的想法：“今

① 曾国荃：《漕务预筹回空办法疏》，《曾国荃集》第 2 册，第 364 页。

河自张秋穿运而东，在南为上游之水，顺流入黄，无虞倒灌；在北乃下游之水，黄水亦必顺流入运，清浊合流，最易淤垫，又有各闸，重重钳束，其淤倍速，势不得不于黄水入运处筑一横堤，为河流之北岸，设法使运河之水亦南流入黄，则漕艘之渡黄始可无阻，即水势较低于黄，尚可用倒塘灌运法。”① 暂不论上述想法是否具有可行性，但据上述引文，我们已能明显感受到回空漕船渡河南下穿越运口时的艰难情状。如果说前述回空情形还只是一般年份的正常表现，那么在黄流盛涨之时，情况就远没有挑挖疏浚河道那么简单了。如光绪十二年（1886），“黄水冲决运口，填塞至十余里之甚者”②，其给漕运带来的严重后果不难想见。

至光绪二十年（1894），由于历年借黄济运，陶城埠新运口门及其附近运道的淤积也变得愈加严重，“自口门以至草桥为黄水入运咽喉，积淤尤厚，而口门以外又淤起沙滩一片”③，对于漕运，“每当乘汛开坝，往往船入未半，水落挂淤，非候盛涨不能继进”。面对此情，时任山东巡抚李秉衡奏请变通此处行漕办法：“查勘口门以东里许，尚有临黄旧口门废弃多年，现拟一并修复，以备西口停淤则开东挑西，东口停淤则开西挑东。口门东西并立，均须建坝厢埽，庶可更番进船，不为淤阻，设遇水大溜急，即于两口中酌量启坝，免致掣溜为患。”④ 经过此番变通，仍抵挡不住泥沙的不断淤积，至光绪二十二年（1896），“陶城堡口门一带已成平陆，迤东之支河并木涵洞亦均淤平，拦黄坝两面坝头朽折殆尽，皆须折修换料，至左右临黄鱼鳞埽、两岸护沿埽多有坍塌”⑤；光绪二十三年（1897），当漕船回空之时，由于两次借黄济运，“陶城埠口门以内几成平陆，必须挑至丈余，重运经临方敷浮送”⑥。可见，受黄水影响，不管如何变通行运办法，陶城埠口门及其附近运道的泥沙淤积问题始终未能得以解决。⑦ 除

① 潘骏文：《黄河改道又议》，《潘方伯公遗稿》，第472页。

② 曾国荃：《漕务预筹回空办法疏》，《曾国荃集》第2册，第364～365页。

③ 《光绪朝朱批奏折》第99辑，第537页。

④ 《光绪朝朱批奏折》第99辑，第537～538页。

⑤ 《光绪朝朱批奏折》第99辑，第849页。

⑥ 《光绪朝朱批奏折》第100辑，第81页。

⑦ 据台北故宫博物院印《宫中档光绪朝奏折》记载：“今年（光绪二十六年）黄流极弱，又兼时已秋分，河水日消，以致陶城埠口外连日淤出新滩，水离坝根计共六十余丈，势难飞跃，只得就滩抽沟，计挑宽八丈、深一丈三尺，引溜入沟。”（参见《宫中档光绪朝奏折》第13辑，1973，第694页）

北运口外，由于黄河漫溢，南运口亦受到一定的影响。光绪二十四年（1898）六月，黄河在杨庄漫决，“黄溜穿运溃堤，东西两岸堤身冲刷殆尽，十里铺南运口淤垫倍于往年，须大加修浚方能无误漕行”①，较之于北运口，虽然南运口地势较高，但在黄水漫决的冲击下亦难免淤塞之患。

二　山东运河北段的淤积及其水源问题

以今黄河为界，黄河以北为山东运河北段，以南为山东运河南段（以下分别称“运河北段”与“运河南段”）。自黄河北徙挟汶东趋后，运河北段遂失去水源补给，在借黄济运的影响下，此段运道的泥沙淤积不断加重。据记载：“自咸丰五年河决豫省兰仪，漫水下注，由直境之长、开，东境之濮、范一带，至张秋穿运，入大清河，挟汶东趋，汶水不能穿黄北达，故张秋至临清二百四十里之运河惟恃黄河分流灌注，河水浑浊，日渐淤垫，二三年后，秋冬水涸之际，此段河身竟致断流”②，运河北段泥沙淤积的状况可见一斑。对于运河北段来说，黄河北徙之前受汶水补给，不仅水源较足，且河水较清，淤积亦为轻。自黄河北徙后，由于其地势南高北低，且两侧又无充裕水源可资补给，遂不得不采用借黄济运的办法以助漕运。③ 毫无疑问，在借黄济运的形势下，漕运虽暂时得以维持，但河道淤积速度亦大为加快，为保证漕船通行，几乎每年都要对此段运道进行疏浚。“盖黄水原不可以济运，即不得已而借黄以济，必须有清水会合同行，稍资荡涤，受淤较轻，再加以随时疏浚，尚可补救。今（同治七年）张秋

① 《光绪朝朱批奏折》第 100 辑，第 191 页。对于南运口，张汝梅在其奏折中提到：“南运河口地势高仰，非挑挖口门不能挽进。”（参见《光绪朝朱批奏折》第 100 辑，第 213 页）。

② 丁宝桢：《丁文诚公（宝桢）遗集》卷 6《筹议东省运河并折漕窒碍各情折》，第 734 页。山东运河北段的淤积，主要是因为借黄济运后的泥沙淤积，此外，还有一些特殊情况也易于加速泥沙淤积，光绪十九年二月，山东巡抚福润在其奏折中就曾提到：“自陶城埠起至临清卫河止，绵长二百余里，水乏来源，每年借黄济运，河身日淤日高。去夏黄、卫两河同时盛涨，卫水倒灌入运，落淤更厚。”（参见《光绪朝朱批奏折》第 99 辑，第 298 ~ 299 页）

③ 据丁宝桢在光绪元年九月初一日《疏浚运道折》中的记录：“至同治四年试办河运，始议疏浚运河，因张秋北至临清之运河所有济运清水为穿运之黄水所夺，别无清水可灌，不得不待黄济运。”（参见《丁文诚公（宝桢）遗集》卷 12，第 1370 页）此外，文格在光绪五年奏请挑挖山东运河时曾说道：“近因黄水改道……而北路则为黄水所穿，运河久已断流，若不借黄济运，此外别无良图。”（参见《光绪朝东华录》第 2 册，第 687 页）

至临清二百余里，清水涓滴不至，亦别无来源可引，仅恃黄流涨泄，以浅窄之河，行浑浊之水。又有闸座重重钤束，停淤倍速……若将河身亦议挑挖……若一律普挑，非二三十万不办，然亦不过初挑之年，稍觉顺利，次年经水复淤垫如故。”①

很显然，在借黄济运后，由于山东运河北段受淤较重，为维持漕船的正常通行，不得不对此段运道进行疏浚。诚然，对于北运河道的淤积，黄河的高含沙量、汛期与枯水期黄水的反复涨落、闸坝对泥沙的拦截均为重要影响因素，而运河北段本身弯曲的河道，则更易加快淤积的速度，② 进而加重漕运的困难。除泥沙淤积外，黄河济运后，其河道的不稳定性亦给漕运带来不小的影响，“北路运河自黄水穿运以后，水过沙停，通塞不常，且黄流变迁靡定，本年修理之道，来岁即不能行，必须预为勘明道路”③。

邹逸麟先生曾指出：“山东运河的根本问题是水源问题，运河沿线地区的气候条件决定了运河水源上种种不利因素。”④ 而在黄河北徙的影响下，山东运河北段的水源补给被截断，为缓解此段运道的漕运困局，另辟新水源成为晚清漕运的重要议题。至于晚清山东运河的水源补给状况，潘骏文有较好的分析：“山东运河济运之水以汶、济为最大。泰、兖各属泉脉并属济水，各就近会和入运；汶水则自南旺分水口入运，南北分流，除附近之东岸蜀山、马踏两湖、西岸之南旺湖均可兼济南北外，南流沿途会洸、泗、沂、泇诸水以趋江南，又有独山、昭阳、骆马诸湖蓄水接济，北岸则至临清始会漳、卫诸水，以趋直隶，沿途虽有赵王、沙河等河，皆仅恃陂水，来源不旺，至蓄水惟恃运西之安山一湖，久经淤废，故水势南恒有余，北恒不足。”⑤ 从上述对山东运河水源状况的总结中亦能看出，较之于山东运河南段，当时山东运河北段的补给水源甚是匮乏，面对此情，围

① 丁宝桢：《丁文诚公（宝桢）遗集》卷 6《筹议东省运河并折漕窒碍各情折》，第 736 ~ 737 页。

② 清光绪二十年（1894）二月，山东巡抚福润在其奏折中说道：“北路运河计长二百余里，从前为蓄汶流，河多弯环曲折，自黄水穿运以来，淤垫日高，湾处积淤尤厚。上年重运经临，黄水忽涨忽落，未能连樯进口，将拦黄坝赶紧堵合，以致节节停淤。”（参见《光绪朝朱批奏折》第 99 辑，第 420 ~ 421 页）

③ 丁宝桢：《丁文诚公（宝桢）遗集》卷 11《勘估运河筹款修理折》，第 1305 页。

④ 邹逸麟：《山东运河历史地理问题初探》，《历史地理》创刊号，第 97 页。

⑤ 潘骏文：《临清以南引卫入运议》，《潘方伯公遗稿》，第 493 页。

绕其水源的开辟问题，时人亦产生许多方案。值得注意的是，在这些提案之中，“导卫济运”的辟水方案多次受到朝臣的奏请，围绕此一提议，亦形成较为激烈的讨论。

清同治十年（1871），鉴于安山以北运道毫无水源的困局，漕运总督苏凤文奏请导卫济运，拟“于临清卫河入运及张秋清黄将接之处各建一闸，俟漕船将界渡黄，蓄高卫水，使之南行”[①]。苏凤文上奏后不久，清廷就将其奏文转寄给乔松年、丁宝桢、文彬等相关朝臣，并命令他们进行实地勘察。经实地探察，河东河道总督乔松年认为，由于黄水缓急无定，水势过猛易冲毁闸座，水势较弱闸座又会因距离黄水较远而被置于无用之地，故苏凤文的建议不切实际。至于在卫河入运处设闸导引卫水南下济运，经运河道王化堂委员实地考察，“查得运、卫合流在砖板闸外，闸东为运，闸西为卫，如欲建闸，须在卫水北流之处相近砖板闸间使之折而南下。今量该闸河身实高于卫河五尺，迤南则节节更高，愈趋愈仰，询之土人，上年卫河涨发，几与两岸相平，为数十年所仅有，而分流入运亦仅达十余里”[②]。很显然，由于张秋至卫河入运口处的运河南北地势悬殊，再加之汛期时卫河水量不足，即使在南北两端设置闸坝，亦难以导引卫河水至张秋济运。

值得注意的是，在此之前，熟知黄运交汇地区河道水系的蒋作锦[③]就曾奏请导卫济运，所谓“张秋现有卫水可借，傥能设法导引而就便于张秋者，未尝不胜于清江”[④]。如果说苏凤文的前述导卫济运方案给人以凭空想象的嫌疑，蒋作锦的导卫济运方案则体现了其对山东运河北段至卫河、漳河之间区域地理环境的熟知，这首先表现在济运入口的选取上。蒋作锦选择位于张秋南门外的萧公涵洞作为济运入口，由于该处位于大堤以北且地势较高，不仅堤岸难遭黄水冲决，水势更易于敌黄，更为高明的是，导卫水于此入运不仅可使水南流，亦能使之北流。同时，从元城集引水口处的卫河与张秋入运口处的运河两者间的高差来看，卫河底部高于运河底部六

---

① 《咸丰同治两朝上谕档》第 21 册，第 369 页。

② 丁宝桢：《丁文诚公（宝桢）遗集》卷 9《导卫济运诸多格碍折》，第 1048 页。

③ 蒋作锦（1817～1864），字裁安，号云裳，山东东平州人。1861 年由兵部武选司主事简放钦差，查勘河务，任河南黄沁厅同知，加三品衔升用，治理黄河。同治二年（1863）改任怀庆府知府，次年病故任上。著有《东原考古录》《砖坝说》等。

④ 蒋作锦：《导河引卫通运图说》，光绪《东平州志》卷 18《艺文》，《中国地方志集成·山东府县志辑》，凤凰出版社，2008，第 70 册，第 478 页。

丈九尺多，这也意味着挑挖引河之后卫河水不会出现逆地势而行的状况。不仅如此，在导卫济运闸坝设置的技术上蒋作锦也作了精心考虑，[①] 若卫河水量出现不足时，该方案还考虑到引淡水、漳河入卫河以资补给。[②] 总体看来，蒋作锦这一济运方案的可操作性较强，远优于苏凤文的前述主张。但是不是这样的方案真的就能施行呢？

对于前述导卫济运之策，曾国藩认为："至导卫济运之法，前此运河北流，张秋本属上游，临清本属下游，则南高于北，一定之理。惟卫在元城、冠县一带，尚在临清之上游，或者稍高于运，或与运相平，自须详细测量再行酌定。如于元城稍上开河导卫以达张秋，在平日纵不能高于运，在黄河消落时必可高于黄矣。卫水分为两支，一支循旧由元城至临清，一支新开由元城至张秋。运漕分为两法，伏秋盛涨则舟顺黄河之溢流由东昌以抵临清，黄水消落泝上水以达元城，又沿下水以抵临清。虽卫水微弱未必两支皆可行舟，然尚可以人力图之。"[③] 在未经实地勘察检测之前，从利于漕运的角度看，曾国藩认为"傥履勘情形果皆符合，似可酌度兴办"，然而，熟悉河工水性的周馥对此则断然表示反对。周馥[④]认为，在元城集以南地带有积沙较多的黄河故道，不利于引河的挑挖，并且所引卫河水量较小，不仅会有黄水倒灌停淤之患，更难以起到借黄济运的效果。换言之，虽然蒋作锦在导卫济运上进行了初步勘测，其所拟定的引水方案也算是较为用心的，但其并未对卫河的径流特征进行充分的考虑，所谓"卫水来源甚弱，北流最顺，今必屈曲注之南行，一水何能两分其势，实多不便。况平时浅可胶舟，涨时极其浑浊，若拦河作闸遏水，一遇伏秋盛涨，闸必冲决，新渠必淤"。再退一步讲，即使新挑引河在卫河涨发之时不会出现决溢淤积的情况，而"上使之芦盐，下运之豫粮，及来往商船，皆停阻于河，而听命于闸，势不能行。若令芦盐改由临清运河入豫，则三省盐纲紊乱，窒碍尤多"，引卫济运给卫河航运所带来的不良后果似乎亦为蒋作锦所未曾考虑到的。此外，虽然蒋作锦考虑到了在卫河水小的情况下采

① 具体参见蒋作锦《导河引卫通运图说》，光绪《东平州志》卷18《艺文》，第480页。

② 蒋作锦：《导河引卫通运图说》，光绪《东平州志》卷18《艺文》，第480页。

③ 曾国藩：《曾文正公书札》卷33《复张友山漕师》，《续修四库全书》，集部，第1538册，第706页。

④ 周馥（1837～1921），字玉山，号兰溪，安徽至德人，时为李鸿章幕僚，深受李鸿章赏识和倚重。

用分沁入卫的方式加以补给，可是，“若欲分沁入卫以助其源，而沁水猛浊，一发难收，昔人已有明戒，豫民必多惊惶”①。

至光绪五年（1879），针对借黄济运旋挑旋淤的漕运困局，文彬又提出自己的济运主张：“黄运之间，自贾工合龙后，每伏秋大雨，水无所泄，民间低地有积水数年不得耕种者，若将陂水引归一塘，不惟蓄水济运，又可涸复民田。运口既定，即可导引卫河。自直隶元城集东三里卫河曲处凿新河一道，经直隶之南乐、山东之朝城至张秋南之萧口涵洞入运，计卫高于运九丈余，长百五十余里，导以济运，势如建瓴，更有大、小二丹水亦可由卫济运。凡建四闸二坝及挑河筑隄，估银七十六万，较之借黄济运旋挑旋淤者，相去远矣。”② 从上节内容就能看出，自同治四年（1865）漕运试运至光绪初期的这段时间，且不论借黄济运给山东境内北运河带来的严重淤积，黄河各岔道溜势的强弱变化及其对北运口带来的破坏，均给漕运带来巨大困难，此应是导卫济运的主张先后多次被提上朝廷议程的背景，文彬此次奏议亦应是在此背景下提出的。就文彬引水济运方案的内容来看，除引陂水归塘蓄水济运外，其他内容与前述蒋作锦的基本一致。③

针对文彬导卫济运的奏议，时任山东巡抚周恒祺则认为：“一则卫源浅涸，恐一泻无余，无甚把握……一则俄约议废，王大臣正会议筹防，防饷且无指款，焉有余力经营河运。”④ 很显然，周恒祺反对的主要依据是卫河水量较小的状况以及工程经费难筹的现实困境，但这样的反对理由仍给人以不够充分之嫌。几乎与文彬同时，另有御史叶荫昉奏请导卫济运，在批驳叶文的奏折中，周恒祺才给出较为充分的反对理由。实际上，至此对导卫济运问题的认识已经越来越清晰了。即卫河到底是一条怎样的河流？

---

① 周馥：《代李文忠公拟筹议黄运两河折》，《秋浦周尚书（玉山）全集·奏稿》，同治十二年闰六月初三日，参见沈云龙主编《中国近代史料丛刊》第 82 号，（台北）文海出版社，1967，第 559 页。

② 《清史稿》卷 450《文彬传》，第 12548 页。另据《光绪宣统两朝上谕档》记载：“上谕文彬筹议导卫济运、迁移运口并将图说呈览等语。据称，导卫济运直达张秋，既可济运，又可减临清水患。”（参见《光绪宣统两朝上谕档》第 6 册，第 62 页）

③ 两者还是存在一些差异的，在卫河水量较小时，蒋作锦拟引沁水入卫河，而文彬此处则建议引大、小丹水入卫河。

④ 李鸿章：《朋僚函稿》卷 21《复周福陔中丞》，《续修四库全书》，集部，第 1554 册，第 44 页。

开挖引河后，其水量能否达到济运的效果？若挑挖引河，其线路应如何选择？经费应从何处筹集？引河开挖后，其又将给卫河带来怎样的影响？上述诸多方面无疑均应考虑在内。而周恒祺在反驳叶荫昉的奏文中，就进行了较为全面的分析。在如何济运上，叶荫昉认为与其用浑浊的黄水，不如用卫河之清水，可经过实地探查，周恒祺发现，“佥谓卫河平时水浅则清，至盛涨时亦属浑浊，以之济运，恐与借黄无异”①。在引河的选线上，周恒祺认为，即使要导卫济运，也不能导引卫水由临清倒灌入运，而应采用文彬由石堌北起挑挖引河至张秋萧公涵洞入运这一线路。至于能否导卫济运，文中分析道：“惟查石堌在馆陶以上，卫水未曾合漳，分其一线之流，何能曲折潆洄于百数十里之遥，即谓时逢夏令，卫水正常涨发，不知盛涨之水消耗亦速，更难必其与黄流同时并涨，且御史叶荫昉原奏谓黄流涨落只在须臾，夫以黄河之浩瀚奔腾，涨落尚不可必，而谓清浅之卫河可保一两月间有涨无落。”② 借黄济运固然易造成运道的淤积，但黄河汛期水量较大亦属不争的事实，相比之下，从并未合漳之处导引与黄河涨落几乎有着同样周期的卫河之水，其所引之水能否得以济运的确令人怀疑。就引河而言，虽然拟开挖引河沿线地势大多较为平坦，但“地势高至一丈以上，即须挑深至二丈数尺矣”③，如若再为节省工程经费而减少土方工程，在风雨淋刷与车马碾轧等的破坏下，河岸易坍塌而被废弃，并且，“新开引河，既不宽深，水缓沙停，淤垫必易，将来年年挑挖，劳费无已，此工程之未必能一劳永逸也”④，在引河的问题上，周恒祺的上述分析无疑是细致而具体的。至于挑挖引河工程的经费，经先后两次实地勘察估计，均高达七十五万余两，而山东在添拨海防饷钱十七万两、订购蚊船三十万两之后，又不知从何处筹出如此款项。总之，周恒祺不赞同导卫济运，而主张设法将现有运道挑挖疏通并收蓄陂水，至于前述文彬所奏择水深之处各设一塘并将民田积水引入塘内的建议，周恒祺还是表示赞同的，因为这毕竟有利于预防黄汛较小时的漕运困局。

自同治十年（1871）至光绪六年（1880），经过多次讨论，导卫济运

① 朱寿朋：《东华续录（光绪三十五）》，载王先谦、朱寿朋《东华录 东华续录》第15册，上海古籍出版社，2008，第350~351页。

② 朱寿朋：《东华续录（光绪三十五）》，第350页。

③ 朱寿朋：《东华续录（光绪三十五）》，第350页。

④ 朱寿朋：《东华续录（光绪三十五）》，第351页。

的争议也暂告一段落。在此时段内，由于黄运交汇处的黄河岔道变迁较为剧烈，已严重地影响到北运口的安全。且不论借黄济运对山东运河北段河道淤积的严重影响，北运口的稳定与安全都受到威胁，借黄济运的施行势必随之受挫。而对于山东境内的北运河段来说，其两侧又没有多少泉流可资引借，唯有注入临清的卫河可作考虑。毫无疑问，前述关于导卫济运能否实施的讨论过程，实质上也是对卫河径流特征及卫、运之间地理形势的认知逐步走向深化的过程。但是，至于能不能导卫济运，这不是仅仅具备挑挖引河的地理条件就能施行的，因为还牵涉到挑挖引河的资金以及挑挖引河后的环境影响等诸多问题。

虽经前述讨论已否定了导卫济运的主张，但时至光绪十年（1884），吏部递主事齐肇敏又旧事重提，奏请引漳、卫河水入张秋。其具体方案为："将黄河入运之口封固，挑深闸河，自临清州引漳、卫水倒灌闸河，直达张秋镇。"[①] 针对齐肇敏的这一提议，河督成孚与时任山东巡抚陈士杰又对张秋至临清间的运河进行了实地勘察，经测量，"张秋地势高于临口约二丈有奇"[②]，在卫水来水微弱的情况下恐难以逆行导引。而"若将南路河身大加挑浚，低于卫河，则临口须挑深四五尺，张秋一带须挑深二丈四五尺，核计里数丈尺土方约需夫工例价银四十余万两"[③]，在库款匮绌之际，这样的工程显然是难以实施的。或许是齐肇敏考虑到卫水水量较小不足以济运的情况，而主张在引卫入运的同时引漳入卫，但"卫弱漳强，卫不足以容漳，漳适足以夺卫"[④]，且"浊漳之水亦浑浊带泥，引以入卫济运，一经消落则河底益形淤垫"[⑤]，"纵时逢夏汛，卫源旺发，而盛涨之水往往随长随消，未能持久，且漳卫之浑亦不亚于黄，恐不免仍有浅阻停淤之患"[⑥]。齐肇敏的这一建议显然还是行不通，朝廷也下令不再议论此事。

此外，除导卫济运外，围绕着晚清山东运河北段的水源问题，时人还

① 《光绪宣统两朝上谕档》第 10 册，第 399 页。

② 《光绪朝东华录》第 98 辑，第 292 页。

③ 《光绪朝东华录》第 98 辑，第 292 页。

④ 范本礼：《汶卫济运略论》，民国《临清县志》之《艺文·传记》，《中国地方志集成·山东府县志辑》，第 95 册，第 397 页。

⑤ 《光绪朝东华录》第 98 辑，第 292 页。

⑥ 《光绪朝东华录》第 98 辑，第 292 ~ 293 页。

提到其他不少办法，如灌塘、倒塘之法、建设水柜等，[①] 但终因运道沿线及附近地区可资引借的水量太少而未能施行。

结　语

黄河是世界上含沙量最大的河流，且具有善淤、善决、善徙的特点，而大运河是世界上最长的人工河，这也就决定着黄运交汇的历史在世界河流变迁史上极具特殊意义。就元明以来的大运河而言，受气候与地形的影响，水源不足的山东运河始终是大运河上较为关键的运段，因此，1855 年黄河北徙与山东运河的交汇随之显现出重要研究价值。

1855 年黄河铜瓦厢北徙后，黄水直冲山东运道，为保证运河漕运畅通，清廷与山东地方采取不少措施加以应对。在黄运交汇处，黄河分多股岔流与运道相交，由于泥沙严重淤积，再加之黄河各岔道的径流与汛情变化较大，致使此间漕运极为艰阻。南北运口及两运口间漕运线路的多次改变，既是黄流不断变化和淤积的结果，又是维持运道通行的无奈选择。黄河北徙挟汶东去，截断了山东运河北段的补给水源，在借黄济运给漕运带来诸多弊病的同时，朝野之间围绕着该段运道的水源问题展开了较为激烈的讨论。在诸多方案中，导卫济运的方案多次被奏请，但由于对运、卫间地理形势、卫河径流特征、经费状况等因素考虑不足，该方案最终未能实施。

作为黄河变迁史上的最后一次大迁徙，1855 年黄河决口北徙无疑对铜瓦厢以下沿黄区域（尤其是山东西部地区）的地理环境产生重大影响，其对山东运河漕运的影响即为众多影响之一面。当然，于运河漕运而言，黄河北徙所带来的影响亦是多方面的，本文从黄运交汇处与山东运河北段这两处入手，对黄河北徙后的影响及清廷和山东地方的应对情况进行复原与分析，以期有更多学者关注并参与到此学术问题的研究中来。与黄运交汇处和山东运河北段一样，黄河铜瓦厢决口北徙后，山东运河南段亦受到不小的冲击，不同之处在于，山东运河南段所受影响主要表现在运道沿线湖泊的淤浅与闸坝体系的破坏。至于黄河冲决之水具体影响了哪些湖泊与闸坝；在沿线湖泊与坝闸遭到破坏的情况下，为维持运道畅通，该段运道的

① 参见潘骏文《黄河穿运北运河议》，《潘方伯公遗稿》，第 496 页。

水源问题又是如何解决的。这些都是需要进一步研究的问题。此外，还需注意的是，黄河北徙对山东运河漕运的影响既包括自然方面的，也包括社会方面的，分析其对运河漕运的影响亦不能仅限于运道或漕运本身，而应运用联系的观点，从区域的、多学科的视角，展开全面而细致的研究。

The Impact of the Northern Migration of the Yellow River on the Canal Transport in Shandong Province in 1855 and the Official Response: An Investigation Centered on the Huangyun Intersection and the Northern Section of the Shandong Canal

Gu Shuai

Abstract: As the last great migration in the history of the change of the Yellow River, the northward migration of the Yellow River in 1855 had a great impact on the geographical environment of the area along the Yellow River below Tongwaxiang, and the Shandong Canal was one of the most affected objects. Taking the Huangyun Intersectionand the northern section of the Shandong Canal as the research focus, the impact of the northward migration of the Yellow River on the water transportation of the Shandong Canal and the official response were restored and analyzed. At the intersection of the Yellow River and the Grand Canal, there were many branches of the Yellow River. Because of the serious siltation of the sediment and the great changes of the runoff and flood conditions of the Yellow River, it made the water transport here extremely difficult, meanwhile, the waterway routes between the North and South ports and the two ports had changed many times. After the northward migration of the Yellow River, the northern section of the Shandong Canal was also heavily silted under the situation of borrowing water from the Yellow River for transportation. From Tongzhi to Guangxu Period, around the water source problem of this section of the transport channel, many discussions had been held on the memorial to the throne of drawing water from the Wei River into the Grand Canal. However, due to insufficient consideration of the factors such as the geographical situation between the canal and the Wei River and the runoff characteristics of the Wei River, none of the programmes had been implemented.

Keywords: The North migration of the Yellow River; Shandong Canal; The Grand Canal Transportation; Drawing Water from the Wei River into the Canal

（责任编辑：胡克诚）

南京国民政府时期江北运河“官督绅办”体制的形成[*]

夏　林[**]

内容摘要　南京国民政府时期，江北运河治理经历了从“官僚化”到“官督绅办”的转变。新生的国民党政权迅速从地方士绅手中夺取治运权力。但“官僚化”导致有效监督机制和管理机构独立职权的缺失，其结果就是权力滥用和治运机构运转失灵。1931 年的水灾诱发了新一轮的权力重组。面对艰巨的善后任务、社会舆论压力和传统士绅的进逼，江苏省政府被迫重新起用士绅并提高治运机构职权，形成“官督绅办”新体制。传统士绅主持复堤工程的成功进一步巩固了该体制，使其得到长期延续。这一过程折射了国民党地方政权建设的失败和近代水利转型的复杂性。

关键词　南京国民政府　江北运河　官僚化　官督绅办

京杭运河史是历史研究的一个热点，已经取得丰硕成果。不过，现有研究主要集中在古代尤其是明清时期。大运河治理的近代转型并未受到足

* 本文系江苏省社会科学基金青年项目“民国时期江北运河治理转型研究”（19LSC006）和大运河文化带建设研究院 2019 年度课题一般项目“民国士绅与江北运河治理研究”（DYH19YB08）的阶段性研究成果。

** 夏林，史学博士，东南大学马克思主义学院讲师，江苏省大运河文化带建设研究院特聘副研究员，主要研究方向为中国近现代史。

够关注。① 与明清时期不同，近代大运河治理不再是中央政府层级的核心事务，而变成一项地方性事务。这种转变对其组织形态、主导力量、权力运作、经费筹集等诸多方面都产生了深刻影响。深入考察大运河治理的近代转型历程，既是深化大运河史研究的必然要求，又可以从一个侧面反映近代水利转型以及地方政治运作和政权建设，具有多重研究意义。作为一项地方性事务，不同地域的大运河治理转型路径往往存在一定差异。只有通过分省或分段研究，搞清楚其具体演变历程，才能逐步描绘出近代大运河治理转型的全貌。基于此，本文聚焦于南京国民政府时期江北运河治理的组织形态和权力结构。②

江北运河是指京杭运河的苏北段。纵观民国成立至全面抗战爆发前江北运河的组织形态，以 1927 年和 1931 年为节点，大致经历了"地方化""官僚化""官督绅办"三个阶段，构成江北运河治理的三种类型。关于第一个阶段，笔者将另文探讨。本文着重描述的是从第二到第三个阶段的转型过程，即从"官僚化"到"官督绅办"的转变。在南京国民政府时期，一度由官僚掌控的江苏治运事业在 1931 年以后又改由士绅主持。这里所说的士绅是指获得过功名的那部分传统士绅，以韩国钧、徐鼎康等人为代表。考虑到传统士绅趋于整体性没落以及地方水利事业逐步实现国家化、技术化的大背景，这一现象显得极为特殊。③ 本文拟对其形成原因和过程进行系统考察。

---

① 相关综述参见王云《近十年来京杭运河史研究综述》，《中国史研究动态》2003 年第 6 期；胡梦飞《近十年来国内明清运河及漕运史研究综述（2003 – 2012）》，《聊城大学学报》（社会科学版）2012 年第 6 期；罗衍军《二十年来的运河学研究》，《地方文化研究》2015 年第 6 期；刘玄《明清以来大运河海外研究述评》，《聊城大学学报》（社会科学版）2016 年第 2 期；李泉《运河学发微》，《运河学研究》第 1 辑，社会科学文献出版社，2018，第 3 ~ 32 页。

② 关于近代江北运河治理的研究比较薄弱，主要涉及个别人物、机构和治理活动，缺乏对其组织形态和权力结构演变的深入探讨。参见吴晓晴《徐鼎康与民国江北运河整治》，《民国档案》2001 年第 2 期；袁飞《筹浚江北运河工程局几个相关问题初步考察》，《淮阴工学院学报》2013 年第 4 期；张捷《张謇督办江苏运河工程局的理财措施》，《淮阴师范学院学报》（哲学社会科学版）2013 年第 5 期；王健等《江苏大运河的前世今生》，河海大学出版社，2015，第 177 ~ 197 页；崔建利《北洋政府时期的苏北运河治理》，载李泉主编《运河学研究》第 2 辑，社会科学文献出版社，2018，第 124 ~ 133 页。

③ 关于传统士绅的没落，参见王奇生《革命与反革命：社会文化视野下的民国政治》，社会科学文献出版社，2010，第 322 页；关于近代水利转型，参见陈岭《清末至民国江南水利转型与政治因应——以常熟白茆河为中心》，《江苏社会科学》2017 年第 4 期。

一　江北运河治理的“官僚化”及其问题

近代以来，随着黄河北徙、漕运废弃，大运河治理不再受到中央政府的关注。但是，运河对于苏北地区依然极为重要。韩国钧指出：“运河在江北为纵贯式之维一通渠”，兼具运输、泄水和御水三重功能。特别是运河下游诸县人民，“全恃一线运堤，为其寄生之保障，其地位之重要与危险可知”[①]。民国成立后，士绅通过加征治运亩捐、货厘等方式筹集资金，先后推动组建筹浚江北运河工程局和督办江苏运河工程局（以下简称督办局），成为江北运河治理的主导者。筹浚江北运河工程局总办为马士杰，会办为王宝槐。督办局时期，张謇为督办，韩国钧为会办，徐鼎康、王宝槐先后担任参赞，具体负责局务。一大批苏北士绅均为督办局评议会成员。这种治运格局在国民党执政后发生巨大变化。在党国体制下，江北运河治理逐步走向“官僚化”。

督办局汇集大批士绅名流，使治运问题与士绅问题紧密交织。国民党政权对督办局的处置在很大程度上受到当时士绅政策的影响。北伐期间，国民党提出了“打倒土豪劣绅”的口号。1927 年 5 月 2 日，江苏省政府正式成立。[②] 随即，江苏省政府发表宣言抨击“官僚军阀”和所谓“科举余孽”、“土匪劣绅”，强调要“决然断然扫除此魔障”[③]。在这个过程中，一大批士绅受到冲击。论者指出，这是出于削夺士绅所拥有的传统权威、重构地方社会权力结构的需要。[④] 在这种情况下，接管督办局就成为打击士绅势力的重要一环。5 月 23 日，第一路军总指挥何应钦率部攻克督办局所在地——扬州。[⑤] 江苏省建设厅厅长叶楚伧随即提出接管督办局的议案。他指出，督办局之设“只因该机关主办人员资格关系”，“现在革命事业日益发展”，地方水利事业属于该厅职权范围，治运机构应由该厅接收，由他本人兼管。[⑥] 可见，叶氏十分清楚督办局的主导力量，但他毫无顾忌。

---

① 韩国钧：《韩副主任委员受任主持运河工程事宜通启》，《运工周刊》第 1 期，1932 年 4 月。

② 《省政府成立记》，《江苏省政府公报》第 1 期，1927 年 9 月。

③ 《江苏省政府宣言》，《江苏省政府公报》第 1 期，1927 年 9 月。

④ 李巨澜：《失范与重构——一九二七年至一九三七年苏北地方政权秩序化研究》，中国社会科学出版社，2009，第 198 ~ 199 页。

⑤ 魏宏运主编《民国史纪事本末》第 2 册，辽宁人民出版社，1999，第 379 页。

⑥ 叶楚伧：《接收江北运河工程处意见书》，《江苏建设公报》第 1 期，1927 年 8 月。

这是因为他知道此举符合国民党当局的士绅政策。果然，这项提议很快就获得省政府通过。[①] 尽管围绕由何人接收的问题，叶氏和何应钦之间一度发生过争执。[②] 但自此至1931年9月以前，建设厅一直都是治运机构的主管部门。

从后续运作看，叶楚伧之所以要接管督办局，还有一个不为外人所知的原因，即控制治运权力和资源。[③] 有学者指出，国民党统治时期，各类行政机构成为不同政治派系操控权力的基础，"只要控制了这些部门，就能保证政治领导人掌握政府资源和实施计划的途径，从而实现这些政治领导人的政治抱负"[④]。治运机构集"权""利"于一身，既掌握治运大权，又有亩捐、货厘等项收入（若征收完全，仅亩捐一项即可得40万元），向来被时人视为"莫大利薮"[⑤]。对叶楚伧及其后的历任建设厅厅长来说，控制治运机构也就控制了后者所掌握的各种资源特别是治运专款，从而可以为他们的政治活动提供有力支撑。为此，接管督办局只是第一步。在士绅政策的掩护下，建设厅不断排挤在治运领域拥有巨大影响力的士绅，同时从制度上剥夺治运机构所掌握的各项权力，以实现彻底控制的目的。

一方面，严格限制传统士绅的参与。在叶楚伧默许下，新改组成立的

---

① 《省政府训令建设厅经议决江北运河工程处归厅接收由》（1927年6月13日），《江苏建设公报》第1期，1927年8月。

② 《派员接收河工局》，《申报》1927年6月6日，第7版；《运工局长视事》，《申报》1927年6月8日，第10版；胡树铖：《呈江苏建设厅为接办江北运河工程局业经遵令切实整理报请核示文》（1927年6月15日），《江北运河工程局汇刊》第1期，1928年3月。

③ 关于叶楚伧，已有的文章主要强调其作为文化人的一面，即使论其政事，也往往指出其本色是书生。但实际上，叶楚伧以书生从政而在国民党内职务节节上升，甚至在国民党中央秘书长位置上也能够做到不得罪任何派系，均表明他对权力关系是十分敏锐的，具有超越一般书生的政治才能。作为政治人的叶楚伧应该得到更多关注。相关研究参见经盛鸿、王燕《亦酒亦诗的民国元老叶楚伧》，《民国春秋》1999年第4期；张永久《叶楚伧的本色》，《书屋》2010年第9期；陈建云、康凯《叶楚伧的办报经历及评论风格》，《新闻传播》2012年第12期；侯敏《勘察受众：叶楚伧小说理论研究》，《苏州大学学报》（哲学社会科学版）2015年第1期；韩文宁《叶楚伧的为人之道》，《江苏地方志》2015年第2期。

④ 曾玛莉：《20世纪30年代中国的国家主义、经济封闭和经济计划》，转引自〔美〕戴维·艾伦·佩兹著，姜智芹译《工程国家：民国时期（1927－1937）的淮河治理及国家建设》，江苏人民出版社，2011，第43页。

⑤ 《徐钟令致韩国钧函》（1926年9月22日），载江苏省档案局编《韩国钧朋僚函札史料选编》，江苏人民出版社，2012，第599页。

江北运河工程局积极铲除所谓“腐化人员及把持工程之土豪劣绅”①。除韩国钧、王宝槐等人的职务不再被提及外，治运机构内部职员也被大幅更新。1927 年 12 月编制的职员表显示，江北运河工程局全体职员（包括上、下游堤工事务所）中，该年 6 月以后入职的新人高达 56 人，约占全部职员的 45%。该局下设的职能部门工程处、测量处、总务处和上、下游堤工事务所负责人均为新人取代。② 自民国成立以来一直担任运河上游堤工事务所坐办的万立钰甚至一度被以勾结军阀、侵吞工款为由提去公审。③ 1928 年，一些地方士绅尝试让万立钰重新参与治运。④ 1930 年，武同举屡次推荐王宝槐担任新改组成立的江北运河工程处处长或在建设厅担任观察使。⑤ 这些努力均告失败。除此之外，在 1928 年建设厅组建的新评议会和 1929 年组建的参事会中，原督办局时期的评议员绝少留任，韩国钧、王宝槐、马士杰等一批曾与治运事业关系紧密的苏北士绅均未获聘。⑥ 以上事实表明，建设厅对这批传统士绅心怀忌惮，不希望他们妨碍自己对治运的控制。

另一方面，不断削弱治运机构的职权。1927 年，在叶楚伧任内，由建设厅拟订的《江北运河工程局组织条例》规定，该局局长、下属三处处长和两游所长皆由建设厅厅长委任，评议员亦由该局呈请建设厅聘请。⑦ 建设厅掌握了治运机构的主要人事任免权。此后，建设厅又进一步掌握了经费管理权，规定治运经费之大宗亩捐、货厘两项自 1928 年 2 月起均由各县税务所直接解送建设厅核收。⑧ 1929 年，在时任厅长王柏龄主导下，建设厅整合省内各类水利机构，成立江苏省水利局。原江北运河工程局被改组

---

① 《加委运河局长》，《申报》1927 年 6 月 18 日，第 10 版。

② 《江北运河工程局职员一览表》《江北运河工程局上游隄工事务所职员一览表》《江北运河工程局下游隄工事务所职员一览表》，《江北运河工程局汇刊》第 1 期，1928 年 3 月。

③ 《民众裁判大会纪事》，《申报》1927 年 7 月 5 日，第 10 版。

④ 《徐钟令致韩国钧函》（1928 年 4 月 14 日），载江苏省档案局编《韩国钧朋僚函札史料选编》，第 603 页。

⑤ 《武同举致韩国钧函》（1930 年 8 月 6 日），载江苏省档案局编《韩国钧朋僚函札史料选编》，第 404 页。

⑥ 《江北运河工程局评议员姓氏籍贯一览表》，《江北运河工程局第二届评议会特刊》，1928 年 11 月；《训令江北运河工程处为奉建设厅令参事会参事人员业经选定抄发名单遵令转饬知照由》（1929 年 9 月 18 日），《江苏省水利局月刊》第 5 期，1929 年 9 月。

⑦ 《江北运河工程局组织条例》，《江北运河工程局汇刊》第 1 期，1928 年 3 月。

⑧ 《局务报告》，《江北运河工程局汇刊》第 2 期，1928 年 9 月。

为江北运河工程处，隶属水利局，而水利局的“全权属之厅长”①。1930 年 8 月，在时任厅长孙鸿哲主导下，江北运河工程处被直接并入水利局。②可见，历任建设厅厅长都不约而同地选择削弱治运机构的职权，其目的是不言而喻的。

作为结果，建设厅厅长在治运领域的地位和作用愈发凸显。笔者用“官僚化”来概括这个过程。如果“官僚化”带来治理绩效的提升，那么传统士绅并没有再次出场的可能性。问题在于，事实恰恰相反。这是由“官僚化”治理格局的内在矛盾决定的。建设厅对治运机构的控制建立在排斥地方势力并削弱治运机构职权的基础上。排斥地方势力意味着不会建立起有效的监督机制。这一时期治运机构虽附设有评议会或参事会，但其成员大多为地方官员或与国民党当局关系紧密的精英。削弱治运机构职权意味着其无法独立运行。由此导致的结果就是权力滥用和治运机构运转失灵，具体表现为以下几个方面。

其一，建设厅经常任意挪用治运专款。监察院 1931 年的调查显示，在王柏龄任内，治运经费已经成为建设厅弥补各项行政和事业开支的重要来源。孙鸿哲坦承：水利局经费每月 10072 元，而财政厅仅月发 8000 元，甚至时有拖欠，此项不足与拖欠之数，均在治运专款项下动支。③ 有传闻说，建设厅还曾挪用治运经费修筑备受蒋介石关注的苏杭公路。④ 治运专款被大量挪用使原本就短缺的经费更加紧张，运河整治沦为空谈。这一时期，不仅一些急需办理的堤坝整治工程无力兴修，甚至运堤岁修亦受影响。1929 年 2 月 20 日，有知情人士透露：上、下游堤工事务所“近闻仅责令常川梭巡，只做零星工程”⑤。

其二，治运机构指挥失灵，对运河工程和抢险产生负面效应。运河纵贯苏北，工程实施所涉及的民夫、材料等组织调度均需与各县政府相互配合。尤其是运堤抢险，需要在短时间内进行大范围的、多部门的组织调

① 《武同举致韩国钧函》（1929 年 2 月 24 日），载江苏省档案局编《韩国钧朋僚函札史料选编》，第 403 页。

② 《江北运河工程处改组》，《申报》1930 年 8 月 21 日，第 11 版。

③ 《江北堤防委员高一涵参事洪兰友复查报告书》（1931 年 9 月 17 日），载高大同编《高一涵监察工作文选》，凤凰出版社，2015，第 400 页。

④ 《孙鸿哲不摇动之索隐》，《小日报》1931 年 9 月 18 日，第 1 版。

⑤ 《陈宗麟致韩国钧函》（1929 年 2 月 20 日），载江苏省档案局编《韩国钧朋僚函札史料选编》，第 373 页。

度。这些都要求治运机构对内要有经费、人员、材料调配的权力，对外要有指挥县政府的权力，如此才能指挥裕如。但是，此时治运机构既没有经费和人事管理权，又没有对外的权力。所以，“对内则精神涣散、办事困难，对外则呼应不灵、动多掣肘”[①]。江北运河工程处处长“仅能向水利局建议，绝无对外之权力”，“不特运河工程处无指挥县政府，及命令县人民之权力；即水利局本身，对于县政府与人民，亦不能直接指挥命令”。水利局与县政府“双方如不得省政府命令，无论分工合作，皆不可能。一遇紧急之时，水利局因不能召集民夫，束手无策。县政府亦因无材料、经费，爱莫能援”[②]。

在这种情况下，江北运河治理的失败成了必然，这又为新治运体制的出现创造了条件。换言之，“官僚化”被新体制取代不是偶然的，其自身孕育着转化的种子。当然，这一转化不可能一蹴而就，既得利益者不会自动放弃权力，新体制的出现有赖于适当的契机和士绅的推动。面对国家权力的强势扩张和恶劣的政治形势，士绅们被迫暂时退出治运舞台。但由于利害切身，他们不会完全束手不管。从当时各方致韩国钧的函电可以看到，江苏治运的最新动向始终受到他们的高度关注。他们对运河的现状充满忧虑。1928 年 12 月 13 日，王宝槐在致韩国钧的信函中指出：“两年来，运河伏汛水势奇小，诚属江北之幸，否则，可虑之至。”[③] 一旦运河出险并酿成灾害，士绅们私下的不满必然会转化为公开的行动。

二 1931 年水灾与官绅关系的调整

地方士绅的担忧很快就变成事实。1931 年 8 月 26 日，在连日大雨过后，江北运河先后决堤 27 处，苏北多县被淹，酿成巨灾。[④] 灾害往往会诱发政局的变动。此次水灾在政治层面的影响就是给江苏官绅关系的调整提供了契机。一方面，江苏省政府迫切需要拥有丰富河工经验的地方士绅帮

---

① 《江北运河工程处改组》，《申报》1930 年 8 月 21 日，第 11 版。

② 《江北堤防委员高一涵参事洪兰友复查报告书》（1931 年 9 月 17 日），载高大同编《高一涵监察工作文选》，第 401 页。

③ 《王宝槐致韩国钧函》（1928 年 12 月 13 日），载江苏省档案局编《韩国钧朋僚函札史料选编》，第 87 页。

④ 唐文起：《1931 年江苏水灾简述》，载《江苏近代经济史探讨》，江苏大学出版社，2013，第 391 ~ 392 页。

助其办理善后工程。另一方面，地方士绅一改此前的低调，要求扩大地方参与。由此，江北运河治理的“官僚化”趋势出现逆转。经过一连串的运作，以韩国钧为代表的传统士绅重回治运第一线。

（一）叶楚伧的善后布局

江北运河决口后不久，已经升任省主席的叶楚伧决定援引旧河工人员参与善后，其原因有二。一是运河善后工程十分复杂，难工很多。叶氏认为：“留学生有学问、无经验，毕竟无用。”① 二是这些旧河工人员都是地方人士，重用地方人士参与善后可以在一定程度上缓和民怨。② 基于这两点考虑，1931 年 8 月 30 日，叶氏电邀万立钰、王宝槐商讨防御运水问题。③ 9 月 1 日，他亲自到淮阴拜访万立钰，力邀其出山襄理江苏水利。④ 与此同时，他还电邀徐鼎康赴省府商讨运河善后事宜。在得到诸人同意后，9 月 10 日，江苏省政府组建了江北运河工程善后委员会（以下简称“善委会”），下设工程、工赈、工款三处。叶楚伧担任主任委员，王宝槐为工程处处长，万立钰为工款委员。⑤ 9 月 12 日，善委会召开第二次会议，加推徐鼎康兼任工款委员。⑥ 善委会成立后，逐步接管了所有运河事务。⑦

但是，基于历史原因和现实考量，叶楚伧对传统士绅参与治运似乎心怀顾忌。如上所述，正是在叶氏任内，建设厅和治运机构开始了对相关士绅的打压，二者的关系并不融洽。只不过由于水灾这一特殊事态，叶氏才被迫重新起用这批士绅。他深知，援用士绅深刻影响着官绅权力关系的消长和善后事宜结束后的治运格局，威胁着官方对治运的控制。因此，他对于选择哪些士绅参与善后是有考虑的。选择王宝槐、万立钰，是用其河工

① 《孙鸿哲不摇动之索隐》，《小日报》1931 年 9 月 18 日，第 1 版。

② 《江北堤防委员高一涵参事洪兰友复查报告书》（1931 年 9 月 17 日），载高大同编《高一涵监察工作文选》，第 405 页。

③ 《江北水灾善后》，《申报》1931 年 8 月 31 日，第 3 版。

④ 《叶楚伧到清江浦查灾》，《申报》1931 年 9 月 3 日，第 4 版。

⑤ 《江北运河工程善后委员会第一次会议纪录》，《江北运河工程善后委员会汇刊》1931 年第 1 期。

⑥ 《运工善后会决定先堵塞西堤》，《申报》1931 年 9 月 14 日，第 8 版。

⑦ 《江苏省建设厅沈百先在省政府委员会提议拟将江北运河堤工及出海水道工程统归江北运河工程善后委员会主持办理案》，《江北运河工程善后委员会汇刊》1931 年第 2 期。

经验；选择徐鼎康，是用其廉洁。[①] 而对于原督办局核心领导层的另一位重要人物——韩国钧，叶氏甚至都没有在第一时间提出邀请。这绝非偶然。笔者认为，其原因就在于韩国钧与上述诸人社会影响的差异。韩国钧是苏北士绅的代表性人物，曾经两度出任江苏省省长。一旦让韩氏加入就有喧宾夺主之嫌，这是叶氏不会不考虑的。

叶楚伧试图建构的是一种由官方主导、个别技术型士绅参与的善后体制。在这个体制中，叶氏作为善委会主任委员居于核心地位。即使像工程处这样的关键部门，也不过是一个执行机构而已。因为工程经费和材料均由善委会决定调配。据时任善委会秘书武同举后来透露，工款处“发款四联单须经主席亲自签名加章”。他还表示：“关于领核款项问题，如能由工程处充分多领，以备各段工程之需，则省事多多。又，材料所直接本会，不在工程处范围内，似未免隔气。”[②] 从这个意义上讲，工程处体制与之前的治运体制在权力关系和运行方式方面十分相似，只是主导者由建设厅厅长变成省政府主席。如此看来，叶氏的用意是在不失去治运大权的前提下，引用技术型士绅负责善后工程实施，一方面坐收善后成果，另一方面使原有的治运体制通过一种新的形式保留下来。

然而，时局已经大不一样了。水灾发生之前，没有地方社会的掣肘，行政当局可以任意操弄治运机构及其组织人事。当水灾使包括传统士绅在内的地方精英获得了介入运河治理的正当理由之后，当局的任何布置都必须得到社会舆论的认可和地方精英的支持。而叶楚伧的布局既没有足够的地方参与，又有碍善后工程的实施，因而不断被突破，一变于韩国钧的加入，二变于驻扬办事处的成立。

（二）社会舆论与韩国钧加入善后

水灾过后，地方精英纷纷成立社团，积极在媒体上“发声”，构成江苏省政府在治运领域的压力集团。其中，比较重要的社团有驻镇盐阜泰东兴水灾善后会和江北水灾惨案后援会。这些社团除要求尽快堵口和惩办建设厅、水利局主要官员外，还要求扩大地方参与。1931 年 10 月 4 日，江

---

① 徐鼎康著，徐濬彦、徐源彦、徐滁彦校订《徐鼎康先生文存》，江苏省徐氏联谊总会刊印，2016，第 71 页。

② 《武同举致韩国钧函》（1931 年 12 月 25 日～26 日），载江苏省档案局编《韩国钧朋僚函札史料选编》，第 406 页。

北水灾惨案后援会在《申报》上发表公告，提出一系列善后要求，其中指出将来修造新堤工程应由各县推举公正人士驻工监督。[①] 10月9日，驻镇盐阜泰东兴水灾善后会抨击道，善委会成立已将近一个月，“堵口断流，尚未有期，各段工程，如何善后，更无所闻”；要求修改善委会组织大纲中关于评议会的职权规定，认为按照原规定评议会仅有接受工程报告及审查收支之权，而没有事前工程计划同意之权，未臻尽善，应加修正。[②]

面对汹涌的社会舆论，叶楚伧必须作出回应。在这种情况下，徐鼎康向叶氏建议延揽韩国钧以整合社会舆论。徐鼎康指出：“群哄非计，宜官民合作，盖以止叟领首，归纳众嚣，事可立集。”[③] 止叟指韩国钧。迫于内外压力，叶氏只能同意。10月16日，叶氏正式邀请韩国钧商谈复堤工事。[④] 以徐、韩二人关系之密切，韩国钧对相关内情应该是清楚的，所以他没有急于与叶氏接触，而是选择先联络同人、组织社团以获得地方社会的支持。10月30日，他与江都、高邮、宝应等10县地方人士共124人成立了淮扬水灾善后委员会，并被推为主席，从而取得了地方社会代表的身份。随后，韩国钧以此身份向叶氏请愿。[⑤]

10月31日，叶、韩二人进行了一次长达三小时的会面，这是江苏官民代表间的对话。这次会面确立了“官民合作”的善后原则。在会面中，叶氏全盘接受了韩国钧的请求，表示：“极愿官民合作，将来地方如有提议，凡力之可能施行者，无不尽量采纳。对于决口修防工程，由官厅办理，地方苟有请求，皆可从长计议。”叶氏还提出将驻镇盐阜泰东兴水灾善后会与淮扬水灾善后会合并。[⑥] 叶氏的种种表现都反映了他借重韩国钧整合地方力量的意图。既然如此，他就必须做出一定的让步，接纳韩国钧参与善后决策。继10月31日会面后，叶氏于11月6日再邀韩国钧等人商谈复堤事宜，讨论经费、材料与工程人员各事。[⑦] 11月26日，韩国钧被增

---

① 《组织江北水灾惨案后援会之宣言》，《申报》1931年10月4日，第5版。

② 《运河工程会速设评议会之建议》，《申报》1931年10月9日，第15版。

③ 徐鼎康著，徐濬彦、徐源彦、徐滁彦校订《徐鼎康先生文存》，第71页。

④ 韩国钧：《止叟年谱》，载沈云龙主编《近代中国史料丛刊》第1辑第9册，（台北）文海出版社，1969，第75页。

⑤ 《淮扬水灾善委会成立》，《申报》1931年11月1日，第12版。

⑥ 《淮场水灾善后会请愿经过》，《申报》1931年11月3日，第8版。

⑦ 韩国钧：《止叟年谱》，第75页。

补为善委会副主任委员，[①] 从组织层面把“官民合作”的原则确定了下来。

（三）人事困局与驻扬办事处的成立

尽管被迫做出了一些让步，叶楚伧对官厅的主导地位始终是坚持的。在与韩国钧第一次会面时，他特意强调了这一点。而坚持的方法就是维持工程处体制。只要这个体制不变，即便由士绅主持善后工程，整个治运依旧在“官厅”的掌控之下。然而他没有想到，这个体制同样被打破了。道理其实很简单。因为单凭善后工程的复杂性，已经足以让人却步，更何况还会遇到诸多掣肘。据韩国钧分析，善后工程有三难。一是经费不足。据估计，复堤工程需款485万元，而到1932年1月确有把握的款项仅有四成。二是时间紧。运河涨水有春伏秋三汛，伏秋两汛至迟7月。要赶在秋汛到来之前完成堵口复堤工程，时间相当紧张。三是堤工破坏严重，堵口复堤工程实施难度大。[②]

要在如此短的时间内完成如此浩大的善后工程，即便经费充足并拥有全权，尚且十分艰难。而在工程处体制下，虽然与各县政府的配合已不成问题，但工程处主管人员对经费、材料均无法自主，事事需要请示汇报，与各部门沟通联系。若工程失败，势必还要负起首要责任。“有责无权”正是这个职位的真实写照。所以，任何人都不敢轻易尝试。王宝槐一开始就拒绝担任工程处处长。叶楚伧被迫让王宝槐负责堵口勘估事宜，而让新任建设厅厅长沈百先负责堵口工程。[③] 但当堵口事宜基本结束后，沈百先也呈请专任副主任委员而不愿负责复堤工程。善委会先是推王宝槐担任复堤工程及修补东西堤工程专员，遭到拒绝。于是，叶、沈二人提议设立工程处主任一职。[④] 这表明，叶氏对工程处职权太小的问题有所觉察，但是不愿改变。既有体制问题得不到解决，善委会先后推王宝槐、陈和甫担任

① 《江北运河工程善后委员会第七次会议（临时会）纪录》（1931年11月26日），《江北运河工程善后委员会汇刊》1931年第2期。

② 韩国钧：《韩副主任委员受任主持运河工程事宜通启》，《运工周刊》第1期，1932年4月。

③ 《江北运河工程善后委员会第四次委员会议纪录》（1931年9月24日），《江北运河工程善后委员会汇刊》1931年第1期。

④ 《江北运河工程善后委员会第七次会议（临时会）纪录》（1931年11月26日），《江北运河工程善后委员会汇刊》1931年第2期。

工程处主任，同样遭到坚辞。[①] 善后工程一度面临无人主持的窘境。

庆幸的是，这个僵局很快就被江苏省政府的突然改组化解了。此次改组是蒋介石下野前为巩固权力而作出的安排。1931 年末的中国，虽然内有大范围的水灾，外有日本对东北的入侵，但由蒋介石扣押胡汉民所引起的国民党高层派系斗争并没有结束。迫于各方压力，蒋介石决定下野。在 12 月 15 日辞职当日，蒋介石一举改组了江苏、浙江、江西、甘肃四个省政府，任命顾祝同为江苏省政府主席。[②] 趁此政局变动之机，韩国钧等人试图彻底解决善后工程管理体制和人事问题。12 月 19 日，顾祝同临时召开善委会，在省委员谈话会上，韩国钧提议由新任建设厅厅长董修甲以善委会副主任委员身份兼任工程处主任。[③] 这一提议未被接受。随后，他们又积极寻找新的人选，并准备在即将召开的善委会第九次会议中全面解决体制问题。从 12 月 24 日至 28 日，武同举七次致函韩国钧，主要内容就是讨论工程处人事和体制问题。韩国钧也多次复电。[④]

与叶楚伧不同，顾祝同、董修甲二人与江北运河治理并无历史纠葛。他们的主要任务是稳定江苏以为蒋介石复出做准备。因此，他们也无意纠缠于官绅权力分配这类细枝末节的问题，而急于完成运河善后工程。正是这种超脱的立场使得他们能够突破原有的善后体制。12 月 30 日，顾祝同主持召开善委会第九次会议。根据会议记录，董修甲在会上"临时"提议将工程处改组为驻扬办事处，提高职权，力推韩国钧以副主任委员身份兼驻扬办事处主任。这项动议获得通过。[⑤] 这份记录十分简略，没有说明董修甲提议的原委。不过，从会前武同举致韩国钧的信函中可以判断：应是善委会原拟推举的工程处主任人选——郑肇经也没有同意接任，而韩国钧又在会上明确提出了工程处的体制问题，董修甲才顺水推舟

---

① 《江北运河工程善后委员会第九次会议纪录》(1931 年 12 月 30 日),《江北运河工程善后委员会汇刊》1931 年第 2 期。

② 金以林:《国民党高层的派系政治:蒋介石"最高领袖"地位的确立》(修订本),社会科学文献出版社,2016,第 374～375 页。

③ 《江苏省政府顾主席临时召集运工善后会在省委员谈话会纪录》(1931 年 12 月 19 日),《江北运河工程善后委员会汇刊》1931 年第 2 期。

④ 《武同举致韩国钧函》(1931 年 12 月 24 日～28 日),载江苏省档案局编《韩国钧朋僚函札史料选编》,第 405～408 页。

⑤ 《江北运河工程善后委员会第九次会议纪录》(1931 年 12 月 30 日),《江北运河工程善后委员会汇刊》1931 年第 2 期。

提出这项议案。

对韩国钧来说，董修甲的提议多少有些出乎意料。韩氏的行动虽然客观上加速了治运权力的转移，但这并非事先计划的结果。他的最初意图应该是尽快结束人事困局，以便早日施工，减轻苏北地区的损失，而不是为其本人谋求工程主持者的位置。他提议董修甲负责工程，在与武同举函电往复时又属意郑肇经，都表明了这一点。实际上，韩氏担任淮扬水灾善后会主席、出任善委会副主任委员已经改变了官绅隔绝的状态，实现了地方参与的目的。以此身份“协助匡救”运河善后工程的话，不仅可以保障自己在治运领域的地位，而且无须承担工程失败的风险。[①] 所以，基于个人利益考虑，韩氏不会主动谋求负责善后工程，甚至应当拒绝董修甲的提议。但最终，韩氏接受了这项任命，这只能解释为其更多地考虑到了地方利益和群体利益。1932 年 1 月 17 日，善委会驻扬办事处正式成立。[②] 这意味着江北运河开始形成一种新的格局，即“官督绅办”。

三　“官督绅办”体制的形成与确立

之所以说驻扬办事处的成立代表着“官督绅办”新体制的形成，是因为其在主导力量和权力运行方式方面与之前的治运体制存在较大差异。在新体制中，工程主持者由官僚变成士绅，并且士绅获得独立管理治运工程的权力。与此同时，省政府基本不再干预运河工程管理的具体事务，而退居督导的位置。这些变化对于治运是极为有利的。

根据后续设计，驻扬办事处一手掌握经费、材料、人员调配权力，仅需向善委会报备而已。在工程行政管理方面，原隶属于善委会或建设厅的所有工程事务所均由驻扬办事处接收，工程行政归于统一。在材料管理方面，原隶属于善委会的材料所紧缩为科，改隶驻扬办事处。[③] 在经费管理方面，善委会通过了《江北运河工程善后委员会驻扬办事处会同工款处为修复堤工事项订定支付工款办法》，规定：第一，堤工所用材料，须经驻扬办事处核准后，方得订购，由处备具四联单，送工款处核发；第二，人

① 《韩副主任委员续启》，《运工专刊》，“特载”，第 23 页。

② 《江北运河善后工程小引》，《运工周刊》第 1 期，1932 年 4 月。

③ 《江北运河工程驻扬办事处组织系统表（二）》，《运工专刊》，“特载”，第 3 页。

夫工价与驻扬办事处及所属各处所之经常费，在规定预算范围以内者，由驻扬办事处统支统报。[①] 可见，驻扬办事处的独立性大为加强。也就是说，善后工程基本上由韩国钧全面承担。

当然，作为一个党治政府，国民党当局不会像北洋时期那样将治运完全交由士绅主导。况且在水灾善后的背景下，事实也不允许。因此，在看到“绅办”一面的同时，也要看到“官督”的一面。此时，驻扬办事处依然隶属于善委会，要向善委会及省政府负责。这就意味着省政府对其拥有督导之权。这种督导是有实质内容的。关于省政府与韩国钧的关系，徐鼎康曾经指出：“省府对止老责备甚严，有事仍要此老相助。”[②] 这一说法完全属实。材料显示，来圣庵堵口于 1932 年 3 月和 9 月两次溃决，江苏省政府甚至一度要求韩国钧赔修。[③] 这可能也是韩国钧后来不愿担任新设的江北运河工程局局长一职的深层原因。

概言之，“官督绅办”体制兼具“官督”和“绅办”两个层面。它既不同于督办局时期的士绅治理，也不同于水灾前的“官僚化”管理体制，对“官”与“绅”、省政府和治运机构之间的权力进行了重新分配。这种体制一方面发挥了士绅的在地优势。韩国钧作为地方士绅，与运河利害相关，其责任意识非一般官僚可比。他在江苏地方社会拥有较高的声望和宽广的人脉关系，由他主持善后工程，有助于筹集经费、召集人才、疏通民意。另一方面，避免了“官僚化”时期缺乏监督和治运机构职权不足两大问题，为善后工程的顺利完成提供了保障。而善后工程的完成反过来又巩固了“官督绅办”新体制。

随着善后工程逐步完成，设置常设治运机构的问题提上日程。经过此次水灾，常设治运机构必须提高职权、增强独立性已成为共识。早在 1931 年 8 月 20 日，兴化等县代表在国民党江苏省第二次全省代表大会上就提出：运河工程应有独立机关主管，才能指挥灵便；局长一职应提高地位，由中央简任熟悉河务人员充任；等等。这个提案获得通过。[④] 9 月 17 日，

---

① 《江北运河工程善后委员会驻扬办事处会同工款处为修复堤工事项订定支付工款办法》，《运工周刊》第 1 期，1932 年 4 月。

② 《徐鼎康致韩国钧函》（1932 年 1 月 13 日），载江苏省档案局编《韩国钧朋僚函札史料选编》，第 616 页。

③ 《江北运河难工修复经过》，《申报》1932 年 12 月 27 日，第 9 版。

④ 《苏省二全代会会议纪》，《申报》1931 年 8 月 21 日，第 11 版。

监察委员高一涵、参事洪兰友在调查水灾情形后，特别强调了治运机构职权太低的问题。[①] 更为重要的是，驻扬办事处主持复堤工程的成功以实践经验证明治运机构拥有独立职权的必要性。根据上述意见和实践经验，1932 年 5 月 17 日，顾祝同在省政府委员会上提议设立江北运河工程局，并获得通过。按照规定，江北运河工程局直隶于省政府，负责实施运河工程、修防运河堤堰、疏浚通海各港。采用局长制，局长由省政府呈请国民政府任命。局长之下设秘书一人，以及工务、事务两科，秘书、科长均由局长呈由省政府荐任。江北运河工程局还可以设评议会，由局长聘请地方公正热心人士为评议员。此外，地方行政机关及驻军对运局执行职务有协助保护之责。[②] 相比于水灾以前，新机构不仅层级较高而且具有较为独立的人事和管理权，职权大为提高。

以韩国钧等人在运河善后中的功绩，局长人选非他们莫属。还在酝酿组建江北运河工程局时，顾祝同就力邀韩国钧担任局长，但被后者以精力不济为由回绝了。[③] 据《申报》报道，江苏省政府随后锁定徐鼎康和王宝槐二人。[④] 最终，徐鼎康担任了局长一职。1932 年 7 月 1 日，江北运河工程局恢复成立，徐氏正式视事。[⑤] 徐氏被选为局长还有一段插曲。据其回忆，在江苏省政府正式开会议决之前，徐氏已成为唯一人选。当时他正卧病在床，因此向韩国钧表示，如果省府决定任命他为局长，请韩氏代为转达辞意。但“止叟弗为达，命遽下”[⑥]。这段材料表明，韩国钧希望看到徐氏担任局长一职，以维系士绅的影响力。徐氏心领神会，他就任局长后，重组评议会，聘请韩国钧、马士杰、王宝槐等人担任评议员。[⑦] 至此，一度沉寂的传统士绅重新掌握治运机构的行政和议政权力，江北运河“官督绅办”体制最终确立。

---

① 《江北堤防委员高一涵参事洪兰友复查报告书》（1931 年 9 月 17 日），载高大同编《高一涵监察工作文选》，第 401 页。

② 《组织江北运河工程局之提案及其规程》（1932 年 5 月），《运工周刊》第 10 期，1932 年 6 月。

③ 韩国钧：《止叟年谱》，第 78 页。

④ 《苏省府组运河工程局》，《申报》1932 年 5 月 29 日，第 7 版。

⑤ 《江北运工局成立》，《申报》1932 年 7 月 2 日，第 11 版。

⑥ 徐鼎康著，徐濬彦、徐源彦、徐滁彦校订《徐鼎康先生文存》，第 73 页。

⑦ 徐鼎康：《呈省政府（为遴选江北运河工程局评议员名单由）》（1934 年 8 月 29 日），《江北运河工程局年刊》第 2 期，1935 年 3 月。

四　结语

江北运河在区域经济社会发展中占据重要位置，其治理受到各方的广泛关注。在南京国民政府时期，江北运河治理经历了从“官僚化”到“官督绅办”的转变。这一转变貌似具有偶然性，但追根究底是国民党地方政权建设失败的产物。国民党执政后，江苏省建设厅迅速从地方士绅手中夺取治运主导权，在扩张国家权力方面取得极大成功。不过，国家权力的扩张并不意味着国家基础权力的增强。建设厅没能建构起有效的治运体制，导致1931年水灾的发生，从而为传统士绅的回归创造了条件。建设厅失败的根源在于“官僚化”。在“官僚化”治理格局中，有效监督机制的缺失导致权力的滥用，治运机构独立职权的缺失导致运转失灵。“官督绅办”是对“官僚化”的否定。它一面恢复监督机制，上有省政府的监督，下有地方士绅的监督；一面提高治运机构的职权，使其能够独立运行，因而取得较好的效果。这表明，一定的监督机制和独立性是治运机构高效运转的必要条件。

有学者指出，近代以来地方水利事业整体上经历了由士绅主导到国家化、技术化的转承，并认为这一进程在南京国民政府时期就已经完成。[①]这一结论不适用于江北运河。本文的研究表明，传统士绅群体虽然濒于整体性衰落，但是依然具有很强的社会影响力，依然可以在地方社会取得“领首”的位置。凭借这种社会地位以及丰富的政治和管理经验，他们把握时机，逐步成为江北运河治理的主持者，并借此重新回归地方政治舞台，成为影响地方政治的一支重要力量。对这一时期传统士绅的社会地位和作用似有再评估的必要。当然，从长远来看，传统士绅的没落和国家权力的扩张是一个不可避免的过程，治运事业彻底国家化只是时间问题。本文的意义在于进一步揭示近代中国水利事业转型的复杂性。江北运河的案例显示，近代水利转型并非直线行进，也并非遵循着同一个模式。在不同的地域社会，水利工程的规模、地方士绅的行为和地方政权的建设等都影响着某一项水利事业转型的具体进程。深刻认识这种复杂性，对于深化近

---

① 陈岭：《清末至民国江南水利转型与政治因应——以常熟白茆河为中心》，《江苏社会科学》2017年第4期。

代中国水利转型研究是有益的。

The Formation of *Official Supervision and Gentry Management* in Jiangbei Canal during the Period of Nanjing National Government

Xia Lin

Abstract: During the period of Nanjing National Government, the management of the Jiangbei Canal underwent a transformation from bureaucratization to official supervision and gentry management. The new Kuomintang regime quickly seized the power of governing Jiangbei Canal from local gentry. But bureaucratization led to the lack of effective supervision mechanism and independent powers of management institutions, which resulted in abuse of power and malfunction of operation management institutions. Flood in 1931 have triggered a new round of power restructuring. Faced with the arduous task of rehabilitation, the pressure of public opinion and the pressure of the traditional gentry, the Jiangsu Provincial Government was forced to re-employ the gentry and improve the powers of the governing organs, which formed a new system of official supervision and gentry management. The success of the traditional gentry in presiding over the re-embankment project further consolidated the system and made it continue for a long time. This process reflects the failure of Kuomintang's local regime construction and the complexity of modern water conservancy transformation.

Keywords: Nanjing National Government; Jiangbei Canal; Bureaucratization; Official Supervision and Gentry Management

（责任编辑：胡克诚）

明代临清军屯社区的营造与碧霞元君信仰

——以万历《碧霞元君庙记》碑的释读为中心

杨园章　马星宇　张　煜*

内容摘要　明代临清的人群组成相当复杂，移民及其社区的营造成为理解这座城市的重要命题。卫所移民作为一种特殊的移民形式，其社区营造与整合为理解临清地方社会提供了重要的视角。碧霞元君的信仰在临清十分盛行，且与运河及该地区的社区营造和人群有着密切的关系。就社区营造而言，修建庙宇、举行周期性仪式是实现社区整合的重要途径，因此本文通过对明万历《碧霞元君庙记》碑的释读和相关内容分析，呈现出临清移民社区营造的一个历史面相，也提供了理解临清碧霞元君信仰的一个与卫所有关的视角。

关键词　临清　移民　卫所　碧霞元君　社区营造

临清作为大运河上的重要码头城市，商业带来的庞大流动人口加之明初大量涌入的移民，使得该地区的人群组成相当复杂，因此移民及其社区的营造成为理解这座城市的重要命题。在各类移民中，卫所移民是明代一种特殊的移民形式，明廷在临清设有一卫，下辖六所。而由于明代卫所与州县军、民二元管理体系的存在，[①] 增加了临清移民社区营造的复杂性。

---

* 杨园章，北京大学历史学系博士研究生，主要研究方向为社会史；马星宇，北京大学历史学系博士研究生，主要研究方向为社会史；张煜，北京大学历史学系博士研究生，主要研究方向为社会史。

① 参见顾诚《明帝国的疆土管理体制》，《历史研究》1989 年第 3 期。

所谓社区营造就是一个社区自组织的过程。① 就历史上的移民社区而言，修建庙宇、举行周期性仪式是实现社区整合的重要途径，② 是理解和考察移民社区的重要视角。碧霞元君是临清当地重要的神灵信仰之一，已有学者围绕临清碧霞元君信仰展开了关于当地社区认同塑造和演变的讨论，主要集中在运河与该信仰的关系、作为塑造社区认同手段的信仰，以及明到清不同人群对该信仰的态度转变等方面。③ 关于临清卫所军屯社区营造、卫所与碧霞元君信仰的关系以及其他相关问题，目前尚无专文讨论。笔者于2019年7月在临清及周边村落进行田野考察时，寻得明万历二十三年（1595）《碧霞元君庙记》碑一通，该碑内容为进一步讨论上述问题提供了直接的史料支撑，有助于深化对临清卫所和该地碧霞元君信仰的研究。

一 《碧霞元君庙记》碑概述

《碧霞元君庙记》碑现存于今河北省临西县刘庄乡大营村碧霞元君庙外，④ 整体保存较为完好，局部有破损。碑阳的文字基本清晰，碑阴则有多处漫漶不清。兹转录碑文如下：

> 碧霞元君庙记
> 赐进士第礼部观政郡人汪承爵撰文
> 庠生吴邦彦篆额

① 罗家德、梁肖月：《社区营造的理论、流程与案例》，社会科学文献出版社，2017，第1页。

② 王守恩：《社会史视野下的民间信仰与传统乡村社会》，《史学理论研究》2010年第1期。

③ 相关研究参见郭福亮《运道与信仰：基于临清碧霞元君信仰的研究》，《泰山学院学报》2014年第5期；胡梦飞《神圣与世俗：明清时期聊城地区的碧霞元君信仰》，《历史教学问题》2017年第3期；胡梦飞《民间信仰与区域社会：以明清时期东昌府为中心的考察》，《江南大学学报》（人文社会科学版）2017年第3期；周嘉《运河名城临清碧霞元君信仰考略》，《中国道教》2018年第4期；周嘉《圣迹与霞光：临清泰山奶奶崇拜的历史人类学研究》，载李泉主编《运河学研究》第3辑，社会科学文献出版社，2019，第166~178页；胡梦飞《融合与互动：明清时期鲁西地区民间信仰述记》，《德州学院学报》2019年第3期。

④ 临西原隶山东临清，1964年，析临清县卫运河以西5个区设临西县，隶属河北省邢台市。在本文讨论的时间范围内，该庙所在地为临清州陈官营。大营村的碧霞元君庙位于村北，现存庙宇仅一间，庙内香案正中供奉着主神碧霞元君。据当地村民回忆，现存的庙宇是在原有老庙基础上重建而成的。

郡人谭文焕书丹

夫元君者，东岱玉女神也。山川之神，五岳最巨，而岱为其宗。盖其位则东，其德则仁，其气则生，肤寸之云泽及万国，以故威灵烜赫，祸福震耀于人。作镇一方，则四方士民莫不仰止，于此祈嗣，于此祈年，于此祈安，岁时登临。虽荒犷悖傲，咸知严惮，居其方者，可知已。第意望无常祈求，民所时有，动举趾数百里外，未能数数然也，往往作庙其地，求辄祈，祈辄应。盖神无弗在，敬则存也。

临清州治之西二十里为陈官营，其乡耆李仲仁等各捐赀创建是庙，为门为殿，涂以丹垩，缭以崇墉，经岁而告成。虽非宏措哉，亦称壮丽也，于栖神足矣，因问记于余。余维昔帝王受命，告代必于泰山；功成道洽，符出刻石，纪号昭姓，考瑞必于泰山；巡狩朝会，紫望协度，必自泰山始，载在诗书，可考镜焉。总其归指，罔非为民。君为民而礼，允犹告虔，不称劳也，民之自颁，急于君矣，奈何忘祀？故自是庙作，会见此一方人睹庙貌而奔走，朝□维便矣。

事者曰祷，祷者曰福，神之灵祐愈显矣。以祐后焉，将户庆□男，无忧独乎？以祐田焉，将五风十雨，年谷顺成，无螟螟乎？以祐身焉，将少者悦豫，老者宁康，无疹厉乎？则是祀也，非淫祀矣。此固作庙者请记之意耶，且也后□人倘亦同乎作者之意，绵其修葺，时其享献，庶几哉。无匮神乏祀，以受福无疆也，或于斯记也者有藉乎。余何取以□文辞也，于是乎记。

临清卫指挥使司军政掌印指挥同知王承恩、军政佐贰指挥佥事刘而安、军政佐贰指挥佥事李承宗、经历司经历（漫漶不清——引者）

中左所军政更番掌印千户许定宇、孙继祖、倪舒、本屯掌印（漫漶不清——引者）

本庙住持徐静冬。

皇明万历二十三年岁序乙未仲秋谷旦立。

碑阴漫漶不清，大致可释读如下文字，缺文处以省略号代替：

施碑善人：李仲仁、李成、李相、李府、陶仲元、陶仲□、□□□、乔文玑、乔文□……（该部分单独位于上方中偏左侧——引者）

……王□□、王嘉崇、王门□氏、王□、王□、王选、王□、乔保、倪□□氏、倪孝、倪□吉、倪□□、倪守桐、倪守思、倪守聪、倪应登、倪应科……乔仪、乔仲德、乔□□、乔门王氏、乔国郎、乔国□、乔国□……姚月、郭整、郭仲魁、郭茂、郭仲科、郭□、郭合、郭虎、张□□、张□、张门王氏、赵□□、□□□、□□□、李岳、李□、李□、周□男、周□□、周□□、周天禄、周天□、周天□、周子□、周子□、陶仲□、陶应□、陶应郎、陶仲□、□门□氏、郭□、郭□、唐仲□、唐□魁、唐□节……吕凤、吕门王氏、吕门尹氏、吕□仁……曹应选、曹应□、曹□□、曹门张氏……临清州善人：□举、□美、王□□、王天保、郝□……郭堂、郭虎、王亮……马守□、□□□、吴□……谭家庄：谭官乔氏……谭门刘氏、谭门赵氏、谭门乔氏；□家庄：……临清州善人在城住：刘□□、刘□□……刘永□、刘□□、刘天□……孟家庄善人：王□□、□□商、赵□□、赵□□、赵东海、王思孝、王登科、□□□、王思□、王虎、王思□、王官、王□、王……付家庄善人：孙万誉、郝万良、付现、于应鲜、张□、解□……于家庄：于门□氏……

从碑文中可以看出，在明万历年间的临清陈官营，以李仲仁为首的乡耆召集周边村落的人群捐资修建了一座碧霞元君庙。通过碑文中各类身份不同的人，我们能够对这座碧霞元君庙所辐射的社区与人群有大体的了解。首先，碑阳所载参与立碑的均为临清卫武官，大到临清卫掌印指挥同知王承恩，小到“本屯”的某掌印武官（百户）。而参与此次修建的人，也就是碑阴题名中的人员，除本地人外，还有来自周边村落（如谭家庄、孟家庄、付家庄等）和临清州城中的人。其次，该碑文的作者、篆额、书丹之人也值得考察。关于碑文的作者汪承爵，虽然他在临清的地方志中没有留下传记，但从其他记载里可知此时他刚考中万历二十三年（1595）的进士，正在礼部观政。那么乡耆李仲仁只是因为其为临清出的进士，所以邀请他来撰写这篇碑文吗？在考证汪氏生平的过程中能够发现，除进士这一身份外，更重要的是他与临清卫的关系。从万历乙未科进士题名录里可以查到：“汪承爵，山东东昌府临清卫籍”[①]；而该科进士履历便览提供的

① 朱保炯、谢沛霖编《明清历科进士题名录》，（台北）文海出版社，1981，第1064页。

信息则表明，他祖上三代没有任何人获得功名；[①] 在万历《南安府志》里明确记载：“汪承爵，字仲修，临清籍歙县人，进士，万历二十三年知南康。”[②] 综合上述信息，汪承爵的另一个身份是临清卫的卫所军户（而非州县军户），而且很可能和临清卫下较为特殊的中左所有关。正是由于这种特殊的身份，“郡人汪承爵”不再是简单的汪氏对临清人的自我标识，还指向他与临清卫间特殊的关系。至于篆额的吴邦彦，笔者只查到他是临清人，岁贡，曾于万历四十五年（1617）六月任山东巨野县训导。[③] 而书丹的谭文焕，生平履历不详。

除碑文中出现的各类人员外，在碑阳文后有“中左所”“本屯掌印”等字样，与文中的“陈官营”共同揭示了碧霞元君庙修建背后的历史背景。据史书记载，明初临清原有一千户所，“临清卫指挥使司，旧惟中左一所，明景泰初调济宁左卫五所合之”，在屯地分布上，中左所和后来的五所距离较远，“左右中前后五所军屯四十，在济宁、嘉祥、巨野、郓城、鱼台、滋阳、邹县。中左所军屯八，在临清、清平”[④]。而中左所的屯地又主要集中于临清境内，“卫地设自明初，县境共有六屯，曰位伍，曰洪伍，曰西李伍，曰陈伍，曰南李伍，曰宫伍”[⑤]。结合今大营村李氏族谱的说法，“始祖讳越，从山西洪洞县迁至山东临清州大营，即陈伍屯，又名陈官营居住”[⑥]，可以明确碑文里的陈官营也就是临清卫中左所辖下陈伍屯，后来才改名大营。因此，“本屯掌印”百户之类的官员，指的就是陈官营的长官——临清卫中左所某百户。用卫所武官姓氏命名军屯聚落是明代常见的情况，不过，囿于材料，我们无法确定建庙立碑时本屯百户是否还由陈姓后裔承袭。

综上所述，我们看到碧霞元君庙、碑所在地陈官营属临清卫中左所下辖屯地，且碑文的作者、出面参与建庙立碑的官员都与临清卫有关，共同表明该庙的兴建与临清卫中左所之间关系紧密。与此同时，碑阴捐款题名人员还来自周边村落，说明该庙不是中左所军屯系统的独有物，它还是一定范围内村落间关系的历史产物和现实反映，换言之，它呈现出明代临清

---

① 《天一阁藏明代科举录选刊·万历二十三年进士履历便览》，宁波出版社，2006，第23b页。

② 万历《南安府志》卷18《宦迹·郡邑二》，明万历刻本，第6a页。

③ 万历《巨野县志》卷3《职官志》，国家图书馆地方志家谱文献中心编《孤本旧方志选编》，线装书局，2004，第8册，第276页。

④ 康熙《临清州志》卷3《兵防》，清康熙十三年刻本，第2页。

⑤ 民国《临清县志·经济志·田赋》，民国二十三年铅印本，第3b页。

⑥ ［河北临西］《李氏宗族谱·序》，2007年大营村李氏族谱续修委员会排印本。

移民社区营造历程的一个侧面。

二 移民、庙宇与军屯社区营造

曹树基对明代移民的研究指出，明初山东西部是重要的移民迁入地，东昌府是明代初年山东人口分布最为稀疏的地区。曹氏结合《明实录》、地方志和谱牒资料，证实了在明朝初期，东昌府接收了大量来自省外和山东东部地区的移民。仅就洪武年间来看，东昌府的移民已占总人口的70%强，东昌府是“一个人口重建式的移民区”。[①] 而山西洪洞大槐树传说是移民史的重要课题，山东聊城地区各市、县（亦即明清东昌府）正是山东传布该传说最广的地区之一，村落中普遍流传着洪洞大槐树的传说。在对该传说的研究中，赵世瑜提示说以往研究者引述《明实录》时大多未曾注意到洪武年间华北移民政策的落实多由后军都督府来完成，与卫所系统有密切关联。[②]

上述研究表明，临清所在的东昌府是明初大量移民的迁入地，加之临清作为大运河重要码头城市，五方杂处，移民社会的特征相当明显，整合不同群体以营造新的社区关系是无法回避的话题。而与移民有密切关联的卫所——临清卫中左所的存在，又为这一话题增加了新的内容。如前所述，碧霞元君庙的兴建反映了作为卫所军屯社区的陈官营与周边村落的互动，这成为我们观察临清移民社区营造的一个特殊视角。

关于临清卫中左所（原临清千户所）的设置过程，郭红有详细的论证：

> 《英宗实录》载正统十一年二月“巡抚山东大理寺右寺丞张骥言三事：……临清坐聚蕃庶，狱讼有连军民者，必会平山卫首领官鞫之，首领官有他故，即以属千百户，此辈法律不闲，倒置是非，其弊甚多。宜易临清千户所为守御千户所……以便会鞫”，始设临清守御千户所。原治于临清的千户所当为平山卫的一个普通千户所，遇事要经平山卫处理。临清守御千户所的隶属情况史书无载，既是为了处理事务的方

---

① 详见曹树基《中国移民史》第5卷《明时期》，福建人民出版社，1997，第160～172页。

② 详见赵世瑜《说不尽的大槐树：祖先记忆、家园象征与族群历史》，北京师范大学出版社，2018，第110～113页。

> 便而设，疑其直隶于都司。正统十四年十一月“徙山东济宁左卫于临清，改为临清卫，以临清守御千户所隶之”。卫隶山东都司。①

“临清卫，旧惟中左一所，景泰初以防胡，迁济宁左卫合之”②，虽然临清多出了一个卫，但由于其为原济宁左卫改调，临清周边可开垦土地稀少。“镇守临清平江侯陈豫奏：临清卫开设衙门，改调济宁卫所，官军俱至，但地窄人稠，屯田数少，切见临清与济宁一水之便，欲令仍旧于济宁屯种、办收子粒。从之。”③ 临清卫五所军屯社区与临清民人社区间并不直接发生关系，而且明朝人对这种安排早已提出批评：“临清改卫，只以官迁，而卒若屯越在五百里外，即有于迈，夫谁与从？识者谓之无卫，非虚语也……平山卫接壤而近，移而实之，兵备副使齐公之鸾尝先事为图矣。”④ 这也再次说明临清卫五所屯军与临清民人较少互动，而反衬出中左所的特别。此外，根据《临清州志》的整理，临清卫五所与中左所不仅在屯地分布上有所区别，连在京操军、运粮军、屯粮征收等方面都是分开核算的，两相对比，在一些项目上，中左所承担的额度较左右中前后五所的平均数或持平或偏高。⑤

在上述临清卫屯军的背景下，让我们回到碑文本身，进一步讨论陈官营社区内部军民关系，军屯与庙宇的关系，以及军屯与周边民人社区间的互动。

前引民国《临清县志》载，中左所有八处屯地，其中临清县境内有六个卫所军屯：位伍、洪伍、西李伍、陈伍、南李伍、宫伍。另外两处在清平县境内，“城西北六十里元伍屯、城西四十五里孙伍屯（二屯今亦曰营），向为临清卫所辖，惟狱讼事件属清平办理”⑥。与民人社区不同，卫所军屯社区有其特定的组织模式：

> 明代军事屯田的生产组织是以“屯”为基本单位。一屯有若干人或若干户。一般言之，屯的基层组织是“屯所”，即“屯田百户

① 郭红、靳润成：《中国行政区划通史·明代卷》，复旦大学出版社，2007，第684页。

② 顾炎武：《肇域志》，谭其骧、王文楚、朱惠荣等校点，上海古籍出版社，2013年重印本，第882页。

③ 《明英宗实录》卷202，景泰二年三月丙午，“中研院”历史语言研究所，1962年校印本，第4323页。

④ 顾炎武：《天下郡国利病书·山东备录下·临清志》，黄坤等校点，上海古籍出版社，2013年重印本，第1704页。

⑤ 康熙《临清州志》卷3《兵防》，清康熙十三年刻本，第1~2页。

⑥ 民国《续修清平县志·舆地·区治》，民国二十五年铅印本，第21a页。

> 所”。……卫中屯田的管理组织，也和卫的组织相同。……明代屯田百户所百户以下，还有总旗（二名）和小旗（十名）。……总旗、小旗在某种意义上来说，像是民户里甲制度中的“里长”“甲长”。所以在屯田组织中，总旗、小旗又称“旗甲”。①

这套组织在碑阳卫所武官的题名“中左所军政更番掌印千户许定宇、孙继祖、倪舒、本屯掌印（漫漶不清——引者）”清晰可见。至于建庙发起人“乡耆”李仲仁的身份则是讨论陈官营内部军民关系的一个线索。

在当地李氏族人的祖先记忆里，碑上的李仲仁是他们的二世祖：

> 李氏宗族至始祖讳越，从山西洪洞县迁至山东临清州大营，即陈伍屯，又名陈官营居住，勤俭艰苦，劳动耕种田地数十亩，因此兴家立业，为我李氏发民之始。二世祖讳仲仁，组织捐资建庙祈福，为四方士民。八世祖讳振修，行三，幼读诗书，聪明过人，善于运输，因此清朝任用赴南北运河运粮官员之职，因其运粮有功，清皇赐军地八份，每份二百亩，共计一千六百亩，只拿小粮，不拿正贡，自种自吃。②

据其族谱所载世系，前四代皆单传，李仲仁有子李府，正是碑阴里单列的“施碑善人”之一。如上，李氏明后期才迁入陈官营，第二代即有能力出面“组织捐资建庙”，至第八代成为漕运卫所的运军。根据他们的叙述，李氏在明后期是民人，入清后方转为军籍。这里存在诸多疑问，也有多种可能。如李仲仁是否真为今日李氏先祖？作为“乡耆”的第二代出面捐资建庙的可能性有多大？卫所屯地里庙宇修建为何由一个民人来组织？

清初山东“军徭重于民徭”③，确有大量军户逃亡并改为民籍的情况，如临清东柴庄庞庄沈庄王氏，“祖居运河西三十间瓦房，原著军籍。明末，寇盗蜂起，赋役繁苛，民不堪命，而军户尤烈，为避苛役，始祖王道‘东迁于柴家庄，入民籍焉’”④。民人也可通过租佃、买卖屯田等方式占有屯

① 王毓铨：《明代的军屯》，中华书局，2009，第186、200~201页。

② ［河北临西］《李氏宗族谱·序》，摘自1963年修谱序。

③ 《山东巡抚耿焞揭明军徭重于民徭之例未便更易》，顺治十六年闰三月（日不详）之四，载张伟仁主编《明清档案》第34册，（台北）联经出版事业公司，1986，B19084。

④ 临清市地方史志办公室编《临清姓氏志》，天马出版有限公司，2006，第45页。

田，在重新整顿漕运秩序时转为军户。结合赵世瑜对移民传说的研究：

> 腹心地区的移民传说具有不同的特点，他们没有塑造中原身份的动力。在我看来，这可能是由于清初乱后，北方土地占有剧烈变更、卫所制度裁撤，屯田、民地、旗地纠缠不清，故为重申地权而创造出来的身份确认的产物，即强调自己是明代军户。①

李仲仁是否真为今李氏先祖我们不得而知，重要的是李氏族人如何讲述他们的身份，他们强调的是清代成为运军，而非明代军户后裔。显然，后者更有利于他们占有土地和资源。碑文中只突出李仲仁“乡耆”身份，而对其军屯旗甲的身份只字不提。

由此可以推测，李仲仁很可能是军屯里的民人。因此，碧霞元君庙的修建，是卫所军屯社区内军民间的一种合作。根据汪承爵的描述，该庙可被视为当地社区的社庙，换言之，不同背景的移民在明万历年间的陈官营共同建造了一个他们社区的庙宇。

庙宇与卫所军屯社区间的关系在临清旁边的德州卫、德州左卫军屯社区里也有所体现，如明成化年间德州左卫陈官营的普善寺：

> 普善在临清东南三舍许……成化丁酉冬，沙门真灵时□参礼名山，寻访耆硕，道经□玄因挂锡焉。里人崔福胜者首倡于众，施地数亩……向者如市，众以其庵狭隘，不足以称弘扬佛法。于是善士卢福智舍地若干亩愿充常□，德州左卫挥使李雄率诸僚家各捐俸，且募……②

陈官营地在清平县，但为德州左卫下辖屯地，“普善寺，在陈官营，德州卫所辖”③。在清平县舆图（见图1）里，陈官营也被专门标识为“德州卫陈官营”，说明陈官营与周边民人社区间彼此区别。“德州左卫挥使李雄”直接说明其上级武官的参与。嘉靖十四年（1535）进士卢宗哲，“贯直隶德州左卫，军籍，保定府涞水县人”④，再结合《临清姓氏志》所载陈官营

① 赵世瑜：《说不尽的大槐树：祖先记忆、家园象征与族群历史》，第110页。

② 张鸣凤：《敕赐普善寺碑记》（明正德三年），原碑现藏山东临清市博物馆。

③ 宣统《增辑清平县志》卷6《典礼》，清宣统三年刻本，第58b页。

④ 《天一阁藏明代科举录选刊·嘉靖十四年进士登科录》，第77a页。

卢氏的信息，[①] 普善寺碑文中的“善士卢福智”其身份很也可能是卫所军户。因此，普善寺的修建与德州左卫关联密切，故而，普善寺可作为陈官营的社庙。此外，我们还可通过德州卫屯地的名称来理解军屯社区与庙宇的关系：德州卫右所“二屯，即娘娘庙，故城，归并德州”“四屯，即四女寺，河北，原属德州”；后所“七屯，即老君堂，吴桥，归并德州”；中左所“四屯，即留智庙，景州，归并德州”[②]。庙宇成为屯地的别称，反映出该庙宇在当地社区的重要性。

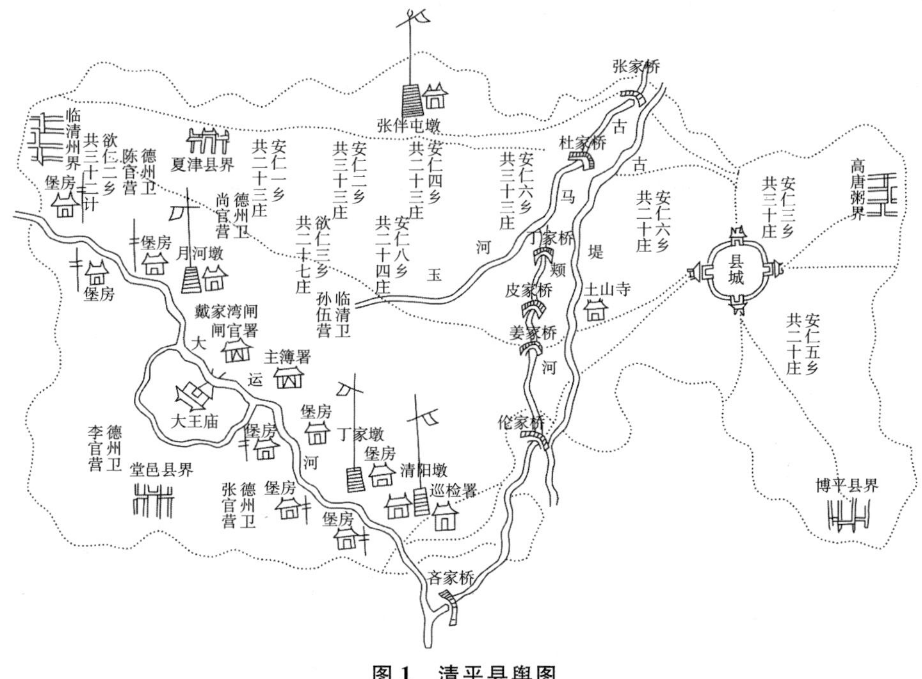

图1　清平县舆图

说明：据宣统《增辑清平县志》卷2《图说》制，第3b～4a页。另外，乾隆《德州志》记载德州左卫后所在临清境内有两处屯地：尚官营和陈官营（乾隆《德州志》卷4《疆域·卫屯》，清乾隆五十三年刻本，第26b页）。但结合《碧霞元君庙记》与清平县舆图来看，德州、临清各卫屯地标识相当清楚，尚官营、陈官营皆属清平县，乾隆《德州志》误。

卫所军户也是移民的一种，除却制度上设计的基层组织外，他们也需要兴建属于自己的社区庙宇，前述临清卫的碧霞元君庙、德州左卫的普善寺，以及德州卫的若干庙宇皆为军屯社区的社庙。它们成为凝聚不同移民

① 临清市地方史志办公室编《临清姓氏志》，第392页。

② 乾隆《德州志》卷4《疆域·卫屯》，第23b、25a页。

群体的重要公共空间和社会组织。

最后，再回到《碧霞元君庙记》碑阴题名上来观察陈官营与周边社区的关系。碑文题名除临清州城外，可辨识的地名有谭家庄、孟家庄、付家庄和于家庄。根据《临西县地名志》："大黄庄，原名谭黄庄。在明前叶，谭、黄二姓应诏由山西洪洞县来此占产立庄，以姓氏命名为谭黄庄。后来谭姓绝后，由黄姓更名黄庄。……（孟庄）该村为孟氏先祖孟增所建。明前叶，孟增从山西洪洞县诏迁来此立庄，以姓氏命庄名孟庄。……南付庄，原名傅庄。明前叶，傅氏祖先从山西洪洞县诏迁于此，以姓立庄，取名傅家庄，简称傅庄。"[①] 另外，通览题名信息，可以明显看出许多人来自某些特定的村落，甚至同个家族，比如倪、乔、周、曹、赵等姓氏。在《临西县地名志》里，我们也找到了大营村周边上述姓氏聚居的村落：倪庄、赵庄（周姓为主）、赵村、南曹村（原名曹村）、东张堤（原名中心古屯）和乔屯（原名乔家庄）。[②] 这些村落多数不属于卫所屯田系统，而是由其他移民组建的社区，经由碧霞元君庙的修建，将军屯社区与周边社区联为一体，体现出移民社区间的合作（见图 2）。

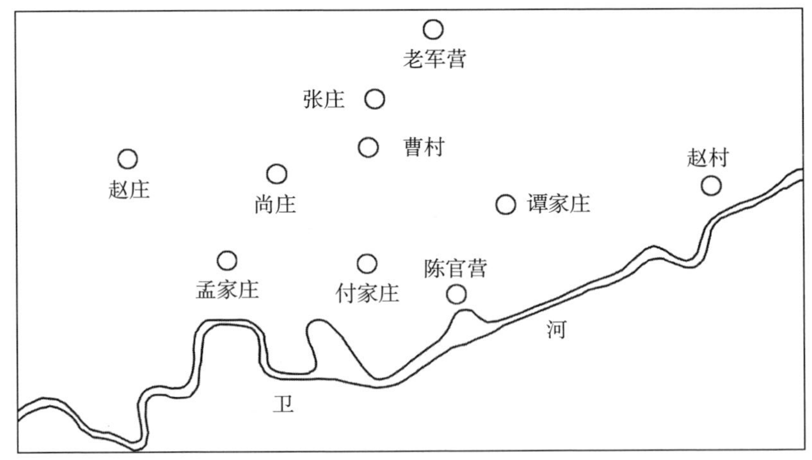

图 2　临西县部分村落分布示意

说明：据《临西县地图》改绘，相关地名据《碧霞元君庙记》碑阴题名、村落古地名稍做改动。

资料来源：参见河北省临西县地方志编纂委员会编《临西县志》，中国书籍出版社，1996。

---

① 河北省临西地名办公室编印《临西县地名志》，1983，第 189 ~ 191 页。

② 河北省临西地名办公室编印《临西县地名志》，第 107、150、160、188、193、194 页。

同时，还应看到，碧霞元君庙的修建背后仍有复杂的社区间的对抗。从图 2 可见，尚庄地处赵庄、南曹村（即曹村）、孟庄（即孟家庄）、南付庄（即付家庄）中间，离大营村（即陈官营）并不远，但在碑阴题名中无一尚姓或苏姓人士。从地名志提供的信息看，其直接原因与尚庄有自己的庙有关："后、前、东三个尚庄，原为一个村，统称尚庄。明前叶，尚氏先祖永山和苏姓应诏自山西洪洞县迁来占产立庄。并在庄居中修了一座'真武爷庙'。据庙钟文记载，兴建庙宇的有尚姓，也有苏姓。"① 与此相似的是老军营，它在大营村北面不远，当地群众保存的旧地契上仍注有哪块是"军地"，哪块是"卫地"，显然和军屯有密切关联，但靳姓、任姓亦不参与碧霞元君庙的修建，这应该还是和他们有自己的庙有关："解放前，村东头有座明初建的古庙，规模较大，前有山门，又有前大殿、后大殿，并有钟鼓两楼。庙内建筑与铸钟上都记有靳姓、任姓一些名字，群众习称靳姓、任姓为'老户'人家。"② 有无神庙背后是复杂的人群互动，有待进一步深入田野，发掘新的信息。

三　关于临清碧霞元君信仰的讨论

作为运河沿线的村落，临西县刘庄乡大营村也有碧霞元君信仰，现存的《碧霞元君庙记》碑文作为个案，能够丰富对运河地区碧霞元君信仰的研究。

关于运河与碧霞元君信仰的关系，郭福亮在其临清个案研究里辟专节讨论，他指出，"京杭运河的全线贯通和漕运的兴盛使运河沿岸的一些村镇发展为周边村落的政治、经济、文化中心，与此同时一些村镇也成为了碧霞元君信仰的中心"，并引述日本学者石野一晴的说法作为补充说明，"碧霞元君庙的普及过程有一个特点，那就是沿北京至江南的大运河路线扩散，在无锡等江南运河沿岸也兴建起碧霞元君庙"。③ 不论是郭氏胪列的运河边上的娘娘庙，还是周嘉的临清碧霞元君祠庙列表，④ 皆未涉及陈官营的碧霞元君庙。据图 2，陈官营地处卫河西浒，其附近河段是临清境内

---

① 河北省临西地名办公室编印《临西县地名志》，第 187 页。

② 河北省临西地名办公室编印《临西县地名志》，第 185 页。

③ 郭福亮：《运道与信仰：基于临清碧霞元君信仰的研究》，《泰山学院学报》2014 年第 5 期。

④ 周嘉：《运河名城临清碧霞元君信仰考略》，《中国道教》2018 年第 4 期。

“卫河第二险要处”①；又如前所述，陈官营碧霞元君庙与临清卫关系紧密，碑阴题名“临清州善人”“临清州善人在城住”等，表明该庙与城内特定人群也有关联，中左所下就有不少运军和京操军，或许与之有关。因此，陈官营的案例可作为前述研究的一种补充：一来卫河以西的信息较为稀少；二来因其与卫所的关系，可丰富我们对碧霞元君信仰在运河沿线传播的认识。

关于鲁西地区信仰与地域社会关系的讨论中，胡梦飞在其系列文章里对临清碧霞元君的祭祀活动有细致的描述，将信仰研究置于地域社会整合的历史背景下加以理解。② 针对信仰与社区认同的关系，他总结说：“神灵受到社区成员的共同信仰，是社区生活的神圣象征。庙宇的修建使得社区居民得以广泛参与，并在活动中分工协作。通过共同修建庙宇，既加深了全社区居民的共同信仰，又培养了其对社区集体的认同感与归属感，增强了他们的社区观念与合作意识。因此，它是村落社区组织整合的一种手段。”③ 在陈官营的案例，我们看到的是明代卫所军屯社区营造的一个侧面，这里不仅有军民系统的互动，还有一定区域内村落间的整体关系，“祭祀圈”④ 背后的人群整合和地域社会认同是以往对碧霞元君信仰研究的关注点。与此同时，通过碑阴题名所涉村落范围、周边村落的“缺席”及其有无庙宇，共同指向陈官营与周边社区、人群间的某种对抗，这点前述研究较少涉及。

一般来说，碧霞元君信仰在明中期已具有相当影响力，嘉隆以降，其信仰进一步深入民间。⑤ 陈官营碧霞元君庙建于万历年间，正是其信仰在民众中大为盛行的阶段。但在碑文里，汪承爵强调说，“则是祀也，非淫祀矣”，引出不同群体对崇祀碧霞元君信仰的差别对待及其解释话语和逻辑，代洪亮和吴欣都对这方面有所关注。如代洪亮归纳，“就碑记内容和

① 民国《临清县志·疆域志·河渠》，第18b页。

② 胡梦飞：《神圣与世俗：明清时期聊城地区的碧霞元君信仰》，《历史教学问题》2017年第3期；胡梦飞：《民间信仰与区域社会：以明清时期东昌府为中心的考察》，《江南大学学报》（人文社会科学版）2017年第3期；胡梦飞：《融合与互动：明清时期鲁西地区民间信仰述记》，《德州学院学报》2019年第3期。

③ 胡梦飞：《融合与互动：明清时期鲁西地区民间信仰述记》，《德州学院学报》2019年第3期。

④ 祭祀圈即“是一个主祭神为重心，信徒共同举行祭祀所属的地域单位。其成员则以主祭神名下之财产所述的地域范围内之住民为限”（许嘉明：《彰化平原福佬客的地域组织》，《“中央研究院”民族学研究所集刊》第36期，1973年9月）。

⑤ 王元林、孟昭锋：《论碧霞元君信仰扩展与道教、国家祭祀的关系》，《世界宗教研究》2010年第1期。

碧霞元君庙宇的分布来看，明清时期的士绅集团中的大部分基本上积极参与到碧霞元君信仰中去，成为碧霞元君信仰的主体之一。然而，明代的士绅集团中就已存在着不同的声音，并且这种声音有一直增强的趋势”①。吴欣通过分析七级镇从明隆庆三年（1569）到光绪二十二年（1896）间五次修建泰山行宫的五通碑刻，指出“当地泰山奶奶信仰连续性的变化过程”，由此观察“信仰文化及人群的世变”。吴氏认为这些碑刻反映了当地泰山奶奶信仰的两个主要变化，“不同时期的碑刻书写者对泰山奶奶的来历与身份认同并不一致”，或者说，“同一信仰有不同的叙说版本”②。那么，在汪承爵这里，会如何解释陈官营建庙的意义？

汪氏开宗明义，直指元君与泰山的关系，“东岱玉女神也”，这与吴欣所述七级镇的明代碑刻的认知基本一致，符合当时流行的说法：“东岳内宫，曩时现玉女之身，根本即帝真之相。”③ 而后，汪氏由泰山“其位则东，其德则仁，其气则生”的属性延展开来，采用一种带有普遍性的崇祀碧霞元君的描述来引入建庙的必要。正因为老百姓“求辄祈，祈辄应”，所以有为其修庙的必要性。“盖神无弗在，敬则存也”一句表面上是顺接前文，说百姓敬神则神明庇护，但若将其与明末山东著名学者刘敕的说法结合起来，或许还有些许新的理解。“环宫淫宇遍于天下，名曰泰山行宫，夫元君主泰岳之神，而曰行宫者何？盖神之在世上，如水之在地中，无有而无乎不有也，况人心有其诚，则有其神，又无在而无乎不在也。”④ 碧霞元君是泰山之神，按理则应祭祀于泰山，那么，各地修建“行宫”的合理性何在？按他们的说法，神无处不在，人与神的关系维系在“敬”、在“诚”，因为人心向神，故而神可在地方的庙宇里显灵。换言之，通过人心之敬指向神明，因神明的均一性进而将地方庙宇与泰山相关联，如此，则地方上的庙也可以是“泰山”。

在简单描述了陈官营兴建碧霞元君庙的经过后，汪氏继续阐发其对建

① 代洪亮：《正统文化与民间文化的互动：明清士绅关于泰山碧霞元君信仰的不同态度分析》，《济南大学学报》（社会科学版）2013 年第 4 期。

② 吴欣：《“奶奶”的庙：女神信仰的世变与势变——以鲁西区域社会为中心的研究》，《民俗研究》2016 年第 6 期。

③ 吴欣：《“奶奶”的庙：女神信仰的世变与势变——以鲁西区域社会为中心的研究》，《民俗研究》2016 年第 6 期。

④ 刘敕：《碧霞元君行宫记》，载王晶、张幼辉编著《济南巨观华阳宫》，济南出版社，2008，第 106 页。

庙合理性和必要性的观点。他胪列一系列必须到泰山完成的天子重要的礼仪活动，指出其根本是“为民”，既然君主为了百姓的福祉去泰山进行祭祀，尚且不敢抱怨辛苦，那么相对君主而言，老百姓为了自己祈祷当然是更为迫切的事，怎么反而能不去祭祀呢？该庙修建的必要性就不言而喻了。汪氏继续谈道，老百姓去庙里祭祀、祈祷，神明将保佑他们儿孙满堂、五谷丰登、身体健康，既然崇祀碧霞元君给地方和人们带来的是幸福康宁，那么，毫无疑问，这种祭祀行为是合乎天理民心的，它不应被认为是“淫祀”（即便当时不是官方标准化的崇祀对象）。在通篇碑记里，汪氏对建庙崇祀碧霞元君一事持赞成态度。

碑阳题名出现了临清卫的部分武官，表明该庙修建带有一定的官方色彩。但与常见的官方捐资或参与修建的庙宇不同，在这里无须特意去强调庙宇修建与神道设教间的关系。如万历年间时任冠县知县的谈自省出资重修真武天王祠，其目的就在于恢复他认为合理合法、有助教化的庙宇来同民间“习无为、白莲者”竞争，实现“拔赵帜树汉帜，因势利导，而转移人心”[①]。又如，在孙绪给嘉靖年间故城县新建碧霞元君庙所做的碑文里，借由礼学层面的讨论来论述建庙的合理性和必要性，“顾其为说虽幻哤，要在诱人于善，大诱人于善，法令千章而不足，善因一言而有余……因其慕诱之以善端，因其畏怵之以阴祸，以窃比淑人心、翊世教之土苴耳”[②]，总归仍是神道设教的逻辑。或是由于汪承爵与临清中左所的特殊关系，或是卫所武官对教化民众并无热情，他们无须使用教化的话语来阐述陈官营建庙的合法性。

最后，明人方元焕的《重修碧霞宫记》是研究临清碧霞元君信仰时引用最多的史料，多被用以论述有明确记载的临清最早的碧霞元君信仰，及其与徽商的关系。此外，还应注意到该信仰与庙宇及卫所的关系。据乾隆《临清州志》的说法：

娘娘庙即碧霞宫，在广积门外。原有旧宇，明正统四年，守御千

① 谈自省：《冠县重修真武天王祠记》，万历《冠县志》卷 6《艺文・碑记》，中国国家图书馆编《原国立北平图书馆甲库善本丛书》，国家图书馆出版社，2013 年影印本，第 331 册，第 1127 页。

② 孙绪：《新建碧霞元君行祠记》，载蒋维锬、郑丽航辑纂《妈祖文献史料汇编》第 1 辑《碑刻卷》，中国档案出版社，2007，第 56 页。

> 户所吴刚置地扩之，前为广生殿，有门，有坊。嘉靖十九年，道士刘守祥募众附建三清阁于后，曰“玉虚真境”，下为真武行祠。昔年每月朔望，士女为婴儿痘疹祈安，执香帛拜谒。亦有市。今寥寥矣。明州人方元焕《重修碧霞宫记》云：“宫州凡四焉，其在城西最壮，又创之远也……黄君大本洎诸歙商慨之，程材鸠佣……宫始正统辛未，吴将军者祈于元君而嗣，因筑之……”①

按方元焕的说法，该庙始建于“正统辛未”，但正统无辛未年，故清代修志者将其判定为讹误，改为己未年（即正统四年，1439）。但景泰二年（1451）就是辛未年，嘉靖年间撰文以正统替换景泰年号，符合当时的情况，此为清人误改。此外，方氏本人就是明嘉靖版临清志的作者，他说该庙始建于吴将军之手，较清乾隆志说“原有旧宇”应更为可靠。景泰二年，已调济宁左卫改为临清卫，因此，该吴将军很可能是从济宁来的卫所武官，那么，临清最早的碧霞元君信仰很可能是由卫所武官从济宁带来的。而如果清代修志者掌握了更早的材料，证明的确是在正统四年由守御千户吴刚“置地扩之”，这也颇耐人寻味。前文已提及，当时临清只有一个守御千户所，即后来的临清卫中左所，临清城内碧霞元君庙与城外中左所军屯地陈官营的神庙之间又存在着怎样特殊的关系？这仍有待进一步的史料发掘。

四　结语

陈官营《碧霞元君庙记》碑为我们理解临清卫所军屯社区营造、卫所与碧霞元君信仰的关系以及其他相关问题，提供了宝贵的直接史料。

通过对该碑的释读，在军屯社区营造方面，可以发现临清卫、德州卫、德州左卫屯地与碧霞元君庙、普善寺等相应庙宇的特殊关系，这表明庙宇修建也是军屯社区营造的重要环节；关于《碧霞元君庙记》与《李氏宗族谱》中李仲仁身份的讨论，则暗示着明后期陈官营内部军民间的互动；而不论是陈官营邻近村落在兴修碧霞元君庙一事上的参与，或者“有庙”村落的缺席，都反映了各类移民社区间的复杂关系，既有围绕庙宇而

① 乾隆《临清州志》卷11《寺庙志》，临清市人民政府编《临清州志》，山东省地图出版社，2001年影印本，第468页。

展开的合作关系，也有村落间的某种对抗存在。该案例与卫所间关联紧密，这为临清碧霞元君信仰研究提供了不同于以往研究对象的个案，具有一定的价值。至于方元焕《重修碧霞宫记》里临清最早的娘娘庙与卫所武官的关系，也再次提示了卫所、运河和碧霞元君信仰间错综复杂的关系，这仍需我们进一步发掘。

准此，对明万历临清陈官营兴建碧霞元君庙的分析，呈现出临清移民社区营建的一个历史面相，也为我们提供了理解临清碧霞元君信仰的一个与卫所有关的视角。

The Construction of Military Tillage Community and the Belief of Bixia Yuanjun of Linqing in Ming Dynasty: The Analysis of the Stone *Inscriptions of Bixia Yuanjun* in Wanli

Yang Yuanzhang, Ma Xingyu, Zhang Yu

Abstract: The composition of residents in *Linqing* was complicated in Ming dynasty, therefore immigrant and community revitalization are the key to understanding this city. And as a special kind of immigrant, immigrants from Wei-Suo and the communities they built reflect some aspects of local society. The belief of Bixia Yuanjun is popular in Linqing, and it also related with the people and the communities lived along with the canal. For community building, building temples and holding ceremonies are the vital ways to integrate the community. Using the stone *Inscriptions of Bixia Yuanjun* in Wanli, this thesis presents the period in Linqing's history that how the immigrant of Linqing built a community. Besides, it also gives us a perspective to learn about the belief of *Bixia Yuanjun* attached to Wei-Suo.

Keywords: Linqing; Immigrant; Wei-Suo; Bixia Yuanjun; Community Building

（责任编辑：胡克诚）

清代粮船水手的组织与“巢穴”*

张瑞威**

内容摘要 鸦片战争前的中国社会，生活在社会最底层，离乡别井，并且长年累月地在漕船上工作的水手，代表一种依靠提供体力劳动而获取工资者所组成的社会群体。这篇文章期望从历史档案中，重塑这些粮船水手的职场生活，尤其是了解他们如何在一个充满歧视的社会中生存。本文标题中的“巢穴”，是清朝官员对贼匪核心组织的惯常蔑称，同时使用在粮船水手的情况上。

关键词 粮船水手 罗教 庵堂

清朝社会对粮船水手这些“外省民工”是充满歧视的。虽然中国有所谓“士农工商”四大行业分类，但里面的“工”，是指工匠，而非这些撑船拉纤的工人。工匠与水手最大的分别是，前者是有户籍的，而粮船水手是脱离了乡间户籍系统的自由劳动者，因此成为清朝官府心目中的“无籍之徒”。这篇文章期望从历史档案中，重塑这些粮船水手的职场生活，尤其是了解他们如何在一个充满歧视的社会中生存。本文标题中的“巢穴”，是清朝官员对贼匪核心组织的惯常蔑称，同时使用在粮船水手的情况上。

---

* 本研究获得中国香港特别行政区研究资助委员会的优配研究金研究项目（CUHK 14611817），特此致谢！

** 张瑞威，牛津大学史学博士，香港中文大学历史系教授、博士研究生导师，主要研究方向为经济史，特别是粮食史、货币史和土地管理史。

一　罗教

谈到粮船水手，人们便必然想到罗教。欧大年（Daniel Overmyer）从众多宝卷的研究中，勾画了罗教的性质。他指出，所谓罗教，其实是一种民间佛教教派，很有可能是明正德年间（1506～1522）由一位名叫罗清的人所创立的。据《正信宝卷》和《太山宝卷》，罗清是山东即墨县城附近的崂山地方人士，世代隶军籍。在1518年左右，罗清撰写了五部经书（《苦功悟道经》、《叹世无为卷》、《破邪显证钥匙卷》二册、《正信除疑无修证自在宝卷》和《巍巍不动泰山深根结果宝卷》）。这五部六册的内容非常庞杂，“不仅包括佛经、还有方言的教义问答小册子，和一些较早的宝卷和传记、家谱和经文注释之类的杂多的佛教经文以及道教和儒家的经典”。简单来说，罗教是糅合了禅宗和净土宗的一个民间佛教教派，基本教义是不断批评对经典和偶像等外在存在形式的崇拜，强调净土乃人心中的“本性”。不过欧大年强调，罗教并非白莲教的一个支派，最明显的证据是，上述的罗教经文不会涉及作为白莲教信仰中心的弥勒佛和无生老母。①

马西沙和韩秉方则进一步通过清朝政府档案罗教宝卷研究罗教的发展。他们指出，罗教原称无为教，创教祖师是罗梦鸿（1442～1527），或称罗孟洪，道号无为居士，有的史料称为罗清、罗因，后世信徒则称之为罗相，故其教又俗称罗教、罗道教、罗祖教。罗梦鸿，祖籍山东莱芜州府即墨县，家境贫寒，世代隶军籍。他三岁丧母，七岁丧父，由叔婶养育成人。青年时到北直隶密云卫当一名戍军，孤苦伶仃加上凄苦的边兵生活，引发了罗梦鸿对宗教的追求，他执着地探索着宇宙、人世、命运、生死、永恒的终极奥秘，最终创立了无为教。罗梦鸿在其五部六册中，竭力标榜他参悟出来的“无为大道”，对世传佛教的僧伽制度大力批判。他认为出家为僧尼，不符合人道，亦无益悟道，反而障道背法。在他看来，只要不违纲常，孝顺父母，又能自食其力，便能居尘不染，见性成佛。这种态度深得不少下层群众甚至僧侣的支持，无为教的传播异常迅速，并且逐渐被

① 〔美〕欧大年：《中国民间宗教教派研究》，刘心勇等译，上海古籍出版社，1993，第135～138、145页。

称为罗教。最迟在万历年间，罗教在山东已经很流行。从马西沙和韩秉方的研究可知，名僧憨山德清于万历十四年（1586）来到山东时，见到信众几乎皆信罗教，而绝不知佛教三宝，感到十分震惊。万历年间的另一名僧人密藏道开，为了捍卫正统佛法，对罗教大肆鞭挞。值得注意的是，密藏道开开始将罗祖的出身理解为“运粮军人”①。

到了清初，罗祖这个已经是山东家喻户晓的人物，又通过《聊斋志异》，为山东以外省份的许多人所认识。《聊斋志异》的作者蒲松龄（1640～1715）是山东淄川人，《聊斋志异》中有一则是《罗祖》。据蒲所说，他只是记述了朋友分享而来的故事：罗祖是山东即墨人，自小家贫。因总族须出一人替朝廷当兵戍守北边，这个穷小子便被族人推选出来了。罗祖在边境数年，倒是甚得驻防守备大人欣赏，娶了妻子并生了一个孩子。好景不长，数年后，守备大人将调往陕西当参将，命罗祖同行。罗祖不得已把妻儿留在边地，交托朋友照顾，自己调防陕西了。又过了数年，参将大人命罗祖带信回原来的边地，这使他终于有回家探望妻儿的机会。罗祖晚上回到家中，赫然发现那位朋友与妻子已经发生奸情，他登时动了杀机。不过最后他还是控制了自己，并跟奸夫达成协议：罗祖放弃妻子，条件是这个男人需要取代他的身份，照顾儿子，并且代替罗祖服兵役。脱了兵役的罗祖，走进了深山，进行佛教的修炼。过了很多年，有乡民进山，在一个山洞中发现罗祖早已坐化。村民于是在那里建了庙，每逢三月，上山进香的人络绎不绝。②

不过，罗教教义并非这篇文章的主线，对于生活在社会最底层而且读书极少的老百姓来说，形而上的理论从来是难以理解或感兴趣的。粮船水手信奉罗教，在精神上主要是祈求航行平安，而更主要的原因还是在物质上。

二 粮船帮

作为自由劳动者的粮船水手，他们的合法存在是17、18世纪之交的事

① 马西沙、韩秉方：《中国民间宗教史》，中国社会科学出版社，2004，第132～159页。

② 蒲松龄：《聊斋志异》，铸雪斋抄本（1751），重印，《古本小说集成》，上海古籍出版社，1994，第889～891页。

情。明初制度，漕船上额编十名旗丁，亦称“运丁”，全都是从卫所军户内征调。但到了后来，除了牢牢控制每艘漕船的成员，大部分旗丁都逃亡了。于是最后的旗丁，便成为漕船的实际拥有人，他从朝廷领得运输费用，雇请舵工和水手。这个做法是违反法规的，但明末的漕粮运输就是这样进行的。亦即是说，在大运河上参与漕运工作的，绝大部分都是自由雇佣者。到了清康熙三十五年（1696），朝廷终于接受了现实而改了法例，开始容许漕船出运，每船只是佥军一人，其余九名水手可以自由雇募回来。[①]

对于清朝政府来说，粮船水手是贫困的麻烦制造者。康熙五十六年至五十七年（1717～1718），来自浙江和湖广的水手在直隶马蹄湾一带进行大规模的械斗，并且酿成六十余条人命。[②] 康熙六十年（1721），由于冬天来得早，北方河道提早结冰，不少粮船被困山东运河，水手生活“穷迫”，便群起在该省沿河地方抢盐和砍伐柳树。[③] 的确，在清朝，当上这种自由劳动者，实在是毫无荣誉感可言，清政府甚至是鄙视他们，形容他们是“无籍之徒”。其实，粮船水手不是无籍，他们在乡间有家和户籍，只是因为工作的关系离乡别井而已。用今天的术语来说，他们就是那个年代的“外省民工”。

为了控制这些大运河的自由劳动者，清廷在康熙六十一年（1722），订立了以下三条法例。

> （康熙）六十一年题准，粮船头舵水手，有砍伐官柳，折毁纤桥拔桩掘埽者，严提治罪，估价追赔，押运官弁及地方文武各官并加参处。
>
> 又题准，水手伙众抢夺，十人以上执持器械者，首犯照强盗律治罪，为从减一等，十人以下无器械者，照抢夺律治罪，出结之运军及头工舵工容隐不首，照强盗窝主律，分别治罪。
>
> 又题准，押运领运各官弁，例应严押漕船，毋许运军舵工水手登岸生事，如有不法，即会同地方催粮各官协拿究治，倘平时漫不约

① 吴欣：《“通漕”与“变漕”——明清漕运法规变革研究》，《山东师范大学学报》（人文社会科学版）2009年第3期。

② 《雍正朝汉文朱批奏折汇编》，江苏古籍出版社，1989年影印本，第10册，第935页。

③ 《康熙朝汉文朱批奏折汇编》，档案出版社，1984～1985年影印本，第1册，第458～459页。

> 束，临时又复容隐者，总漕指名题参，照例革职。[1]

这三条法例，都是新增用来管控大运河上的粮船水手的，一方面是惩处犯事舵工水手以及疏忽官员，另一方面是防止在大运河上发生类似的打砸抢烧事件。

雍正皇帝在1723年即位后，对大运河的治安问题非常重视。他认为，“无籍之徒”是大运河治安的潜在威胁。理由是政府没有这些自由劳动者的资料，罪案发生之后，水手弃船逃走，官府难以逮捕。以康熙六十年（1721）抢盐伐柳一案为例，单是找出牵涉在内的水手已需多年。[2] 雍正二年（1724），他广发谕旨，垂询各省督抚，若“头舵水手，皆应择用本军，庶各知守法，不敢误漕生事”[3]。所谓“本军”，就是在漕船所属卫所的军户。皇帝的想法是，在军户中征调水手，便可以解决问题。

雍正皇帝建议从“本军”征调水手撑驾漕船，无疑是想让漕运制度回到明朝初年。漕运总督张大有明白这有很大的难度，他向皇帝表示水手是有技术的劳动力，不能一下子全换掉。回奏说：

> 据各粮道弁兵同称，粮船除正副旗丁之外，其本军内或习贸易为生，或务农为业，撑驾之事，多不谙练。粮船涉江渡黄，提溜打闸，关系重大，非熟谙之人，不能胜任，不得不将老练水手留用数人撑驾，本军学习谙练，然后尽得更换。[4]

漕督提议，自雍正三年（1725）开始，用八年时间完成改换水手的任务，同时订立赏罚机制，鼓励旗丁配合改革：一年内能教成本军十分之六七，记功一次；但若在过淮查验时发现用了雇募水手五分以上的，则记大过一次；等等。[5]

---

① 《钦定大清会典则例》，《景印文渊阁四库全书》，台湾商务印书馆，1983～1986，史部，第621册，第357～358页。

② 到了雍正三年（1725），在山东巡抚联同漕运总督严讯下，各犯供出舵工水手共52名，严追之下，各省又陆续解到人犯120多人，但案件仍未审结。见《康熙朝汉文朱批奏折汇编》，第1册，第458～459页。

③ 《清世宗实录》卷23，雍正二年八月乙未，中华书局，1985年影印本，第7册，第374页。

④ 《雍正朝汉文朱批奏折汇编》，第2册，第723～724页。

⑤ 《清世宗实录》卷27，雍正三年二月壬辰，第7册，第439页。

与此同时，漕运总督重新整理了漕船组织，各省原额漕船共 10029 艘，雍正四年（1726）清查后只余 7980 艘。按照规则，各省有漕卫所归由粮道负责，其中包括江安粮道、苏松粮道、浙江粮道、江西粮道、湖南粮道、湖北粮道、山东粮道和河南粮道。浙江粮道辖下的漕船数目最多，它有 12 卫所——杭州前卫、杭州右卫、绍兴卫、宁波卫、台州卫、温州卫、处州卫、海宁所、金衢所、嘉海卫所、湖州所、严州所，原额 1999 艘漕船，清查之后是 1558 艘，仍然是各粮道之最。①

“卫”和“所”是军队驻防的部队名称，但军户在运漕过程中，是以“帮”的名义去进行的。一般来说，若是一个“所”辖下的船不多，往往便组成一个“帮”；但由于“卫”辖下的船比较多，为了便于监控，便会分成两个或多个“帮”。在浙江，海宁所、金衢所、嘉海卫所、湖州所和严州所各只一帮，但杭州前卫、杭州右卫、绍兴卫、宁波卫、台州卫、温州卫和处州卫均分裂为“前帮”和“后帮”。② 一共 19 个帮，由于浙江全省有 1558 艘漕船，因此平均来说每帮有 82 艘船。

若是按照雍正皇帝的“本军”改革，要替换的水手数字是非常惊人的，雍正四年清查后的漕船共有 7980 艘，以一船 10 个水手计算，那么现役的水手便接近 8 万人，单是浙江一省已经是 1.5 万人左右。

当漕运总督张大有正在利用本军更替粮船水手之际，浙江巡抚李卫却指出，处理水手问题，其实重点是水手们在杭州等南方运河水次所建立的罗教庵堂。所谓“水次”，就是粮船从知县接收漕米的河边，粮船也是停在这里的。

三　罗教庵堂

雍正五年（1727），李卫升任浙江巡抚。他在康熙末年时曾任兵部员外郎，参与了直隶马蹄湾粮船水手械斗一案的会审。当时，各部院大臣多主张以斗殴律处理，但李卫持不同的意见。他指出粮船水手其实是在罗教的组织下“结党杀命”的，“内缘倚仗罗祖邪教，心齐壮胆，故敢聚众逞

---

① 乾隆《漕运全书》，《北京图书馆古籍珍本丛刊 55》，书目文献出版社，第 115 ~ 117 页。按：由于该书记录了顺治元年（1644）至乾隆十二年（1747）间的律例，推测这是乾隆年间所编辑的，故在本文中将其简称为“乾隆《漕运全书》”。

② 乾隆《漕运全书》，第 199 ~ 200 页。

凶”，因此要循罪名比较重的邪教结党行凶方向处理该案。不过，李卫并没有成功说服会审的各部院大臣。①

《大清律》内有二则是针对邪教的，刑罚是非常严厉的。一则是《礼律》中的“禁止师巫邪术”：

> 凡师巫假降邪神，书符咒水，扶鸾祷圣，自号端公、太保、师婆名色，及妄称弥勒佛、白莲社、明尊教、白云宗等会，一应左道乱正之术，或隐藏图像，烧香集众，夜聚晓散，佯修善事，煽惑人民，为首者，绞监候；为从者，各杖一百、流三千里。若军民装扮神像，鸣锣击鼓，迎神赛会者，杖一百，罪坐为首之人。②

邪教罪的审讯，重点是分别“首”和“从”。两者的刑罚都很重，为首者的刑罚是绞监候，而为从者杖一百，再流放三千里。另一则是《刑律》的“造妖书妖言”，那是针对抓到这些邪教信徒后而搜获的经书。它的律则是：

> 凡造谶纬、妖书、妖言及传用惑众者，皆斩。若私有妖书隐藏不送官者，杖一百，徒三年。③

李卫当了浙江巡抚后，对当年各部院官员审理马蹄湾械斗的态度仍感愤愤不平。雍正五年（1727）十一月八日，这位新任浙江巡抚便向皇帝奏陈如下：

> 今臣到浙之后，覆加察访，此教浙帮水手，皆多信奉“罗教”。浙省北关一带，有零星庵堂，住居僧道老民，在内看守。其所供佛神各像不一，皆系平常庙宇。先有七十二处，今止三十余所。各水手每年攒出银钱，供给养膳。冬月回空时，即在此案歇，不算房钱饭食，供给余剩，即留为沿途有事讼费之需，而淮安、天津、通州、京师俱有坐省之人为之料理。④

---

① 《雍正朝汉文朱批奏折汇编》，第10册，第935页。

② 沈之奇撰《大清律辑注》，怀效锋、李俊点校，法律出版社，2000，第390页。

③ 沈之奇撰《大清律辑注》，怀效锋、李俊点校，第550页。

④ 《雍正朝汉文朱批奏折汇编》，第10册，第936页。

这可算是清朝皇帝首次知道，粮船水手除依附船帮之外，还有庵堂这一组织。李卫指出，浙帮水手多是来自山东和河南的外省的“无业之辈”，多信奉罗教。他们在运河的起点北新关一带建有 30 多所“庵堂”，由“老民”看守。这些庵堂各自有一批水手信众，他们须每年奉献银钱，以维持该庵堂的日常运作，也包括该“老民”的膳食。所谓“回空”，是粮船回程的称呼。一般来说，七月过后，在北方河道结冰之前，粮船必须开回南方，等待下一年的漕运，由于回程是空船，故称为“回空”。到粮船“回空”时，水手便暂居在这些庵堂内，等待下季工作的来临。

对于这位浙江巡抚来说，罗教庵堂的重要性，不在于宗教性，因为那些庵堂“皆系平常庙宇”。庵堂的重要之处在于，为水手提供冬季住宿的地方。正因如此，李卫虽然指出罗教之可恶，“在于借此心齐，欺人生事”，却不主张把这些罗教庵堂尽行拆毁：

> 各帮水手，多系山东、河南无业之辈，数以万计，歇店饭铺不敢容留。若将此等庵堂尽行拆毁驱逐，则冬月回空，各水手无所依归，发生事端。且细查其教，亦止吃斋念经。其可恶之处，在于借此心齐，欺人生事，尚无别项不轨大处。臣以严令压运官弁，逐船稽查禁止，不许指称伊教，聚众赌博打架，并于回空之时，派出千把带兵巡查，一有所犯，即行严拿，从重痛处，仍不时防范，设法杜绝。①

李卫指出，若将此等庵堂尽行拆毁驱逐，则冬月回空，各水手便无所依归，反生事端。鉴于水手尚无不轨之处，李卫主张宽大处理，只下令押运官兵逐船稽查禁止，不许水手们“指称伊教聚众”、赌博或打架。李卫的意见，得到雍正皇帝的认同，他在这份密折的文字上额批了“是”。②

四　“生可托足，死可埋葬”

李卫在雍正五年（1727）所发的是密折，许多年后才由台北的故宫博

① 《雍正朝汉文朱批奏折汇编》，第 10 册，第 936 页。

② 《雍正朝汉文朱批奏折汇编》，第 10 册，第 936 页。

物院以《宫中档雍正朝奏折》出版，[①] 不过在1930年，北平故宫博物院出版的《史料旬刊》，将这一类的密折以《罗教案》的标题整理出来。[②] 虽然仍未见到李卫原来的报告，但从其他奏折的转引中，历史学者开始了解到罗教庵堂的存在，以及这些庵堂对粮船水手的重要性。

铃木中正是其中一位最早使用《史料旬刊》的历史学者，他在1943年发表关于清朝民间宗教结社的文章中，指出在清朝时期，福建、浙江、江苏、安徽、江西等地都存在宗教结社的行为，亦即以宗教作为纽带而成立的民间组织。这些宗教团体，教义和组织方式不尽相同，譬如龙华会比较重视仪式，无为教却是仪式主义的排斥者，主要是追求个人的修行。不过，铃木中正并没有完全将无为教和罗教等同起来。他认为，无为教的教义，比较吸引社会的上流阶级，但罗教的追随者，很多是贫穷的文盲。铃木根据清朝官员的奏折提出，杭州的罗教是一个以庵堂作为粮船水手活动中心的互助组织。至于互助的层面，包括了在没有漕运的冬天为水手们提供居所和食物，以及为客死异乡的水手提供埋葬的地方。简单来说，生者可托足，死者可埋葬，是粮船水手利用庵堂进行结社的两大动机。[③]

森田明1955年发表的《清代水手结社の性格について》认为，水手结社，并非只为保障庵堂里的生活，还为在一个薪酬卑微的工种下继续生存。除《史料旬刊》外，他还运用了《清实录》的数据进行分析。森田明指出，铃木中正所谓“生者可托足，死者可埋葬”理论，不足以道出水手们平日生活的迫切性，而这种迫切性才是他们结社的最大动力。他认为，水手是从血缘（家族）、地缘（村落）和职缘（职业团体）等“溢出”的，尤其是从土地经济中分出来的人，只是他们为官营的漕运机构的末梢所吸收，才不至于成为失业的无产阶级。这些水手的收入非常微薄，一年只得七千文至一两之间。为了生存，他们除了正式待遇外还须找寻各种收入与津贴，于是便在运粮的过程中进行种种不法活动，尤其是协助商人进行食盐和其他商品的走私。换言之，罗教对粮船水手的最大效用，是借此

① 《宫中档雍正朝奏折》，台北故宫博物院，1977～1980，第9册，第254～255页。

② 《史料旬刊》，故宫博物院，1930，第2册，天49下～天50下，天403下～411上。按：近年，上海书店将《史料旬刊》的奏折重新整理、标点出版，罗教案的部分，见《清代档案史料选编》，上海书店出版社，2010，第2册，第320～322、670～685页。

③ 〔日〕铃木中正：《罗教について—清代支那宗教结社の一例—》，载《东洋文化研究所纪要》第一册，1943，第1～61页。

结成“船员工会的职业性教团”，让非法活动变得有规模，能够互相保护，而非单单局限在庵堂内的生养死葬层面。“也就是说，水手结社并非只保障在庵堂里的生活，所以保障在庵里的生活乃是一种结果上的目的。为达成这个目的，当然须以事前的经济活动为前提。”①

凯利（David Kelley）提醒，当我们追查罗教庵堂世俗功能的同时，也不能完全排除罗教作为一个信仰的意义。他指出，那些从山东来到杭州这个富裕城市的贫穷水手，工作危险，身份低下，极需要某种群体关怀，而罗教庵堂正好扮演这个角色。庵堂的“老民”，很多都是七十岁以上的退休水手，借着现役水手的会费以及自己经营的庄稼以自存。不过我们不能把他们当作普通的庙宇打理人，这些“老民”，实质是年轻水手的心灵导师。在他们主持的罗教仪式中，可以让水手感受到类似亲族的人际关系，并且抒发心中的郁闷，从而获得类似亲族间的关怀。② 宗教仪式可以纾解愁闷，不过，我们更想知道的是，这是否就是粮船水手“结社”的主因？

五 如何入职当水手？

雍正七年（1729），在大运河上的某艘粮船上，水手之间发生一宗轻微的伤人事件，结果却酿成邪教大狱。这个案件中，受伤的名叫严会生，而伤人者叫赵玉。案件发生后，伤者逃走，刑部官员取得了另外三人的供词。第一人是嘉兴帮水手刘把式，他的供词如下：

> 我系山东兖州府阳谷县人，在嘉兴帮当水手，赵玉是我罗祖教的师侄。我师父李道人，是杭州前卫帮水手，病故有十二年了。从这教门不止我一帮的人，每帮也有四五人，也有十数个人的。我们教主罗道，是罗祖的后代。自罗祖至今有八辈子了。我没有见过教主，听他

---

① 〔日〕森田明：《清代水手结社の性格について》，《东洋史研究》1955 年第 13 卷第 5 号，第 18 ~ 30 页。本文参考了该本的中译，见〔日〕森田明《清代水利社会史研究》，郑梁生译，（台北）“国立编译馆”，1996，第 511 ~ 531 页。

② David Kelley, “Temples and Tribute Fleets: The Luo Sect and Boatmen’s Associations in the Eighteenth Century,” *Modern China* 8 (1982): 361 - 391.

说在京东石拉子里住，是那州县地方，我不知道。[①]

第二人是金衢所帮水手赵玉，他供：

我系江南庐州府人，在金衢所帮当水手，刘把式是我师叔，与我已故师父同罗祖教的。刘把式因他干儿子严会生在孟有德船上持斧砍人，又诓了工价银逃走。刘把式告诉我，说你与他们的船相近，我求你管着严会生，他若再来吵闹，你就打折他的腿，不然割了耳朵羞辱他。后来我看见严会生同孟有德吵闹，我将严会生唤去骂他时，他与我打架，我拿刀子将他左耳割下是实。[②]

第三人是江淮卫七帮水手孟有德，他供：

我系江南松江府娄县人，在江淮卫七帮当水手。严会生今年正月内雇在我们船上做水手，我说给他工银三两后，严会生弃船逃走。到三月间在蔡村地方，严会生又来向我要银吵闹，因此我向刘把式说叫管他是实，刘把式如何叫赵玉割他耳朵，我不知道。我父母早亡过了，因我报答我父母养育的恩，吃过三年斋，所以众人都叫我道人，我并没有归什么教。[③]

很多学者都注意到这个案件，但往往忽略它背后的意义。这个案件透视了水手利用罗教信仰结成一种类似亲族的行业关系网，通过这个关系网，新人可以通过推荐入职；但同时如果犯了错，推荐人为了维持个人的信用度，会派人对犯事者做出肢体上的惩罚。综合以上三人的供词，笔者尝试把经过重组如下。刘把式在罗教中似乎辈分较高。一天，一个叫作严会生的年轻人找他，希望他可以介绍一份粮船上的工作。刘把式把他介绍给孟有德，过程中说严会生是他的侄儿。孟有德也是水手，不是旗丁（船主），但大概在江淮卫七帮已经工作了较长时间，可以担当类似工头的角

① 《清代档案史料选编》，第 2 册，第 322 页。
② 《清代档案史料选编》，第 2 册，第 321 页。
③ 《清代档案史料选编》，第 2 册，第 322 页。

色，有权力替旗丁雇请水手。孟有德接受了刘把式的推荐，请了严会生在自己工作的船上当水手。然而严会生在船上工作了一段时间后，便因工钱不合，与孟有德吵起来，并弃船逃走，但仍不时登船向孟有德要银、吵闹。于是孟有德向介绍人刘把式投诉，刘把式找来在金衢所帮当水手的“师侄”赵玉教训严会生，警告他若再找孟有德麻烦，便打折他的腿，或者割他耳朵。一天，赵玉果然看到严会生和孟有德吵闹，于是便拿起刀子，把严会生的左耳割下。

如此看来，粮船水手这个工种，是通过罗教的关系网去进行聘用的。上述的案件中，刘把式仿如一个教父式的人物，他在粮船水手的某个网络中德高望重，可以介绍工作，并有能力派出手下处分不听话的成员。这个网络有地缘的因素，他们大多是在大运河上当水手的山东人，然而要把他们拉在一起去做同一件事（譬如械斗），单靠地缘还不够。于是罗教在这方面提供了办法，例如人们可以在罗祖神像或牌位面前，通过宣誓，结成师徒关系，亦称所谓“拜师”。拜师之后，辈分便自然开展。刘把式大概就是通过这个方式成为赵玉的师叔。官员的报告里面提及的罗教庵堂，可能是粮船水手“拜师”理想的地方。① 果真如此，庵堂也就是整个粮船水手关系网络的中心。

但朝廷却从开始便将之定性为邪教。也因如此，盘问的重点便成为分别“首”“从”角色，以确定判罚。当时坐粮厅向总督仓场呈上报告：“各帮漕船舵工水手，各立教门，多收门徒，结为死党，一切任其教主指使，捆缚烧炙截耳割筋，毫无忌惮，为害殊甚。刘把式倡教惑众，赵玉藐法纵虐，孟有德附党作恶，均属恶徒，风不可长。”总督仓场收到报告后，派了属下官员审讯三人，认为应按照参与邪教的程度判刑，唯一问题是教主是刘把式还是他的师父李道人？亦即是说，指使伤人的刘把式，要面临“绞监候”（如果是教主）或“杖一百、流三千里”（如果是信徒）的判罚。负责此案的刑部江南清吏司郎中，也同意必须“严究教主，确实质审明白，分别首从定拟”②。

细看雍正七年这宗大运河上的伤人案，虽然主审官员以邪教案件处

① David Kelley, “Temples and Tribute Fleets: The Luo Sect and Boatmen's Associations in the Eighteenth Century,” *Modern China* 8 (1982): 383.

② 《清代档案史料选编》，第2册，第322页。

理，但从他们的报告中可以看到，问题是水手结党而非祭祀。对朝廷来说，保持运河上的治安无上重要，于是官员便以参与邪教罪从重处罚犯事的粮船水手，借此解决粮船水手的结党问题。

六　乾隆皇帝的态度

雍正年间的官员，发现了罗教水手的“巢穴”在水次的庵堂内，但他们为了保障水手冬月回空时的住宿问题，没有严厉取缔。到了乾隆三十三年（1768），这个态度因为一个事件，出现了大的改变。

乾隆三十三年的事件，也是来自一个最早在《史料旬刊》中记录的案件。该年的九月初一，江苏省吴县知县致函浙江省杭州仁和县知县王庄，告称在苏州逮捕一个名叫性海的罗教经堂主守，供出杭州孔圣桥有钱庵、翁庵、潘庵三处，亦系罗教之所。仁和县知县本希望将事情简单处理，于是向巡抚觉罗永德报告，杭州的确有钱庵、翁庵和潘庵，但没有所谓孔圣桥，而且这三庵只是寻常佛寺，不是罗教之所。①

觉罗永德将40年前李卫所做的事情重演一遍，主动向乾隆皇帝表示严查，这时知县再不敢马虎。经严查后，向巡抚禀称，杭州北新关外拱宸桥地方，确有不僧不俗庙宇十余处，俱系供奉罗教罗经之所。他随即密赴该地，结果在“李庵”内，搜获罗像二轴，罗经三箱；在“刘庵”内查获罗经七部。除此两庵外，还有“老庵”（即钱庵）、“万庵”（即翁庵）、“王庵”（即潘庵）及“清凉庵”等十余处，俱系奉依罗教云云。②

浙江巡抚觉罗永德经过这一番严查罗教事情后，希望从宽处理。他在九月初十上奏，指出这些庵堂是每年粮船回空水手容留托足之处，不好拆除。所以他“请将皈依之人，从重处治，毁其经像，革除庵名，改为公所，仍许水手回空时栖止。责令该管卫所帮弁稽查，并禁止一切粮船，不许再称罗教等名色，方可以散党类而绝邪教”。他告诉皇帝，他的做法（把庵堂改为公所），只是模仿当年李卫的处理方式而已。③

乾隆皇没有实时批示，但在九月十七日下达了一篇上谕，指斥觉罗永

① 《清代档案史料选编》，第2册，第674页。

② 《清代档案史料选编》，第2册，第674页。

③ 《清代档案史料选编》，第2册，第674页。值得注意的是，所谓李卫将杭州的罗教庵堂改为公所的报告，在现存的清朝档案里面是第一次出现。

德所办“尚未尽妥协”。若依巡抚的建议，将庵堂改为公所，难保数年之后，查察稍疏，水手又将公所变为庵堂，“总非正本清源之道”。乾隆皇认为水手栖止之所，实不必官为筹划，“此辈皆旗丁临时雇募应用，更非官丁可比，即或散居各处，至期自能赴帮应雇，何必为之鳃鳃过计?”况且此等水手乃游手好闲之人，群居一处，必至滋生事端，于地方又有何益?他下令觉罗永德，除将本案“从重办理”外，所有庵堂概行拆毁，毋得留存，以免后患。①

可以发现，虽然庵堂是粮船水手行业组织的中心，它不单提供回空住宿以及死后埋葬的地方，但因为朝廷从严处理水手的结社，便以邪教罪罗织罪名。当然，乾隆皇帝也缺乏对贫苦工人阶级的关怀，对于他们是否有地方过冬，认为“何必为之鳃鳃过计?”问题是，乾隆皇帝的谕旨有没有功效?

七　老堂船

嘉庆和道光年间的档案资料，丰富了我们对漕运的了解。虽然旗丁是全船之首，但在他的船上约有十名水手，只有一个是他直接雇募的，职务被称作“纲师”。纲师的身份比较像旗丁的副手，他的主要职责是协助旗丁负责“兑务”，也就是漕粮的交收事宜。②

漕船依帮而行，一帮数十艘船，每船各有旗丁，但其中一个旗丁是全帮之首，他身居的船也走在全帮之头，称为“头船”。若帮内水手有什么要求，尤其是工钱，向来习惯先找头船旗丁理论，因为只要头船旗丁同意，帮内的其他旗丁也会跟循。例如嘉庆元年（1796）二月二十五日，宁波卫前帮（宁前帮）粮船行至苏州府震泽县平望镇稍作停留的时候，水手赵亮等不满所得工价不敷花用，意欲索添工钱。由于“粮船旧规，向听头船论定”，于是他们便一起走到所属的居于“头船”的旗丁理论，要求给每名水手添银三两六钱。这位头船旗丁叫殷洪章，当水手找上门的时候，在殷洪章身边的还有另外两船的旗丁——徐国宝和徐国瑞。当三位旗丁拒

① 《清代档案史料选编》，第2册，第674页。

② 《道光五年浙江巡抚程含章奏》，《宫中档》传抄本，台北故宫博物院图书文献馆藏，第107～109页。

绝加薪后，水手们便以木棍打砸了三船的门、窗，并攫取衣服二件。最后官府介入，把犯事水手捉拿了。①

旗丁会在船舱内设置神龛，拜祭他们信奉的神明，也会在陆上建庙。至于拜祭什么神明，因旗丁所属的地方不同，存在很大的差异。以来自安徽省的池州帮为例，帮内旗丁祭祀萧梁昭明太子，祈求“利涉安澜”。他们在池州府城外建有昭明太子庙宇，在大江险隘之处，如池州府贵池县的太子矶，也建有昭明太子庙，航行期间，则在船上拜祭。旗丁都在自己的船舱内放置了小木神龛，供奉龙王水神，兼祀昭明太子神牌。每船都有昭明太子神龛，但以头船最为重要。据官员向嘉庆皇帝的报告：“每逢涉险驶风，平安顺利，则各船水手俱向头船报祭昭明，散胙饮酒，习以为常。”② 这是朝廷容许的祭祀行为。

每帮旗丁有“头船”，水手之间也有头领。前述雍正七年（1729）伤人案中的江淮卫七帮的孟有德，便有可能是该帮的头领，因此有能力雇请水手。另一宗比较清楚表示水手头领的案件发生在嘉庆七年（1802）。据该年的漕运总督铁保奏，四月初六，当浙江台州前帮行抵直隶省清河县境的时候，王思义等一众水手为该帮的“水手头”平大汉各送面钱50文以庆祝生日。在生日宴会中，王思义代表水手们向平大汉埋怨“水手身工，不敷用度”，平大汉说：“旗丁不闹不肯出钱，听你们往闹之。”取得了平大汉的支持后，初七日，王思义趁着船帮“守风”停航，与其他水手赶上头船，向旗丁姚骑要求加薪。姚骑见状，躲在船舱不肯出来。众水手将门冲开，并以木棍将舱内的家私什物打毁。打砸事情随即蔓延到其他船只，各船的旗丁都跑到岸上躲避，这时幸好押运的官兵及时赶到……③在这个案件中，作为“水手头”的平大汉，地位超然。水手们要找头船旗丁理论薪酬，先要获得他的首肯。

然而，船上的水手众多，他们是如何组织起来的？换句话说，水手头的“巢穴”在哪？马西沙和韩秉方从《军机处录副奏折》中找到一份嘉庆

---

① 《嘉庆元年三月十七日暂署两江总督苏凌阿奏》，《宫中档》，台北故宫博物院图书文献馆藏，文献编号404000316。

② 《道光十七年正月二十日安徽巡抚色卜星额奏》，《宫中档道光朝奏折》，原藏北京第一历史档案馆，台北“中研院”近代史研究所图书馆复印，第2辑，第15～17页。按：虽然这个奏折的数据晚了一点，但看来是描述了池州帮一向的做法。

③ 《嘉庆七年四月二十四日漕运总督铁保奏》，《宫中档》，台北故宫博物院图书文献馆藏，文献编号404007934。

十八年（1813）山东巡抚的奏折，这是目前有关老堂船最早的报告。这份报告引述了一个山东水手的供词，这个水手名叫王言，供词的内容没有提到运河边上的罗教庵堂，却道出粮船帮内其中一条船名叫老堂船，供奉罗祖，庇护风涛，有木棍一根，名为神棍。奉祀罗祖之人称为“老官”，凡有水手酗酒滋事者，老官便取木棍责处。而供词的提供者王言，便是拜浙江头帮粮船的老官韩秉清为师。[①] 根据资料，马西沙和韩秉方提出，乾隆三十三年之后，清廷完全取缔了大运河的罗教庵堂，标志着“漕运水手以庵堂为活动中心向以老堂船为活动中心的转化”，而从他们的叙述中可见，所谓“活动中心”，就是以拜师展开的罗教支派。[②] 吴琦也有类似的见解。[③]

乾隆三十三年的大转折，亦即所谓罗教组织从庵堂到老堂船的转变，笔者对这个说法有相当的保留。原因有三点：首先，乾隆皇帝的一个命令，便把社会底层的某种组织完全铲除，这是有点匪夷所思的；其次，水次建立起来的罗教庵堂，除了是水手的活动中心，还提供了水手在粮船回空后整整三个月的住宿，以及他们若客死异乡的葬地，而这些都不是船帮可以提供的服务；最后，上述学者目前的说法，只是比对乾隆和嘉庆年间的档案数据所做的推测，但从来没有一个清代官员说过有这个改变。

八　两个“巢穴”

嘉庆年间，北京朝廷开始知道粮船帮里面，有一种人叫作“老官”。嘉庆二十年（1815），御史胡承珙便有以下的上奏：

> 粮船水手，多设立罗祖教名，目其教首谓之老官，或一帮各有老官，或数帮共一老官，众水手皆为其徒，有事敛钱，悉归老官主管，其畏押运官弁，转不如畏老官，于沿途加纤盘浅等事，多恃强众挟制

① 《嘉庆十八年十二月二十五日山东巡抚同兴奏》，《军机处录副奏折》，转引自马西沙、韩秉方《中国民间宗教史》，第 211 页。

② 马西沙、韩秉方：《中国民间宗教史》，第 205～323 页。

③ 吴琦：《清代漕运水手行帮会社的形成：从庵堂到老堂船》，《江汉论坛》2002 年第 12 期。

运丁。[①]

胡御史奏折内的“老官”，应该就是水手头一类人物。有的老官控制一帮，有的是控制几个帮。老官以罗教作为组织的纽带，与水手结成师徒关系，是水手的头领。

老官在漕船上以罗教组织水手，是否意味着原本建立在水次上的罗教庵堂或公所销声匿迹？其实不然。道光五年（1825），安徽巡抚张师承在一份奏折中回忆他在嘉庆二十年（1815）当江苏巡抚时，在一宗案件中意外地审出安徽省存在罗教公所。他说：

> 又忆及嘉庆二十年间，臣在江苏巡抚任内，拿获吃素念经之粮船水手何荣一名，审出安河小南门外有水手公所经营，曾经咨明安河查办，随极令查核此事，先经前抚臣胡克家委员查明，小南门、八卦门外，各有公所一处，堂内供设观音、地藏，有年老水手胡兆熊、毕风太、赵德在堂看守，并非罗祖，只有寻常经卷，亦无邪经，求福之所，并非兴立邪教，当得胡兆熊等递回原籍安押，并革去公所名目，其房屋饬令召交，毋许水手念经，由前抚臣康绍镛咨覆江苏在案。[②]

这说明，朝廷在乾隆三十三年（1768）禁止罗教庵堂和公所的存在，但到了嘉庆二十年（1815），安徽省城小南门和八卦门外，仍各有公所一处，具祭祀活动，且有年老水手看守。可以看到，安徽省粮船水手的水次组织，自乾隆皇帝以后，仍然继续运作，仍然是“生可托足，死可埋葬”的地方。

不过，相对于水次的庵堂或公所，罗教组织更核心的部分应该是在老堂船上，掌控老堂船的水手头或老官，是真正一呼百应的人物。道光五年（1825）二月，浙江嘉兴府秀水县城外发生两帮水手集体械斗事件，领导人物就是这些水手头。械斗的双方分别是嘉兴白粮帮（简称“嘉白帮”）和杭州三帮（简称“杭三帮”），各有水手多人。

---

① 中国第一历史档案馆编《嘉庆朝上谕档》，广西师范大学出版社，2008，第20册，第522页。

② 《道光五年安徽巡抚张师承奏》，《宫中档》传抄本，第19～24页。

粮船水手的投充是以师从关系开始的，但结成这种关系，除了在水次庵堂，也可在船上进行。所谓老堂船，便是悬挂罗祖像的船。据道光五年（1825）浙江巡抚程含章的奏折，无论是嘉白帮或是杭三帮，“每帮有老堂船一只，悬挂罗姓图像，公派一人专管香火，并通帮水手因钱账目，为当字（家?）。凡投充水手，必拜一人为师，派列辈分，彼此照应，各分党羽以自强”[①]。这里的“当家”，等同于水手头或老官。

这种以师从关系而结成的关系，慢慢形成了行业的支派。罗教水手的支派一律以“安”字作名，前述乾隆三十三年浙江巡抚觉罗永德的奏折中，提到杭州水次有所谓“钱庵”、“翁庵”和“潘庵”，其实准确来说，不是三个“庵”，而是罗教的三大派——“钱安”、“翁安”和“潘安”，杭州的众多罗教庵堂，均归属于其中一派。不过到了道光初年，钱安和翁安两派已出现合并，统称“老安”，于是相对于老安，时人亦称“潘安”为“新安”。老安下分六支：钱安、六安、王安、刘安、辞安和严安，而潘安下亦有四支。每一支均有“会首”。[②] 老安各支会首，大概是因其教名，亦称为“老官”；而潘安的会首，亦称为“师傅”。[③] 罗教水手中最有实力者，就是这些老官和师傅，而老堂船就是他们与手下商议事情的地方。

会首被同派中人奉为首领，与此同时，有责任保障手下的工作，前面提到道光五年（1825）嘉白帮和杭三帮械斗的案件便是这样发生的：该年，嘉白帮有八艘新造漕船下水，由于嘉白帮的水手以老安占大多数，对于老安水手来说，那八艘新船也应归他们管辖。不过，潘安水手并不这样想。二月三日，来自杭三帮的一名潘安会首韩赞逵，突然占管了四艘新船的管辖权。潘安的举动随即引起了老安水手的不满，他们各向所属支派的会首（老官）吵嚷。于是，钱安会首李明秀，邀了六安会首任兆林、王安会首贾胜九、刘安会首马文德、严安水手席明等，齐至老堂船进行商议。会议中，各人同意向潘安水手做出报复。于是他们便在罗祖像前烧香磕头，再由各会首秘密知会帮内水手，各备削尖了的竹枪等武器，翌日攻打潘安管辖的漕船。老安水手的袭击从二月初四开始，初七才结束。其中潘

---

① 《道光五年浙江巡抚程含章奏》，《宫中档》传抄本，第107页。

② 《道光五年浙江巡抚程含章奏》，《宫中档》传抄本，第107页。

③ 《道光八年八月三十日大学士管理刑部事务拖津奏》，《军机处档》，台北故宫博物院图书文献馆藏，文献编号061323。

安水手共死四十余人，“有戳死船内者，赶落河淹死者，有在民搜出杀死者，有追赶落河及透水溺毙者，并有在船自缢身死”。死者中包括了潘安的一些会首。至于作为袭击者的老安水手，也有数人在打斗中毙命。[①]

秀水城外的水手仇杀械斗，朝廷震怒，道光五年（1825）六月，御史王世绂奏请防粮船水手设教敛钱流弊，道光皇帝除要求严惩凶手外，还要求有漕各省督抚严查有无罗教水手结社的事情。[②] 从官员的回奏中，可以发现乾隆朝以后，罗教水手在水次的活动中心，从来没有终止，只是这些活动中心，许多时候不能再公然叫作庵堂或者公所，而改以其他的方式运作而已。

道光皇帝的谕旨下了之后，安徽巡抚张师承的回奏比较有趣。张师承说在嘉庆二十年（1815）间，当他还在江苏当巡抚时，已经知道安徽省城的八卦门和小南门外均建有罗教公所。当时他知会了安徽巡抚，并由该巡抚下令“革去公所名目，其房屋饬令召交，毋许水手念经”。这时（道光五年，1825）收到皇帝的命令，张师承决定派出干员乔装访查，发现并报告以前在八卦门外的罗教公所，已经由一个叫作哈九胡子的人承买，并且转租给一个丁姓的人居住，张巡抚强调这位丁姓租客有女眷同住，屋内也没有神像经卷。至于以前在小南门外的公所，分前后两进。前进有屋两间，现系一个名叫游应春的人开的木匠店，至于后进，共有楼屋五间。官府干员调查期间，五间楼屋人去楼空，概行锁闭。干员逐间打开查看，发现尘土方积，并无对象。询问木匠，回答说：“现在楼屋，系头帮水手戴朝柱、马君壁二人承买，每年粮船回空，戴朝柱等来此堆卖枣桃等项货物，卖完即去，常年空销，并无念经等事。”罗教水手在水次的根据地，在巡抚的报告中，只是一处用作“堆贮土宜”的地方而已。[③]

道光十六年（1836）浙江道监察御史朱成烈更加明确道出，漕船水手一共有两个“巢穴”。在奏折上，他首先批评老官和师傅，为了扩展势力，包庇许多无业游民做水手、纤夫，是运河上治安不靖的根源：

> 查粮船额设手（水?）手，本有定数，遇风水阻滞，募夫挽运，

① 《道光五年浙江巡抚程含章奏》，《宫中档》传抄本，第107页。

② 《道光五年安徽巡抚张师承奏》，《宫中档》传抄本，第20页。

③ 《道光五年安徽巡抚张师承奏》，《宫中档》传抄本，第21页。

谓之短纤，向例不许留船。然此等纤夫类皆无业游民，近年以来，有号为拉头船者为之包庇，随帮游食，结党成群，或称青皮，或称光棍，而为之窝主者，曰老官、曰师傅，各奉神□诵经传徒，分立支派，争为长雄。凡入帮者，非拜老官师傅不能容身，于是徒党日徒多，声势相倚，运弁为其胁制，旗丁受其侵凌，劫夺公行，斗狠自恣，无敢过而问者。①

这位御史接着指出，那些由老官招引，被称为“青皮”或“光棍”的水手，共有两个“巢穴”。一个“巢穴”是水次的经堂：

其巢穴所在水次，则有经堂，供奉神牌，设立老官师傅之位，派人专司香火，不呈之徒以时会集其中。粮船自归次至阅兑，约三月之久，随帮之青皮、光棍，盘踞经堂，外间匪徒更相依附，往来接引，羽翼益张。近闻查禁綦严，间有栖托庙宇者，此水次之巢穴也。②

另一个“巢穴”，则是帮中的老堂船，可以说是漕船上的经堂：

赃帮中则有老堂等船为其巢穴，老堂者，因老官而得名，据漕船为经堂，以号召徒众。遇有水手滋事，帮官不敢擅责，交其师傅发落，名曰送堂，因而包揽装载客货，勒加水手身钱，恃势横行，无所不至。③

道光皇帝知悉后，便在该年的十一月下了一道上谕，要求漕运总督和有漕省份督抚扫除漕运水手在水次上和在船帮上的“巢穴”。漕运总督恩特亨额回奏，根据粮船水手的口供，查明了浙江秀明州城外的四王庙，就是当地水手的水次“巢穴”。这所四王庙的管理人，每年都向信众收取钱文，然后设立道场并且念经。另外，苏州的山塘，除了庵堂、寺院，还有一些茶坊和酒铺，均有供奉神像，设老官师傅之位。④ 这些资料显示，所

① 《道光十六年十一月十九日浙江道监察御史朱成烈奏》，《宫中档》传抄本，第65~66页。
② 《道光十六年十一月十九日浙江道监察御史朱成烈奏》，《宫中档》传抄本，第66页。
③ 《道光十六年十一月十九日浙江道监察御史朱成烈奏》，《宫中档》传抄本，第66页。
④ 《道光十六年十一月十九日浙江道监察御史朱成烈奏》，《宫中档》传抄本，第66页。

谓乾隆三十三年（1768）水次罗教庵堂的消失，并不是事实。

结　论

鸦片战争前的中国社会，生活在社会最底层，离乡别井，并且长年累月地在漕船上工作的水手，代表一种依靠提供体力劳动而获取工资者所组成的社会群体。

粮船水手并不沉迷罗教教义，此点清朝所有官员都很清楚。清廷考虑的只是如何有效保障大运河漕运的安全。问题是，清朝政府的社会控制是建立在户籍之上的，因此对于那些离开户籍地而在船上工作的粮船水手，清廷感到有点束手无策。这些在工作地点的“无籍之徒”，一旦犯事，便逃之夭夭。每个大型械斗案件，朝廷均要动用各省督抚的力量，才能把案件有关人等缉拿审讯并结案，需时往往数年。因此，朝廷便用上严厉的邪教刑律，希望以此瓦解水手的结社行为，从而减少大运河上的帮派械斗。

粮船水手的结社行为从来没有停止，所谓乾隆三十三年（1768）以后水次罗教庵堂被取缔之说并不正确。罗教组织的核心部分是师从关系，而结成师从关系的仪式，是在罗祖像前进行的。因此，粮船水手不可能脱离罗教，而成为一个独立的雇员。师从关系当然可以在老堂船上进行，但老堂船解决不了冬月回空的住宿问题，以及万一客死异乡的丧葬问题，于是水次的庵堂，或类似庵堂的组织一直存在。只要还有大运河漕运，粮船水手这个工种，以及他们的社会组织，陆上和船上的“巢穴”，就会继续运作。

Organization and Dens of Grain Tribute Fleet Boatmen in the Qing Dynasty

Cheung Sui Wai

Abstract: In the Chinese society before the Opium War, the sailors who lived at the bottom of the society, separated from their home villages, and worked on the tribute grain boats for many years, represented a social group composed of those who earned their incomes by providing manual labor. This article investigates the nature of the job as boatmen, and how they survived in a discriminative society in the Qing Dynasty. The "den" in the title was the word usually used by Qing officials to call hideouts of robbers, but as well as the boatmen.

Keywords: Grain Tribute Fleet Boatmen; Luo Sect; Sutra Halls

（责任编辑：胡克诚）

浙东运河萧绍段近代航运状况考析*

严　晨**

内容摘要　本文考察了近代浙东运河萧绍段两端至杭州、宁波口岸的沟通状况，以及萧绍段运河自身河窄坝多的不理想航道情形，并由此分析萧绍段运河上的传统木帆船和新式小型轮船在航线设置和航运规模上所受到的局限。通过进一步对比近代萧绍公路兴起后小轮与汽车的运营状况，分析出小轮在运费和货运量上的优势，从而肯定运河航运在近代萧绍平原对外经济和文化沟通中不可或缺的历史地位。

关键词　浙东运河　内河航运　萧绍地区

浙东运河起点在西兴镇，终点在镇海招宝山，全程300多公里，连接杭州和宁波两大口岸，其中姚江以上为人工河道，姚江以下以天然河道为主。① 本文所讨论的萧绍段运河，起自西兴镇，终至曹娥江，是浙东运河人工河道的核心航段。萧绍地区的经济近代化正是在宁波和杭州开埠以后，借助浙东运河的航运辐射作用而逐步推进的。

目前，学术界对近代浙东运河航运研究的代表性成果是童隆福主编的《浙江航运史（古近代部分）》一书，其中第二篇“近代部分”除论述外

---

* 本文为2018年度国家社科基金重大项目“大阪产业部近代中国及‘海上丝路’沿线调查资料整理与研究”（18ZDA188）之阶段性研究成果。

** 严晨，复旦大学历史地理研究中心博士生，主要研究方向为中国历史经济地理、海洋经济史等。

① 邱志荣、陈鹏儿：《浙东运河史》（上卷），中国文史出版社，2014，第2页。

海航运业外，对包括运河在内的浙江内河航运业亦做了全面梳理。[①] 王佳宁则在专门考察近代浙东运河航运状况的基础上，对浙东运河航运与区域经济发展之间的关系做了详细讨论。[②] 由于浙东运河两端的城市杭州和宁波是近代浙江两个最大的开埠城市，对区域经济发展的带动作用最为巨大，所以学界对近代浙东运河中杭州和宁波附近的运河河段最为关注，如李伟燕对曹娥江以东宁波至余姚段近代轮运业的考察，[③] 徐杨对西兴与杭州间钱塘江近代航运的讨论。[④] 而与之相对，学界对西兴至曹娥江段运河的近代航运状况关注甚少。基于此，本文重点考察浙东运河萧绍段与杭州、宁波的沟通状况及其在近代的航线状况，并对其在萧绍地区近代交通体系中的地位进行分析。

一　萧绍段运河与杭州、宁波两大口岸之间的沟通

康熙二十三年（1684），清廷在宁波设立浙海关；光绪二十二年（1896），根据中日《马关条约》，杭州开设为通商口岸，设立杭州关。萧绍段运河向西过钱塘江可至杭州口岸，向东过曹娥江可连姚江、甬江至宁波口岸，但与二者之间的航路，沟通并不十分顺畅。

萧绍段运河的起点在钱塘江南岸西兴镇之老坝头，与杭州隔钱塘江相望。钱塘江涨潮时，杭州过江之船可直达老坝头，但涨潮时间很短，一般情况下需要将货物先运至老坝头，然后再人力搬运过坝，“平时由江转运入河之货，系用牛车载至老坝头，再由坝夫肩运过坝……如遇风浪潮汐，则交通完全停顿”。由于钱塘江潮浪的汹涌，加之西兴一带近岸为新积淤滩，更易被冲没，因此虽屡有将运河延伸至钱塘江的计划，且挖成河槽数次，但随挖随淤，并无成效。[⑤]

与萧绍段运河通往杭州的航道状况相比，通往宁波的航道不仅状况更差，路程也要远得多。原本从萧绍段运河过曹娥江可直接通航，但1883年

---

① 童隆福主编《浙江航运史（古近代部分）》，人民交通出版社，1993，第344～377页。

② 王佳宁：《近代浙东运河航运与区域经济发展研究（1895～1937）》，硕士学位论文，杭州师范大学，2019。

③ 李伟燕：《近代宁波内河轮运业研究（1895～1949）》，硕士学位论文，复旦大学，2010。

④ 徐杨：《民国时期钱塘江航运研究（1912～1937）》，硕士学位论文，杭州师范大学，2013。

⑤ 杨建：《浙东运河之重要性与整理意见（附表）》，《浙江省建设月刊》1936年第10卷第3期，第8页。

一艘货船在曹娥江一处坝上倾覆，丧失数条人命后，曹娥江上所有的坝便关闭了，运河上的船只到达曹娥江后不得不换船转运，航行时间无谓损失。① 与此同时，曹娥江至姚江段的运河，为浙东运河河道状况最恶劣之处，其分南北两河。北河上有五夫坝、横坝、陡亹坝三座河坝，过坝皆需坝夫抬送，加之该河用作航运的同时还要兼顾灌溉，通航就更为困难；南河虽然航程仅为北河的1/2，航道状况也比北河更好，但过江石坝的坝费较他处尤多数倍。② 过了该段运河进入姚江后，船只还需沿江行约100公里才能到达宁波。

近代小轮航线的设置，也反映出萧绍段运河与杭州、宁波沟通的不畅。宁波沿姚江行驶的小轮航线，终点始终没有超过余姚，③ 萧绍地区的小轮航线，向西没有越过钱塘江，向东也没有越过曹娥江，④ 杭州与宁波之间没有经浙东运河直达的小轮航线。

萧绍段运河与杭州、宁波之间航路的问题，严重影响了宁波口岸的进出口贸易。1896年杭州开埠和海塘捐⑤取消后，“整个徽州茶叶贸易，同样还有本口岸（宁波口岸）几近一半的洋药（鸦片）贸易，每年价值约关平银3万两，都转向杭州，并使浙海关税收减少将近关平银70万两”⑥。然而徽州茶叶运到杭州后，并不是直接从杭州出口，而是由江南运河经嘉兴、松江，最后运抵上海出口。⑦ 但从杭州去上海的航程并不比宁波近，这样选择的一个主要原因就是，杭州至宁波的浙东运河沟通不畅。

二　浙东运河萧绍段的航道状况

萧绍段运河与杭州、宁波沟通不畅的同时，自身航道状况也不理想。

---

① 中华人民共和国杭州海关译编《近代浙江通商口岸经济社会概况——浙海关、瓯海关、杭州关贸易报告集成》，浙江人民出版社，2002，第39页。

② 杨建：《浙东运河之重要性与整理意见（附表）》，第11～13页。

③ 童隆福主编《浙江航运史（古近代部分）》，第261～267页。

④ 童隆福主编《浙江航运史（古近代部分）》，第367页。

⑤ 同治五年（1866）杭州为修筑海塘，对经过杭州的所有茶叶征收1关两的海塘捐。

⑥ 中华人民共和国杭州海关译编《近代浙江通商口岸经济社会概况——浙海关、瓯海关、杭州关贸易报告集成》，第39页。

⑦ 中华人民共和国杭州海关译编《近代浙江通商口岸经济社会概况——浙海关、瓯海关、杭州关贸易报告集成》，第165页。

“自杭至宁计程五百数十里，中隔钱塘、曹娥二江，又绍兴一带河窄坝多，剥船狭小，装货有限，运脚多所耗费。”①

首先是河道问题。从萧山县城至绍兴城段运河，河道忽宽忽窄，最宽处可达三四十米，最窄处仅十米；绍兴城至曹娥镇段运河，河道宽度差距更大，最宽的达百余米，最窄的曹娥镇段仅五六米。河道狭窄导致仅能通行以客运为主的小轮，大型货轮无法进入，运送大宗货物只能靠吨位较小的驳船②。且由于小轮航行速度较快，容易激荡起波浪，对两岸石磡③多有冲击。特别是萧山县城至柯桥段石磡，坍毁大半，而在石磡坍塌的情况下，水流冲击更易加剧河身的曲折。萧山县城和绍兴城内的运河水道，虽然皆与城外运河相通，但由于河道狭窄，船至城外后，不得不选择从城外的环城水道绕行，原本可在城内直接搭船的居民，必须先行至城外，多为不便。④ 面对如此宽窄不一的运河河道，无论小轮还是民船，航行皆属不易。河道宽阔处可多船并行，狭窄处则需避让排队，特别是小轮与民船航行速度差异较大，在河道狭窄的情况下，小轮航行超越民船时极易发生危险。

其次是船行过坝的问题。萧绍地区地势南高北低，多条自然河流自南向北穿过东西向的浙东运河，造成运河水位高度不一，为此运河上建造了众多水坝，“这种水坝旨在让运河保持合适的水位，它们是两个土做的斜坡平台，船在这两个坝之间往返，从这一段又到那一段”⑤。但船行过坝困难，需要人工牵引抬送，有时甚至还需将船上货物搬卸下来，换船转运，且运河上搬卸货物“偶尔用手推车，但常用的是杠棒，没有驮畜或马车”⑥。因此，无论是人工牵引抬送船只过坝，还是人力搬卸货物换船，耗费都很大，“坝费之昂，远过全程运费”⑦。

---

① 《筹办夷务始末（道光朝）六》，中华书局，1964，第2822～2823页。

② 这里驳船吨位较小是较大型货轮来说的。相比于货轮来说，驳船船体较小，吃水浅，载重量大，适宜在狭窄和浅水航道航行，因此成为内河航道货运的主要船只类型。

③ 石磡，石头砌成的堤岸。

④ 杨建：《浙东运河之重要性与整理意见（附表）》，第9～10页。

⑤ 中华人民共和国杭州海关译编《近代浙江通商口岸经济社会概况——浙海关、瓯海关、杭州关贸易报告集成》，第98页。

⑥ 中华人民共和国杭州海关译编《近代浙江通商口岸经济社会概况——浙海关、瓯海关、杭州关贸易报告集成》，第30页。

⑦ 杨建：《浙东运河之重要性与整理意见（附表）》，第5页。

1914 年夏季大旱，河道浅涸，越安轮船公司曾疏浚了所行航线（西兴至曹娥航线）的淤浅河段，并对碍航桥梁也做了适当的提高或改建。[①] 但疏浚工作的出发点是公司利益，仅对公司小轮航线上妨碍航行的河段或桥梁做局部改善，以保证该航线航行的顺畅，并非从改善运河航道状况出发。

1936 年萧绍段运河上“二十吨小轮经过时，已不盛颠簸之苦，日后驶行数百吨大轮时，危险更可想见”[②]，为促进浙东运河航运的发展，杨建奉浙江省建设厅之命，调查浙东运河水利状况，并写成《浙东运河之重要性与整理意见》以供参考。与利益导向下的民间疏浚行为不同，这是政府从促进区域开发和经济发展的角度出发，对浙东运河进行综合治理的计划方案，但可惜的是，因为全面抗战很快爆发，该项运河整理工程并未得以实施。

三　运河航运在萧绍地区近代交通体系中的地位

虽然近代萧绍段运河内外沟通的航道状况不佳，但是运河航运在萧绍地区近代交通体系中仍具有十分重要的地位。

（一）萧绍段运河上小轮与木帆船的航运规模

萧绍段运河上有两种水路交通工具，一种是近代兴起的小轮船，一种是传统木帆船。近代小轮的“业务以客运为主，沿途拖带民船快驳”[③]。传统木帆船种类较多，主要有游船、航快船、货运篷船、乌篷船、小划子、渔船等，其中游船、乌篷船、小划子专载客，货运篷船专载货，航快船客货兼载，渔船则专载渔获物。[④]

根据表 1，1932 年萧绍地区经营运河航线轮船公司或轮船局有三家，分别是越安轮船公司、临绍轮船公司和卓章轮船局。其中，越安和临绍两家轮船公司各拥有 5 艘小轮，运营西兴至曹娥全线；卓章轮船局拥有 3 艘

① 童隆福主编《浙江航运史（古近代部分）》，第 364 页。
② 杨建：《浙东运河之重要性与整理意见（附表）》，第 11 页。
③ 铁道部财务司调查科编《京粤线浙江段经济调查总报告书》，1931，第 D41 页。
④ 铁道部财务司调查科编《京粤线浙江段经济调查总报告书》，第 D43 ~ D44 页。童隆福主编《浙江航运史（古近代部分）》，第 390 页。

小轮，运营绍兴至西兴短线，不至曹娥；另外几家轮船公司或轮船局经营萧绍地区其他内河航线。

表 1　1932 年萧绍地区内河轮船企业概况

公司名称	所在地	船名	航线起讫及经过地点	备注
越安轮船公司	绍兴西廓门外虹桥下	越安 越宁 大通 越昌 新越昌	西兴至曹娥蒿坝，经过娄宫、偏门、五云、皋埠、樊江、陶堰、东关、曹娥	
临绍轮船公司	绍兴西廓门外	永兴 义兴 恒兴 久兴 振兴	曹娥至西兴，经过肖山、临浦、所前、杨汛桥、钱清、柯桥、绍城、昌安、五云、皋埠、樊江、陶堰、泾口、东关、蒿坝	为临绍越济、宏济、溥济三家合并组成
大华轮船公司	绍兴西廓门外	利民 长兴 仁兴 从云	西兴至道墟，漓渚至西兴	由童祖耀的溥济轮船公司改组
永济轮船公司	上虞百官	永济	百官至嵊县杉树潭	
卓章轮船局	绍兴西廓门外五牌	腾风 ×平 大鹏	绍兴至西兴，绍兴至瓜沥经西廓、弥陀寺、柯桥、亭后、安昌	卓章、德兴、永济公司为越安公司分支公司
德兴轮船局	绍兴昌安门外吊桥下	德兴 德丰	昌安至新埠头，经过马山、桃家埭、孙端	
永利轮船公司	绍兴安昌镇	安济 安青	肖绍下港一带	由原三兰轮船公司变更

资料来源：童隆福主编《浙江航运史（古近代部分）》，第 367 页。

根据表 2，1936 年 7 月萧绍航线（即上文各轮船公司运营的从西兴至绍兴或曹娥的航线）上的小轮以载货为主，小轮拖带的拖船以载客为主，两者总载货量为 432323 担，总载客量为 1827 人，由此估算 1936 年全年小轮与其拖带的拖船总载货量达 5187876 担，总载客量达 21924 人。①

① 由于萧绍地区处于长江以南，冬天河道并不封冻，因此每月运载量不会产生较大浮动。故本文用 1936 年 7 月的运载量乘以 12 个月，估算得到 1936 年全年的运载量。

表 2　1936 年 7 月萧绍地区内河各线轮船航行概况

航线	船数	总载重			单船最大吨位	拖船总载重	
		总吨	载货（担）	载客（人）		载货（担）	载客（人）
萧杭线	1	27.78		88	27.78	2010	1050
萧绍线	15	84.21	***429337***	***267***	8.25	***2986***	1560
绍虞线	6	34.05	173601		5.5		800

注：加粗斜体的数字原表中缺，是作者根据萧杭线和绍虞线已知的总吨和载货、载客数量比例计算出来的大概数值。

资料来源：童隆福主编《浙江航运史（古近代部分）》，第 367 页。

相比之下，萧绍段运河上木帆船的运载力则较低。笔者没有找到 1936 年萧绍航线上木帆船的运载量记录，但找到了 1933～1935 年西曹线上木帆船的全年运载量，由于 1933～1935 年与 1936 年时间上较为相近，因此可以将 1933～1935 年与 1936 年萧绍段运河上小轮和民船的运载量进行比较，来讨论两者运载力的大小。“1933～1935 年在杭甬运河西曹线中从事营运的木帆船共有 3495 艘……全年木帆船的运载能力是：客运量为 15800 人，货运量为 313925 担。”[①] 通过比较发现，木帆船全年客运量与小轮相比，差距不是特别大，仅少了 1/4，但货运量上，小轮为木帆船的十几倍。不过西曹线上木帆船数量为 3495 艘，绍萧线上小轮数量仅 15 艘，木帆船较之小轮数量众多、停靠灵活，因此在萧绍地区运河航运上仍占有十分重要的地位。

（二）近代公路、铁路运输对运河航运的影响

萧绍地区的杭曹铁路于 1937 年 11 月建成，当年年底为阻止日军进犯钢轨即被全部拆除，整个通车时间不到一个月。[②] 因此要考察运河航运在萧绍地区近代交通体系中的地位，重点是分析公路运输对运河航运的影响。萧绍地区运河、汽车、火车路线如图 1 所示。

近代萧绍地区公路有两段，一段是萧绍路，“起于萧山江边，经西兴、钱清、柯桥以至绍兴五云门，沿长共 51.81 公里，路面用碎石铺筑”[③]，

① 童隆福主编《浙江航运史（古近代部分）》，第 390 页。

② 罗关洲主编《绍兴市交通志》，浙江人民出版社，2007，第 242～243 页。

③ 铁道部财务司调查科编《京粤线浙江段经济调查总报告书》，第 D5～D6 页。

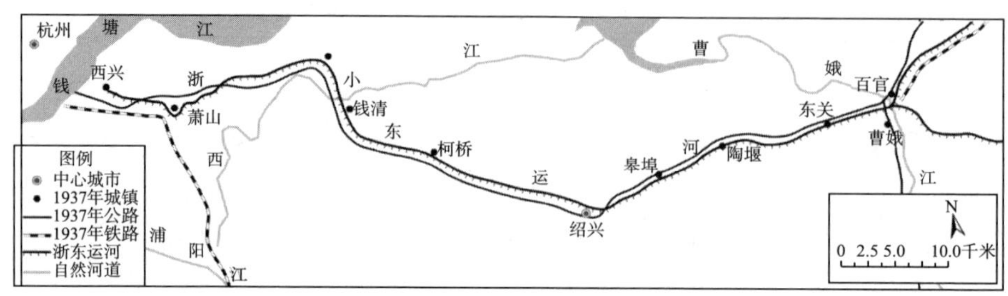

图 1　萧绍地区运河、汽车、火车路线示意

说明：本图中水道信息反映 1937 年情况，铁路、公路反映 1937 年以前情况。

资料来源：浙江省陆地测量局《浙江省全图》，1：400000，民国 26 年（1937），台湾“中央研究院”近代史研究所档案馆藏，经济部地图全宗，浙江省系列，档号 C/13－13。

1926 年全段通车。另一段是“绍曹嵊路，起自绍兴，经由曹娥、百官、嵊县而至新昌，长凡 40 公里，路面乃为碎石铺砌，系 1928 年私人修筑”①。

通过比较表 3 和表 4 发现，西兴至绍兴，小轮上等客票价为 0.6 元，下等仅 0.2 元，汽车客票价为 0.92 元，小轮票价比汽车便宜很多。从沿途停靠站数量上来看，西兴至绍兴，汽车有西兴、萧山、转坝头、吟龙闸、衙前、钱清、秦望、阮社、柯桥、义尊桥、西郭门、绍兴共 12 个停靠站，小轮仅西兴、衙前、柯桥、绍兴 4 个停靠站，汽车停靠点比小轮多很多。从速度上来看，西兴至绍兴，汽车快车仅需一小时四十六分，慢车也只需两小时七分钟，② 而小轮则需航行六个半小时，汽车速度比小轮快很多。

表 3　1927 年萧绍段各站里程、客票价、人数一览

江边	里程（里）	江边	
	客票价（元）		
	人数（人）		
西兴	里程（里）	6.7	西兴
	客票价（元）	0.1	
	人数（人）	82	

① 中华人民共和国杭州海关译编《近代浙江通商口岸经济社会概况——浙海关、瓯海关、杭州关贸易报告集成》，第 87 页。

② 《浙江省公路局杭绍线萧绍段客车行程速度表》，《浙江省道萧绍段三月刊》1928 年第 2/3 期，第 1 页。

续表

萧山	里程（里）	16.59	9.89											
	客票价（元）	0.23	0.14	萧山										
	人数（人）	2198	242											
转坝头	里程（里）	19.66	12.96	3.07										
	客票价（元）	0.28	0.18	0.05	转坝头									
	人数（人）	116	14	47										
吟龙闸	里程（里）	33.27	26.57	16.68	13.61									
	客票价（元）	0.43	0.36	0.23	0.19	吟龙闸								
	人数（人）	64	4	33	13									
衙前	里程（里）	39.22	32.52	22.62	19.56	5.95								
	客票价（元）	0.51	0.42	0.31	0.27	0.09	衙前							
	人数（人）	612	28	255	81	11								
钱清	里程（里）	47.72	41.02	31.13	28.06	14.45	8.5							
	客票价（元）	0.6	0.51	0.41	0.38	0.2	0.13	钱清						
	人数（人）	278	8	90	32	8	49							
秦望	里程（里）	54.72	48.02	38.13	35.06	21.45	15.5	7						
	客票价（元）	0.66	0.6	0.5	0.46	0.29	0.22	0.1	秦望					
	人数（人）	72	5	7	2	2	10	20						
阮社	里程（里）	60.72	54.02	44.13	41.06	27.45	21.5	13	6					
	客票价（元）	0.73	0.65	0.55	0.51	0.37	0.29	0.18	0.09	阮社				
	人数（人）	75	5	15	1	3	6	15	12					
柯桥	里程（里）	64.62	57.92	48.03	44.96	31.35	25.4	16.9	9.9	3.9				
	客票价（元）	0.77	0.7	0.6	0.56	0.41	0.34	0.24	0.14	0.06	柯桥			
	人数（人）	1344	53	152	61	17	72	169	82	24				
义尊桥	里程（里）	73.34	66.64	56.75	53.68	40.07	34.12	25.62	18.62	12.62	8.72			
	客票价（元）	0.88	0.8	0.68	0.64	0.5	0.44	0.35	0.26	0.18	0.12	义尊桥		
	人数（人）	33	5	3	1			3			22			
西郭门	里程（里）	81.03	74.33	64.44	61.37	47.76	41.81	33.31	26.31	20.31	16.41	7.69		
	客票价（元）	0.97	0.89	0.77	0.74	0.6	0.52	0.43	0.36	0.27	0.23	0.11	西郭门	
	人数（人）	120	16	23	21	10	9	9	6	4	157	25		
绍兴	里程（里）	83.45	76.75	66.86	63.79	50.18	44.23	35.73	28.73	22.73	18.83	10.11	2.42	
	客票价（元）	1	0.92	0.8	0.77	0.63	0.55	0.47	0.39	0.31	0.26	0.14	0.04	绍兴
	人数（人）	4677	87	287	56	62	233	315	97	61	2437	89	13	

资料来源：《浙江省道局萧绍段各站里程表》《浙江省道局萧绍段各站客票价目表（中华民国十六年六月一日订）》《各站往来乘客人数一览表（中华民国十六年十二月份）》。参见《浙江省道萧绍段三月刊》1928 年第 1 期。

表4　1921年越安轮船公司西曹航线小轮各停靠站票价与时刻

区别 地名	距离西兴（里）	西兴乘船票价（元）			开船时间（前后）	
		上等	中等	下等	去曹娥	从曹娥出发
西兴					上午9时半	正午12时
衙前	50	0.3	0.2	0.14	正午12时	上午9时
柯桥	70	0.48	0.32	0.2	下午1时半	上午7时半
绍兴	100	0.6	0.4	0.2	下午4时	次日5时下午3时半
五云	105	0.64	0.44	0.28	下午4时半	下午3时
皋埠	130	0.66	0.5	0.35	晚上6时	下午1时半
陶堰	145	0.7	0.54	0.36	晚上7时	正午12时半
东关	170	0.75	0.56	0.38	晚上8时半	上午11时
曹娥	190	0.8	0.6	0.4	晚上10时	上午9时半

资料来源：丁贤勇、陈浩编译《1921年浙江社会经济调查》，北京图书馆出版社，2008，第244页。

汽车速度快、停靠站点多，对于乘客来说，出行更为方便，路途上所花的时间也更少。汽车的这种优势在和小轮客运量的对比上有明显反映，1927年仅12月一个月，汽车各站总计乘车人数就达15370人，上文统计小轮及其拖船全年总载客量21924人，木帆船全年总载客量15800人，汽车一个月的客运量接近小轮及其拖船或木帆船一年的客运量。

但由于汽车票价较贵，在不赶时间的情况下，距离小轮停靠码头较近的乘客，会优先选择小轮航运。通过对汽车所停靠的江边站和西兴站乘客数量分析发现，江边站“每当沪杭火车到杭时，轮渡拖船十数艘，旅客来站数百人，永济而来，势如潮涌”①，但在西兴站“旅客由杭而绍，虽为必经之路，而上下之不拥挤者，以西镇有轮船公司在焉，故对于营业之收入，甚为寥寥”②。受钱塘江潮汐和风浪影响，小轮航线无法将起点设在江边，故汽车的江边站乘客数量众多，而在西兴站，由于小轮航线的存在，汽车的乘客数量寥寥无几，这种差异的原因就是汽车票价的昂贵。

① 费德元：《报告：江边站》，《浙江省道萧绍段三月刊》1928年第1期，第8页。

② 金钦治：《报告：西兴站》，《浙江省道萧绍段三月刊》1928年第1期，第12页。

据此可以得出结论，在客运方面，萧绍地区公路运输较之运河水路运输，速度快、停靠点多，乘车较为方便，因此客运量大。而在货运方面，“运河航运与其他交通方式相比，具有运量大、能耗小、投资省、占地少、成本低等优势”①，因此在萧绍地区“以火车未通，各货多以船运”②。公路运输和运河水路运输，作为近代萧绍地区最为重要的两种交通运输方式，在客运和货运上各有优势、互为补充，承担着萧绍地区对外经济与文化沟通的重任。

综上所述，萧绍平原南面凭山，北面负海，东西狭长，这一天然地势使得贯通东西的浙东运河自形成以来，一直就是萧绍平原沟通内外的大动脉。近代以来，尽管浙东运河萧绍段的内外通航条件不佳，但其依旧发挥着与杭州、宁波两大口岸间经济沟通和文化交流的作用。在经济沟通上，近代萧绍地区的主要出口货物，举凡茶叶、绍酒、锡箔、腐乳等，都要先通过浙东运河运往杭州、宁波，再转运上海。以平水茶为例，平水茶产于“绍兴、萧山、诸暨、余姚、上虞、新昌、嵊县七县，而集中于绍兴之平水镇”，当该茶在平水镇加工精制后，由“运河经绍兴达宁波及杭州”③，再运至上海出口海外。据统计，1888 年上海市场上有一半的茶叶都是平水茶。④ 在文化交流上，以邮政运输为例，近代公路出现以前，萧绍地区邮件往来全靠浙东运河维系，“从绍兴到杭州，先由航船运至西兴，再由邮差带来，16 小时后到达杭州”⑤。在近代宁波、杭州相继开埠的时代背景下，萧绍地区正是因为有浙东运河艰难但持续地连通两地，才能成为这两处口岸的重要腹地，继而在杭、甬两座城市的共同影响下，逐步走上近代化的发展道路。

---

① 樊如森：《华北与蒙古高原近代经济地理》，华东师范大学出版社，2015，第 181 页。

② 实业部国际贸易局编纂《中国实业志二（浙江省）》第三编《商埠及都市》，实业部国际贸易局，1933，第 67 页。

③ 吕允福：《浙江之平水茶叶》，实业部上海商品检验局，1934，第 1 页。

④ 李必樟译编《上海近代贸易经济发展概况：1854 - 1898 年英国驻上海领事贸易报告汇编》，上海社会科学院出版社，1993，第 736 页。

⑤ 陈梅龙、景消波译编《浙江近代对外贸易及社会变迁——宁波、温州、杭州海关贸易报告译编》，宁波出版社，2003，第 237 页。

Modern Shipping Situation Analysis of Zhedong Canal in Xiaoshao Section

Yan Chen

Abstract: This paper investigates the communication situation between the two ends of Zhedong canal in Xiaoshao section and the ports of Hangzhou and Ningbo, as well as the unsatisfactory situation of Zhedong canal in Xiaoshao section with narrow channel and many dams on it, and then analyzes the limitation of traditional wooden sailing boats and small ships in shipping routes and scale. By further comparing the operation status of small ships and automobiles after the rise of Xiaoshao highway in modern times, this paper analyzes the advantages of small ships in freight and cargo volume, and thus affirming the indispensable and important historical position of canal shipping in the external economic and cultural communication of Xiaoshao plain in modern times.

Keywords: Zhedong Canal; Inland Shipping; Xiaoshao Region

（责任编辑：胡克诚）

专题研究四：运河考古

聊城元代运河沉船的发掘与复原*

陈清义　刘　超　孙　晶　魏　聊**

内容摘要　2002 年 4 月在京杭运河（聊城段）出土了一艘古沉船，根据船体形制、构造和随船出土器物，参照河北磁县南开河元代沉船和菏泽元代沉船的情况，确定该沉船亦为元代古船，用途为运粮的漕船。在前期脱水、清理和保护的基础上，聊城中国运河文化博物馆参照元代古船的实例和相关文献记载，对沉船的主尺度、型线、结构以及帆装等总体布置进行了有效复原。

关键词　京杭运河　聊城　沉船　发掘　复原

2002 年 4 月 13 日，聊城市在疏浚京杭运河（聊城段）时发现一艘元代沉船残骸。聊城市文物局闻讯后，立即对古船及其周围采取了保护措施，并遵照《田野考古工作规程》进行了抢救性发掘。发掘完毕后，沉船残骸先运至聊城光岳楼管理处库房，经过脱水处理后予以保存。2011 年，有关部门将沉船及随船的出土物品移交聊城中国运河文化博物馆，由该馆完成了对沉船的修缮和复原。

---

* 本文为国家社科基金“京杭运河山东段考古资料的整理与研究”（18BKG028）的阶段性成果。

** 陈清义，聊城市海源阁管理处文博副研究馆员，主要研究方向为聊城地方文献及运河文化；刘超，聊城市光岳楼管理处文博研究馆员，主要研究方向为文物修复；孙晶，聊城市光岳楼管理处文博研究馆员，主要研究方向为文物保护；魏聊，聊城市光岳楼管理处文博研究馆员，主要研究方向为古建筑学。

一　沉船的发掘和断代

（一）沉船的发掘

元代沉船沉没地点位于聊城市古城东 1 公里的闸口（明清时期的通济桥闸原址）北 100 米处，其位置为运河河床的西侧，距运河东岸约 8.6 米，距现地表约 5.5 米。出土时，该船残骸头北尾南，呈西北东南向（南偏东 10°）。沉船发掘地点及发掘现场见图 1、图 2。

图 1　聊城元代沉船发掘地点

图 2　聊城元代沉船发掘现场

经过清理，叠压于沉船残骸之上的堆积物自上而下大致分为三层。

①层，黑色淤土，厚 0.5 米，包含物较多，有近代砖、瓦、瓷片等；

②层，浅黑色淤土，厚约 0.15 米，包含物较多，可辨认者多为明清时期的瓷片；

③层，黄褐色沙质土，包含有小淤层，包含物较多，可辨认者多为元代的瓷片。

沉船出土于第三层下，其下为厚而纯净的黑色淤泥，由于不断有水涌出，未继续清理。

沉船的两侧帮上部和船头、船尾挡板上部早年已被腐蚀，在运河疏浚清淤过程中，又被挖掘机挖掉了船头和船身中间约 5 米 ×4.5 米的部分。该船现存部分呈长条状，多是船底，底长 16.2 米，从残留的船底木板上看出，沉船的两端窄，中间宽，船头宽 2 米，尾宽 1.62 米，沉船中间宽 2.8 米（见图 3）。

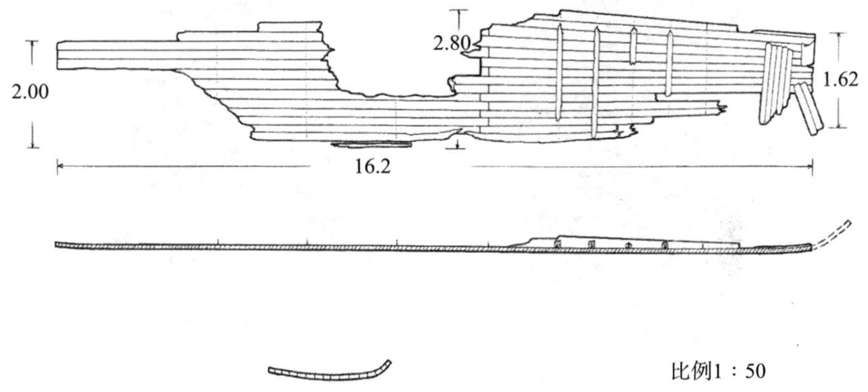

图 3　聊城元代沉船残骸平、剖面（单位：米）

沉船的制作木料为杉木，残存船身结构分为 8 个区，由 7 道横梁相隔，横梁宽 0.15 米，横梁高残存有 0.1 米，整船残存 48 块木板，两根圆木。在起运之前，将每块木板进行了编号，编号顺序为自西向东排列，残存船底 15 块，编号为 1～15，如有两段相接的，在每号后加 A、B。残存横梁 4 道，编号为 16～19，船尾挡板 2 块，编号为 20、21。船尾南约 1 米，有 5 块木板，应是船尾板，编号为 22～26。船尾南部残留圆木 2 根，编号为 27、28。其中编号 14、15 是船东侧帮的下部，与船底相接。

残船板与板、横梁与底帮连接处均用铁钉铆合。底板由枣核钉连接，枣核钉为四棱形，中间宽，两端细尖，通长 0.07 米，两钉之间的钉距为 0.15 米。沉船的横梁与船底和船帮是用下粗上细的四棱锥形钉加固，锥形钉顶上为圆形，粗0.07米，钉长0.12米，钉距为0.1米。船底板厚0.045米，长16.2米，宽0.185米，横梁残长2.55米。

沉船随船出土大量瓷片，可辨器形共有杯、碗、盅和韩瓶等43件，4件较为完整的瓷器出于船底舱内，都具有典型的元代特征。其中：韩瓶，2件，一只完好，一只腹部残，酱釉，红褐色，俗称“铁胎”，二者形制和尺寸完全相同，小口、斜肩、收腹、小平底，口径0.037米，肩径0.093米，底径0.041米，高0.183米（见图4）；青瓷碗，1件，残，内外施半釉，高0.075米，底径0.062米，圈足，露红胎（见图5，左）；高足杯，1件，残，青瓷釉，白胎，残高0.068米，底径0.034米，龙泉窑（见图5，右）。

图4　聊城元代沉船舱底出土酱釉韩瓶

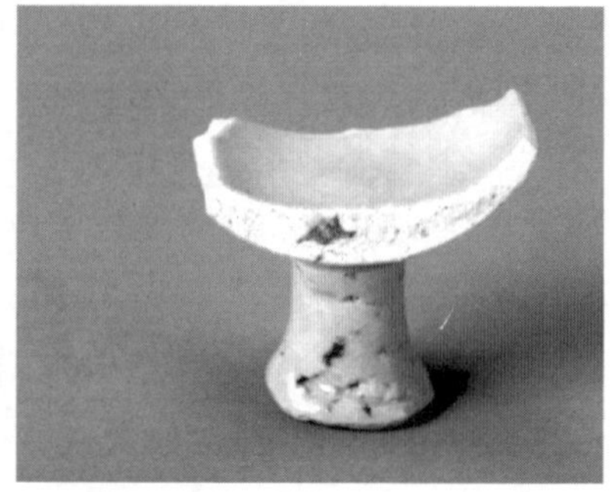

图5　聊城元代沉船舱底出土青瓷碗和青瓷高足杯

（二）沉船的年代和性质

如前所述，该船出土于③层下，③层出土的基本都是元代瓷片，更重要的是，船上特别是船舱底部出土的瓷器也都具有明显的元代特征，这说明该沉船的年代不会早于元代。至于是不是元代，尚需来自船体自身的证据证明。

该沉船虽已残损，但船底和船的整体结构尚能辨认清楚。该船系平底船，船底由长条木板拼接而成，两端另结挡板。沉船的这种形制，跟1975年在河北磁县南开河村漳河故道中出土的6艘木船非常相似。根据发掘资料，磁县南开河村出土的6艘木船材质也为杉木，由于4号船的船舷尾部烫有“彰德分省粮船”字样（见图6），而彰德分省设立于元顺帝至正十二年（1352），由此可以判定这6艘木船的年代为元代，性质为漕船。这6艘木船虽然出土时均已残破，但仍能看出方头、平底的总体特征，船内分为数舱，船舷安装大腊。其中，5号船的损坏较少，残长16.6米，残宽近3米，保存有11舱，船尾设平衡舵，船板采用平头错缝平接法，梁与舷的结合处用大铁钉加固。[①] 这些情况都与聊城出土的沉船极为相似。此外，2010年在菏泽市国贸中心工程工地发掘的元代沉船，[②] 材质亦为杉木，形制和结构也类似于聊城沉船，由此可以基本断定聊城沉船的年代当为元代。

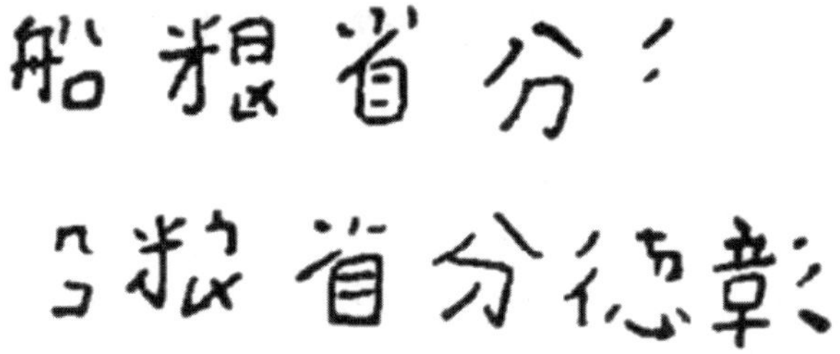

图6　磁县南开河村4号沉船的船舷尾部所烫“彰德分省粮船”字样

至于聊城出土沉船的性质和用途，笔者倾向于其为运粮漕船。之所以这样推断，主要是因为随船的出土物品。聊城元代沉船的形制和结构跟磁县南开河村出土的6艘元代木船和菏泽出土的元代沉船均十分相似，充分

① 磁县文化馆：《河北磁县南开河村元代木船发掘简报》，《考古》1978年第6期。

② 山东省文物考古研究所、菏泽市文物事业管理处：《山东菏泽元代沉船发掘简报》，《文物》2016年第2期。

说明了其内河船的性质。但就随船出土物品而言，聊城元代沉船上出土的4件瓷器，规格普遍很低，且有非常明显的使用痕迹，说明其为船上之人吃饭、储酒或储水的必备之物，而使用者的身份地位绝不会太高，应当为船上的船工所用物品；与此形成鲜明对比的是菏泽元代沉船，该船上除了出土少量质地粗糙的碗、罐等日用器之外，大量出土的则是质地精美、绝少重复且成套出现的瓷器，如青白玉荷叶笔洗、青石砚等文房用具，以及寿山石罗汉和金饰镶绿松石耳坠。[①] 随船出土物品的反差，充分说明了聊城元代沉船与菏泽元代沉船的性质和用途应该是截然不同的，已有研究者指出，菏泽元代沉船绝非普通的货船或运粮的漕船。[②] 反观磁县南开河元代沉船出土瓷器的规格，基本都与聊城沉船的出土瓷器相类，由于南开河元代沉船的漕船性质非常明确，则聊城沉船的漕船性质应当也无疑问。

聊城沉船出土地点南邻的闸口为明代的通济桥闸，该闸是为调解聊城段运河水位落差而设。由于漕船在梯次过闸的过程中，经常会发生船翻粮毁之事，由此推断，出土的这艘沉船极有可能就是因为桥闸损毁而沉没。

二　沉船的复原

为了对沉船进行妥善的修缮和复原，聊城中国运河文化博物馆多次召集专家进行论证，根据专家的意见，严格按照木器文物修复规范，为沉船制定了科学的复原方案。

（一）船材的保护和修复

沉船修复的第一步是对船材进行修复与保护，主要措施如下。

1. 船材的清理与保护

一是对船体木材进行脱水、脱盐处理。沉船残骸发掘出土时船体木材浸饱了水分，要想更好地保存船体，首先必须进行脱水。当时采用的是自然脱水法，即用湿布覆盖在船体残木上，防止水分迅速散失，最初是每周向湿布洒水一次，一个月后是每月洒水一次，半年后是三个月洒水一次，

① 山东省水下考古研究中心：《海岱遗珍：山东出土文物汇编》，文物出版社，2019，第74～85页。

② 顾志洋：《山东菏泽沉船的考古学研究》，硕士学位论文，北京大学，2016，第91～92页。

最后将湿布去掉，在阴凉环境下将残船木板放至干燥。这种自然脱水的方法，容易造成盐分在船材中的富集，所以还必须脱盐，采用的方法是纸浆糊敷，即采用 ICP 的分析手段对纸浆浸出液进行测试，观察浸泡液中离子浓度的变化，来判断脱盐效果。

二是对作为船身主体的木材进行清洗及灭菌。沉船船体自然脱水后，表面尚有一些污渍，使用毛刷及蒸馏水进行清理和清洗工作。对于较为顽固的污物，采用酒精和水的混合溶液进行清洗。特别顽固的采用一些柔和的清洗剂进行清洗。清洗结束后使用硼酸、硼砂进行灭菌处理。

三是对连接船体木材的铁钉进行保护。沉船的船板是用铲钉固定的，出土时均腐朽严重。使用低浓度磷酸溶液将残留在木构件中的铁转化为稳定的磷酸铁，使用纸浆敷贴方法脱去残存药液，最后用 3% 的 B72 酒精溶液进行封护。

2. 船材的加固与修复

针对聊城沉船船材存在的病害，吸取菏泽沉船保护修复经验，采取了以下措施。

一是衬板工艺。一些船材因外表面腐朽，厚度降低，整体强度也有所降低，如船底板右侧两块板及隔舱板等。衬板工艺可以增强船材的整体强度，但整体厚度不超出原有整体厚度，使用不锈钢螺丝钉将旧船材固定在新做的衬板上。

二是镶嵌工艺。镶嵌工艺是衬板工艺的延伸，即按照构件复原尺寸制作出土新材，在新构件上按照残存构件形状挖出空洞，将旧构件镶嵌其内，并用不锈钢钉将其与新构件连接。主要用于无强度且尺寸不够的构件（见图 7）。

图 7　镶嵌工艺示意

三是补缺工艺。部分船材腐朽残缺，但根据其形状，可以推知其整体尺寸。对于残缺部分，采用新杉木或舱料进行了补缺（见图 8）。

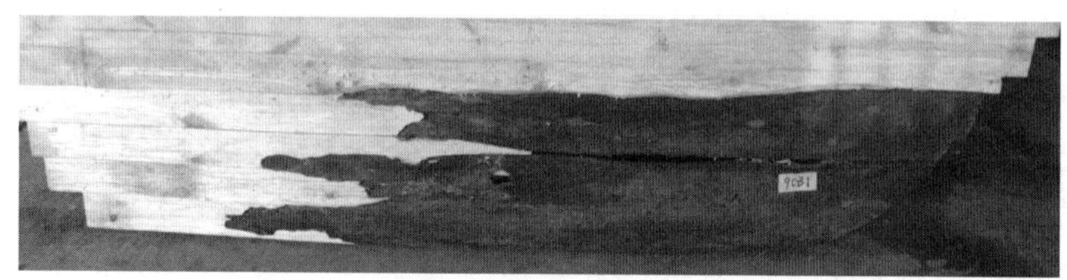

图8　补缺工艺示意

四是断裂复原工艺。首先将缝隙内污物清理干净，对于断裂情况，采取双向施压，恢复原位，当凹凸面自然吻合后，使用不锈钢角铁将断口处与上下板间进行连接。

五是开裂连接工艺。利用自制的水平和横向夹板固定需要穿钉的位置，自制水平钻孔设备在船板上钉孔间隙部位打孔。穿入经过柔化和消毒的麻丝，后用不锈钢螺杆旋入。麻丝的使用降低了不锈钢材对木材的影响，同时还可增加摩擦力，起到更好的加固作用。

六是矫形工艺。矫形是指对船外板及底板变形部位进行矫正，使其复原在船体上的空间形状。在脱水定型过程中，在扭曲点两侧及各着力点均使用木砖及木质垫板支撑，利用千斤顶对扭曲点缓慢施压，可完成扭曲矫形。对于挠度与船体型线不符的船外板，初步依照隔舱板的型线对其进行矫形。

（二）沉船的复原

沉船的复原完全等同于新造船只，需要先搭建船台，整体复原工作在船台上进行。船台采用方木和板材相结合的方法进行搭建。船台搭建完毕后，即开始对沉船进行复原。

1. 测绘与拼对

对隔舱板、船外板进行测绘。根据磁县南开河元代沉船和菏泽元代沉船的结构，结合文献记载，可知元代内河船一般都有13个舱，由12道横隔舱板、首封板和尾封板隔开。聊城出土的这艘古船也是如此。对船体的测绘是按照自首向尾的方向，以舱壁板厚度中线为准，测得第一道横舱壁到尾封板下端间距分别为1070毫米、1020毫米、1080毫米、1150毫米、710毫米、1290毫米、1270毫米、1550毫米、2030毫米、1040毫米、965毫米、2055毫米（见图9）。

拼对船上的木构件。将已脱水正形的每一块沉船木构件按照拆卸编号进行分类，检查是否缺少；将已分类的每一块船木构件按照拆卸的图纸和编号排列到原来的位置；以沉船发掘的考古资料、拆卸图纸、编号等原始

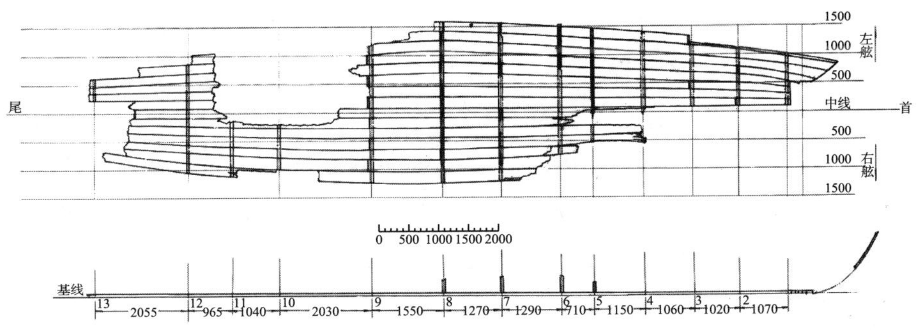

图9　聊城沉船实测（单位：毫米）

资料为依据，将沉船的木构件进行拼对；在前期对船板分类排放的基础上，将可能是船底板的船材放置在船台上进行拼对。先从中心龙骨开始，向外逐渐修复拼合。有病害的船材按照上述技术方法进行修复后使用。残缺严重者使用同种木材进行修补。

按照隔舱板、船外板的测绘图纸和复原效果图，先从隔舱板修复开始，然后拼装船外板和甲板，方法类似于修复船底部分。其他部位修复，主要是船首，其方法也参照工艺原始顺序，逐步实施。

2. 船体复原

一是型线的复原。依据出土时测得的沉船各横向壁板间距、船首部轮廓及尾封板痕迹，先绘出中纵剖线。将测得的舱壁轮廓（含顺势延伸）线当作型线图的站线，并放置于对应舱壁处，此时已经基本得出船宽，加上首部轮廓（含已知的首部宽度），参考已经出土的菏泽元代沉船、梁山沉船、天津张湾沉船的尺度比，并结合总布置草图，绘出型线图。其中，水线取5根，纵剖线取6根，进行三向投影，使之达到光顺、协调和投影一致。由此可得出：船总长17.38米，设计水线长16.80米，型宽3.20米，型深1.30米，吃水0.80米，和沉船出土时所测底长16.20米相差无几。

二是舱室的复原。在修复、测绘过程中，发现该船实有水密舱11个。1号舱壁至船首为首尖舱，可堆放系泊绳索、杂物。第1至第8舱，既可作为简易客舱，也可装载一定的货物。第9、10、11舱为官舱。第12舱主甲板之下为储藏室，甲板上为操舵摇橹之所。从官舱至船首，甲板两舷均留有通道，可供人员走动，便于撑篙、装卸货物、上下船等。官舱顶为木棚顶，以矮栏杆装饰。操舵顶篷为木材和席制的双层篷。

三是行船和停船设备的复原。行船期间保持船体平衡的操纵设备——平衡舵，虽然宋代就已出现，如1978年天津静海出土的宋代河船即有实物出土，[1] 但其平衡系数很小。前述菏泽的元代沉船上出土了我国首次发现的“真正意义上的平衡舵”[2]（见图10），聊城沉船上之平衡舵即据此复原。作为大体量的货运船，桅杆是必不可少的动力设备，但聊城沉船上却并未发现桅座痕迹，估计使用的应该是可倒的人字桅，这种桅杆样式在张择端的《清明上河图》和王希孟的《千里江山图》中均有体现，同时复原的还有系于桅杆之顶用于拉纤的纤索。由于运河船多，加之会通河的航道较窄，用尾橹比用桨更为方便，故配尾橹2支，[3] 另配8支撑船的钩篙，用于行船；船首的三爪铁锚（也可改配四爪铁锚[4]）1只，分别设于船首部和船中后部两舷的系缆桩（将军柱）4个，用于泊船。

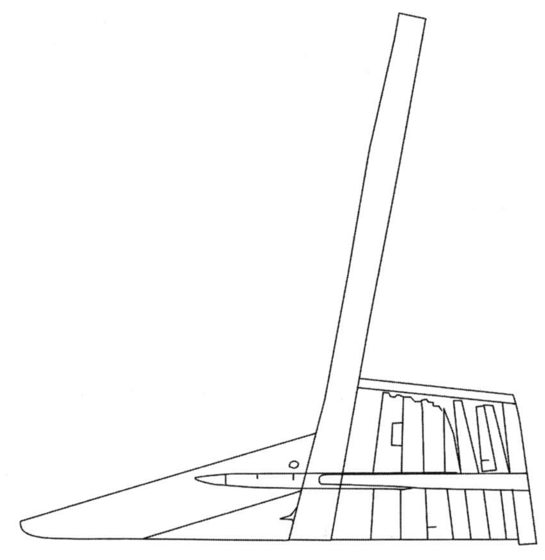

图10　菏泽沉船平衡舵示意

说明：改绘自《菏泽古船保护修复》图四。

四是钉连处的复原。聊城沉船及闸板腐朽程度相对较严重，沉船修复过程中，尽可能使用传统船钉（见图11）。隐蔽、受力大的部位使用不锈

① 天津市文物管理处：《天津静海元蒙口宋船的发掘》，《文物》1983年第7期。

② 吴双成、吴昊、尚津济等：《菏泽古船保护修复》，《江汉考古》2014年第S1期。

③ 在许广州等编著的《台前大运河——大运河台前段历史沿革与运河文化研究》一书中记述了两段会通河航段船工摇橹的号子，即为会通河上航船使用橹的明证。（东北师范大学出版社，2010，第155～157页）

④ 菏泽沉船上出土了元代的四爪铁锚。参见山东省文物考古研究所、菏泽市文物事业管理处《山东菏泽元代沉船发掘简报》，《文物》2016年第2期。

钢螺丝、不锈钢燕尾钉，将新材料、新工艺融合入传统工艺。

图 11　沉船上的传统船钉（从左至右依次为方钉、钩钉、扁头钉和蘑菇钉）

五是色泽上的复原。聊城沉船修复过程中，在有据可依的前提下进行修补。新修补木材多使用杉木，新鲜木材与旧材色泽上差距较大，必须进行做旧。做旧过程中，坚持由浅及深、整体协色的处理原则。主要使用水溶性黏合剂与矿物颜料。达到“远看一致，近观有别”① 的效果。

六是舱料的复原。舱料是木船营造过程中必不可少的材料，主要起到密封作用。聊城沉船船板缝隙间是填充舱料，现因腐朽而丢失，使用舱料进行填充，不仅可以起到黏结船板的作用，同时也起到密封船钉的作用。

复原工作完成后，聊城元代运河沉船如图 12 所示。

图 12　修复后的聊城元代运河沉船

① 吴双成、吴昊、尚津济等：《菏泽古船保护修复》，《江汉考古》2014 年第 S1 期。

三 结语

元代会通河的开通，大大提升了聊城的地位。原本偏居鲁西一隅的聊城很快成为京杭运河上重要的漕运枢纽，虽然以2010年发掘的梁水镇土桥闸①为代表的一批运河水工设施和以2011年发掘的阳谷七级码头②为代表的一批运河码头，都可以作为这一点的有力证明，但作为漕运唯一载体的漕船的缺席，不能不说是一种遗憾。正如罗哲文先生所言："没有舟船，运河就无法发挥作用。"③ 从这个意义上说，2002年发掘、2011年后复原的聊城元代沉船，成为聊城在漕运史上重要地位的又一有力实物证据，对研究大运河聊城段的漕运史具有非常重要的考古价值。

更重要的是，聊城元代沉船既是京杭运河山东段首次发现的元代沉船，也是迄今为止在京杭运河段主航道中发现并发掘的第一艘元代沉船，该船的出土和复原，对于研究元代内河船和漕船的形制、制造工艺具有非常重要的考古价值。运用考古类型学的方法，将该船的相关考古资料与河北磁县南开河元代沉船和菏泽元代沉船资料相结合，必将开拓元代内河船、漕船研究的新局面。

Excavation and Restoration on the Shipwreck of the Yuan Dynasty of the Beijing-Hangzhou Grand Canal in Liaocheng

Chen Qingyi, Liu Chao, Sun Jing, Wei Liao

Abstract: In April 2002, an ancient shipwreck was unearthed in the Beijing-Hangzhou Grand Canal (Liaocheng section) of China. According to the shape

① 山东省文物考古研究所、聊城市文物局、聊城市东昌府区文物管理所：《山东聊城土桥闸调查发掘简报》，《文物》2014年第1期。

② 山东省文物考古研究所：《阳谷京杭运河七级码头遗址》，《山东省文物考古研究所·考古年报·2011》，第28页。

③ 罗哲文：《对大运河保护与申遗工作的期望》，《中国文物报》2006年7月6日。

and structure of the ship and the objects unearthed with the ship, and with reference to the shipwreck of the Yuan Dynasty in Nankai River of Cixian County, Hebei Province and in Heze City, Shandong Province, it is determined that the shipwreck is also an ancient ship in the Yuan Dynasty and used as a water ship for transporting grain. On the basis of previous dehydration, cleaning and protection, with reference to the examples of ancient ships in the Yuan Dynasty and related literature records, the China Canal Culture Museum effectively restored the general layout of the shipwreck, such as the main scale, shape, structure and sail installation.

Keywords: the Beijing-Hangzhou Grand Canal; Liaocheng; Shipwreck; Excavation; Restoration

（责任编辑：官士刚）

河北省馆陶县徐万仓调查记

李鹏为[*]

内容摘要 2019年末至2020年初，邯郸市文物保护研究所对河北省馆陶县徐万仓村进行了全面考古调查、勘探工作。经过近三个月的相关工作，我们初步了解了徐万仓的遗存分布情况，同时对徐万仓的历史地位和明清时期馆陶一带仓廒类型有了初步的认识。本文将相关调查情况及初步认识整理成文，以供研究者参考。

关键词 馆陶 徐万仓 运河 卫河 仓廒

河北省馆陶县王桥乡徐万仓村位于今漳、卫两河交汇处，毗邻河北省大名县周庄村和山东省冠县王安堤村，位于“两省三县”交界处。自21世纪初河北、山东两省陆续开展对大运河邯郸段的调查工作以来，[①] 徐万仓逐渐进入研究者的视野。《唐故许氏夫人墓志铭》[②] 出土以后，有关徐万仓是否为隋唐永济渠流经地的讨论也逐渐增多。2019年，受河北省文物局委托，邯郸市文物保护研究所进入徐万仓村，展开文物考古调查及勘探工作，经过近三个月时间的走访、调查、勘探，我们对徐万仓村保留的遗迹遗存情况以及文献真实情况有了初步的了解和掌握。现将调查情况整理成文，作为这一阶段工作的总结。

---

* 李鹏为，历史学硕士，邯郸市文物保护研究所文博馆员，主要研究方向为河北考古及古文字学。

① 邯郸市文物保护研究所：《隋唐运河邯郸段调查报告》，载王兴、李亚主编《邯郸运河碑刻》，河北美术出版社，2012。

② 桂士辉、李海英：《唐故许氏夫人墓志考释》，《邯郸职业技术学院学报》2015年第1期。

一　徐万仓现状及田野调查勘探情况

徐万仓村今隶属馆陶县王桥乡，是一个比较小的自然村，向北是路庄村、秤钩湾村（属山东冠县），向西是吉固庵村、芦里村，向南是刘齐固村、周庄村（属大名县）。该村人口不到1000人，耕地不到900亩，多数以种植大蒜和外出务工为主要收入来源。徐姓是村中主要姓氏，其他姓氏极少。我们驻村后，曾邀请村里一些年龄多在70岁以上、具有一定文化的老者一起座谈，并进行了实地踏查，对该村的地形地貌、迁徙过程、土地平整情况等有了基本的了解。

徐万仓村在新中国成立初期，大概只有三四十户人家。全村沿卫河西侧岸边南北一线（今卫河河北堤坝东侧）错落分布。1963年海河全流域发生洪灾，卫河决堤，全村整体西迁至今卫河河北堤坝以西，即今徐万仓村位置，整体上仍呈南北狭长式分布，保留了原来的村落结构。1963年以后，国家水利部门对海河流域进行了综合性治理，修筑堤坝，建设水库，使得海河流域洪灾发生的可能性基本被消除，卫河流域也筑起沿线堤坝。在筑堤过程中，就地取土，使得卫河两侧长达百余米的范围内土方作业面积巨大，取土深度达到了1～3米。这对我们调查徐万仓的水次仓情况颇为不利。考古队采用区域调查方法，对徐万仓村及其周围展开了拉网式调查。但由于上述原因，经过调查，未能发现明显的地表遗迹。

有鉴于此，2019年10月底至2020年1月中旬，邯郸市文物保护研究所在对招募到的村民进行简单培训之后，在馆陶县文广新局和县博物馆同人的配合下，对徐万仓村内外进行了考古勘探（勘探范围见图1）。

通过近三个月的勘探工作，我们对徐万仓村及其周边的地层情况及遗迹遗物分布情况有了初步的了解。现简要汇报如下。

首先，在徐万仓村内，于村东北地发现一条河道遗迹。除此以外，没有其他发现。随后，考古队遂逐步扩大勘探半径，最终在徐万仓村南与村西都有一些发现。在徐万仓卫河险工以南，发现较大面积的瓦砾建筑遗迹。现取其中一处探孔揭露的地层情况为例进行介绍，见图2（a）、图2（b）。

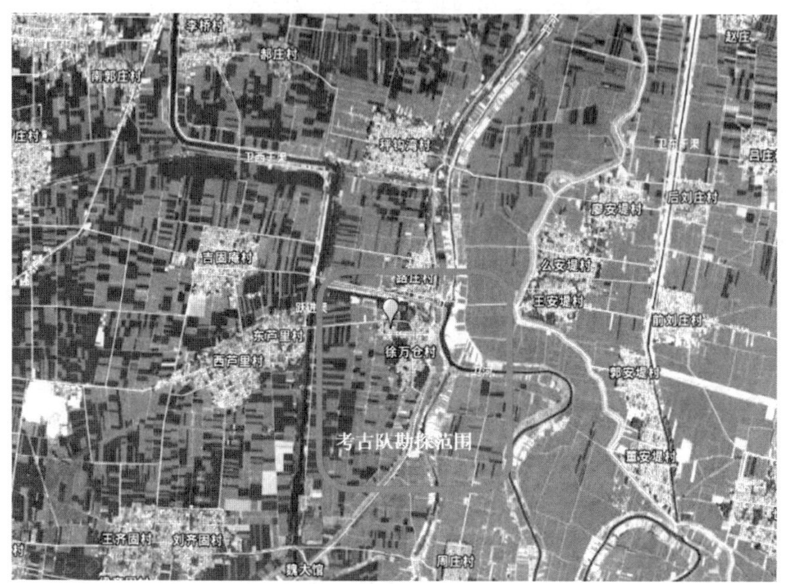

图 1　勘探范围

图 2（a）　徐万仓卫河险工以南瓦砾遗迹探孔土样 1

图 2（b） 徐万仓卫河险工以南瓦砾遗迹探孔土样 2

①层，耕土；

②层，0.3 米，红黏土；

③层，1.0 米灰淤土（含砖块，瓷片）；

④层，2.0 米黄沙（细沙）直到 2.50 米没打穿。

这片瓦砾遗迹区范围较大，由于勘探地位于徐万仓村农田区内，农田内种植的都是大蒜，属于经济作物。为避免造成村民财产损失以及不必要的纠纷，在初步勘探阶段，我们没有进行密探，而是采取了粗探的勘探方法，在田埂、地垄、乡间土路等易于勘探的地区进行了勘探工作。经过勘探，我们发现，建筑瓦砾遗迹在卫河堤坝以东大约 50 米处自南向北普遍存在，长度 400 余米，宽度 70 余米，已探明面积在 3 万平方米左右。部分地点遗迹范围仍向东继续延伸，尚未找到边界。

我们对徐万仓险工（见图 3）附近南北及东侧也进行了补充勘探，通过勘探也能发现零星瓷片碎渣，但未发现砖瓦块等，地层堆积以淤沙为主，怀疑这里曾经是河道冲积区或古河道所在位置。

稍后，勘探队继续向刘齐固村方向扩展勘探，未发现相关遗迹现象。随后，考古队将重点转移到卫河堤坝以西，在徐万仓村南徐万仓险工西北附近进行勘探，来考察是否有建筑遗迹存在。经过勘探，发现一条河道，宽度在 250 米左右，大体呈南北流向。取一处探孔介绍地层情况（见图 4）。

图3　徐万仓险工

图4　徐万仓险工西北河道遗迹探孔土样

①层，耕土；

②层，0.3米，红黏土；

③层，1.3米，黄淤土（含黏性）；

④层，3.2米，黄沙（细沙），直到5.0米没打穿。

随后我们对徐万仓村西地区勘探，未发现河道遗迹。在徐万仓通芦里村马路以北徐万仓小树林东南地区，发现一处建筑遗迹，面积在 3000 平方米左右，开口略深，在 2 米以下，取一处探孔介绍地层情况：

①层，耕土；

②层，0.3 米，红黏土；

③层，1.0 米，黄沙土；

④层，2.0 米，灰淤土（含黏性，有陶片，砖块）；

⑤层，4.0 米，黄沙土；

⑥层，4.8 米，黄淤土（含黏性）。

其他情况和徐万仓村东南建筑遗存情况基本相同。

另外，我们在徐万仓村东南地和村西南地还发现疑似墓葬 3 处。概括而言，徐万仓村及其周边的地层比较简单，遗迹分布也比较集中。

二　徐万仓遗存性质探析

综上可知，通过近三个月时间的田野调查及勘探工作，徐万仓村及周边存有瓦砾建筑遗迹、古河道、墓葬三类遗存。现逐一略做分析。

徐万仓得名时间不详，当地民间传说“河南八府来纳粮”，故多认为此地因粮仓而得名。按照河北省文物局的要求，邯郸市文物保护研究所到徐万仓开展田野考古调查勘探工作主要是寻找粮仓遗迹，以确定徐万仓是否即隋唐永济渠抑或京杭运河支线等运河文化带的关键节点。我们进驻徐万仓以后，首先根据馆陶县当时仅存的清光绪十九年（1893）《馆陶县志》和光绪三十四年（1908）《馆陶县乡土志》，对相关运河文献内容进行了查阅。但两部志书对于徐万仓的记载有限。仅光绪《馆陶县乡土志》记载，时任知县郑德立“督率沿河村民在于引、卫两河之间添修小埝一道，自直隶元城县界何庄起至周庄止，长四百八十丈，复于引河西岸自元城界红花堤起至徐家仓卫河止，筑堤七百三十丈”①。周庄是今馆陶县与大名县交界处村庄，隶属大名县。当时知县郑德立在元城县（即今大名县）和馆陶县交界处，又筑堤至徐家仓，堤长 730 丈，合今 1800 米左右，正好位于今徐

① 光绪《馆陶县乡土志》卷 7《山水》，《中国方志丛书·华北地方 41》，台北成文出版社，1967 年影印本，第 340 页。

万仓村附近。于此可知，徐万仓在清末还被称为“徐家仓”。

光绪《馆陶县志》并未记载徐万仓附近有粮仓的存在。馆陶县有官仓，但不在徐万仓：“旧云在仪门，不知何时移至县治东北，康熙十年，知县郑先民凡征收临（即临清仓）米麦及漕粮水次兑军俱在此”。有清一代，馆陶县仓只负责储存本地漕粮，与民间传说不符。此外，光绪《馆陶县志》中还记载了一些更小规模的仓廒：“预备仓，在县治西北，每年县令捐俸积谷，以备赈荒。尖冢仓，宋置。元至元二年，知县李藻修，今废。社仓，在城南、馆陶集、张官寨、浅口集、薛店集，凡五又二十所，各在寺庙官地，俱久堙。”① 通过上述记载可知，光绪《馆陶县志》基本上保存了之前不同类型仓廒的基本情况，馆陶县县仓、预备仓、社仓等仓廒至光绪时期，已经发生了不同程度的变化。其中，县仓和预备仓在光绪时期仍然得到保留。尖冢仓在宋元时期一直使用至清代才被废弃，说明其应该属于大型仓廒，这一信息值得我们高度重视。除此以外，馆陶县还设有规模更小的社仓，光绪《馆陶县志》编修者通过当时文献，尚知在馆陶五个地点，曾有二十处社仓的存在，这些仓廒都设置在寺庙或者官地所在，至清末亦已被废弃，根据行文口吻，推测编修者对此也不甚了了。

在中国古代仓储体系中，大致可以分为常平仓、义仓、社仓三类。常平仓是我国古代社会常设的官办粮食存储机构，由官府买卖谷物，用以调剂物价，目的在于平价兼备救荒。其起源很早，可能在新石器时代就已经出现了其雏形。② 历代常设常废，至明清时期，常平仓的设置仍然未能形成定制。明初常平仓由官吏与当地士绅筹设，国家不为定制。至明神宗万历二十九年（1601），始有福建乡官陈长祚等倡议建立常平仓于官。清初，朝廷无暇顾及民食事业，直到康熙十八年（1679）方题准地方官整理常平仓，每岁秋收，劝谕官绅士民，捐输米谷，照例议叙。上引馆陶地方志书已知，明清两朝馆陶县是设有常平仓，也就是县仓的。同时，又兼具水次仓之功能。临清（新中国成立后析置为临清、临西两县，分属山东、河北）、馆陶一带出现大型水次仓廒，可以追溯至明初。③ 馆陶县是卫河沿线较为重要的漕运城市，据《明太宗实录》记载，永乐五年（1407），“设卫

① 光绪《馆陶县志》卷3《建置志·仓厂》，《中国方志丛书·华北地方40》，台北成文出版社，1967年影印本，第147页。

② 张小亮、李鹏为：《武安磁山遗址动植物遗存性质研究》，《文物春秋》2017年第1期。

③ 参见毛佩琦《明代临清钩沉》，《北京大学学报》（哲学社会科学版）1988年第5期。

辉府之北关闸、汤阴县之塌河、大名县之艾家口、浚县之李家道口、东昌府馆陶县之南馆陶五递运所。时营建北京，运输者众，故增设之”[①]。南馆陶递运所的位置就在今馆陶县县城附近。史料明晰，由此可以明确，至少在清代或明晚期，徐家仓（即今徐万仓）一带并无大型常平仓抑或水次仓存在之可能。

但有学者已经注意到，明代万历年间，馆陶一度成为河南漕粮交兑地所在，这一变化一度给馆陶带来了短暂繁荣。[②] 据民国《馆陶县志》记载：“（户部）监兑分司，原在大名府元城县金滩镇（即小滩），明万历十二年移驻馆陶，署在今县治北，二十八年复还金滩，署改为行台，名曰后司。”[③] 通过与存世的万历《馆陶县志》比勘可以发现，民国《馆陶县志》保存了大量明代《馆陶县志》的内容。从中可知，从万历十二年至二十八年（1584～1600），馆陶县曾有过16年接收河南漕粮的历史。交兑河南诸州府漕粮，必须要设立大型仓廒。所以徐万仓如果有大型仓廒，也只能是在这一时期。

义仓和社仓两者略有差异。义仓是古代民间自发之慈善机构，分富赈贫，其利合义，故曰义仓。学者对其起源与发展曾有整理。[④] 社仓和义仓的作用相同，都是为了防荒救穷，后世以其任务相同，多有混用，实则有别。义仓是富者救济贫民之粮食仓储机构，社仓是普通农民未雨绸缪之设置，由当时的地方团体主办，用以救急借放，二者差别比较明显。上引光绪《馆陶县志》中提及的预备仓，始见于明。明初，“明太祖朱元璋出楮币二百万贯，诏行省各选耆民运钞籴粮，于乡村辐辏处置仓，各州县东西南北四所，以备赈济，名曰预备仓。民家有余粟愿易钞者，许运赴仓交纳，依时价偿其值，官储粟而扃钥之……”[⑤]。按照明代史料记载，预备仓多设于城内，所以光绪《馆陶县志》记载的预备仓在县治西北，也比较符合在城内设置的规定。预备仓规模不大，明以后也并无定制，郡县或有或无。从光绪《馆陶县志》的记载来看，馆陶县当时的仓廒类型还是比较齐

---

① 《明太宗实录》卷54，永乐五年十二月丁未，江苏国学图书馆影印本，1941，第10页。

② 郑民德：《明清华北运河城市变迁研究——以馆陶县为例》，载《城市史研究》第37辑，社会科学文献出版社，2017，第34～46页。

③ 民国《馆陶县志》卷1《地理志·建置》，《中国方志丛书·华北地方357》，台北成文出版社，1967年影印本，第85页。

④ 于佑虞：《中国仓储制度考》，山西人民出版社，2014。

⑤ 于佑虞：《中国仓储制度考》，第78页。

全的。

明万历年间，徐万仓除有可能存在大型水次仓仓廒以外，也有义仓、社仓存在的可能。考核明代馆陶地方文献，我们发现明代《馆陶县志》保存情况不理想。考古队进驻徐万仓展开调查工作以后，发现天津古籍出版社于2016年出版了《国家图书馆藏地方志珍本丛刊》，其中收录了明万历二年（1574）李仲奎编纂的《馆陶县志》1卷，原志4卷，现仅存卷3。我们联系了藏有该丛书的浙江大学图书馆，将该书复印以后，进行了查阅。其中卷3有一条内容，引起了我们的注意："徐伯亨，南馆陶人，善治家，至粟贯陈朽，适岁凶，出粟五百斛助济，赐敕旌为义民。"① 徐伯亨，很可能是徐万仓人氏。一次性捐献五百斛粟米，大概相当于今天的5万斤粟米，可见其富。那么其实际储粮量，肯定更大，数十万斤粮食的储存，必然要设立仓廒，如果徐伯亨是徐万仓人，仓廒设在徐万仓，也是很有可能的。但明代万历二年（1574），河南漕粮交兑地仍在小滩（今大名县金滩镇）。徐万仓纵然有仓廒，应该也是义仓、社仓的规模。根据我们自2018年在隋唐永济渠邯郸段调查勘探过程中对馆陶县地名的研究，基本可以推断，在馆陶县存在着一些唐宋以来的古村落地名，凡是村名"□固"或"□□固"者，其村史至少可以追溯至北宋时期。而通过《唐故许氏夫人墓志铭》可知，至少在唐中晚期，徐万仓这一地名尚未出现。按墓志的志文记载，当时徐万仓这一带至少生活着蔡氏家族，而今徐万仓已无蔡姓人口。这说明徐万仓之得名，应该在宋元甚至更晚时期才出现。通过我们对村内文史学者的走访调查得知，该村徐氏过去曾有家谱，其中记载其家族系由山西洪洞县迁徙而来。"洪洞迁民"传说在华北地区流传甚广，有着深刻的历史背景。尽管其家族是否由洪洞迁徙而来仍难判断，但至少在元末明初之际，徐姓族人定居于此，该村始以徐姓得名的事实是毋庸置疑的。结合万历《馆陶县志》有关"徐伯亨"的记载，我们认为，如果徐伯亨籍贯为徐万仓，若其当时曾筑粮仓，其性质应属于义仓。

从考古勘探的结果来看，已发现的建筑瓦砾遗迹面积为3万~4万平方米，有一定规模，遗存开口在耕土层下，文化层厚度为1米左右，下层为淤沙层。文化层包含一定程度的灰黑色堆积及瓷片、砖块等遗物，证明

① 万历《馆陶县志》卷3，傅璇琮等编《国家图书馆藏地方志珍本丛刊》，天津古籍出版社，2016，第115页。

当时在这一范围内有相当程度的生活活动，是否为仓廒遗迹，目前仍不能判明，有待下一步发掘来予以揭示。需要补充说明一点，我们在勘探过程中通过走访村民得知，在20世纪70年代整治漳河时，曾经出土一方墓志，今已无存，但据当时村民回忆，墓志中记载有“娘娘庙”的位置，与我们勘探的徐万仓险工以南的遗存区似乎较为吻合。但由于墓志年代及志文信息都十分模糊，所以只能留存备考，在以后发掘的过程中逐步验证。

古河道遗迹的发现对于认识隋唐永济渠和金元时期以后的卫运河有一定参考价值。今卫运河西堤坝以东，也就是卫运河河道西侧内，发现河道遗迹是比较正常的，说明卫河河道堤坝以内，时有变迁。但在大堤以西的徐万仓村南和村中也发现了河道，对此则需要予以重视。特别是在徐万仓村南徐万仓险工西北附近的河道，开口在3米左右，年代应该更早，或与隋唐永济渠之支渠——西渠有关。

581年，隋朝建立。隋文帝父子高度重视全国地理交通问题，大业四年（608）正月，隋炀帝“诏发河北诸郡男女百余万开永济渠，引沁水，南达于河，北通涿郡”[①]。永济渠大抵可以分为渠首、渠身、渠尾三段，从今河南焦作武陟一带东流，经今鹤壁浚县北流，由今安阳汤阴、内黄县进入今河北省，流经邯郸、邢台、衡水、德州（山东省）、沧州等地，然后进入今京津地区。进入唐代以后，随着唐中前期政治稳定，河北地区经济持续繁荣，永济渠的运输作用得到进一步增强，[②]“北通涿郡之渔商，南运江都之转输”[③]，沿线还诞生了一批新兴城市，如黎阳、永济、魏州、清河等。同时，朝廷与地方还屡次疏浚永济渠并开凿新的支流，以满足当时河北地区的运输需求。如比较著名的有唐永徽年间，楚王李灵龟任魏州刺史，“开永济渠入于新市，以控引商旅，百姓利之”[④]。开元二十八年（740）九月，“刺史卢晖移永济渠，自石灰窑引流注于州城西，都注魏桥。夹渠置楼百余间，以贮江淮之货”[⑤]。后世谓之“西渠”。西渠的开通对魏州城市的发展壮大起到了巨大的促进作用，魏州由此成为区域交通中心城市，后来一度成为唐中晚期河北魏博军镇的核心，北宋时期更是跃升成

① 《隋书》卷3《隋炀上》，中华书局，1973年标点本，第70页。

② 郑平：《隋唐时期河北永济渠运输的兴衰》，《河北学刊》1988年第6期。

③ 皮日休著，萧涤非、郑庆笃整理《皮子文薮》，上海古籍出版社，1981，第41页。

④ 《旧唐书》卷64《李灵龟传》，中华书局，1975年标点本，第2423页。

⑤ 杜佑著，王文锦点校《通典》，中华书局，2003年标点本，第4760页。

“北京”，运河在魏州（今大名县）城市发展壮大中的地位，不容忽视。

2018年以来，受河北省文物局委托，邯郸市文物保护研究所对永济渠邯郸段展开全流域勘探。[①] 西渠的路线至今仍在勘探之中，但根据已有勘探路线表明，徐万仓很有可能是西渠路线中的重要节点。徐万仓村南徐万仓险工西北附近的河道开口与之前探明的西渠河道开口是基本一致的，我们初步认为，该河道可能是西渠故道遗迹。而现今卫运河水道则可能是西渠河道改道所致。明嘉靖九年（1530），馆陶县境内“卫水大决，伤民田庐”，“十六年六月，卫河大决。二十二年复决。三十一年复决……河遂东徙”[②]。万历《馆陶县志》记载了卫运河四次洪灾，并最终造成河道东徙，也证明卫运河在历史上是不断向东摆动，最终才形成了今天的河道现状。随着永济渠全流域勘探工作的进一步深入，西渠的最终河道路线将被最终探明，徐万仓村南河道的性质亦有望一并得到确定。

通过勘探，徐万仓村东、村西共发现墓葬3座。而据之前村内调查走访，我们得知村内还有数座墓葬先后在修筑大堤以及近年来农业生产活动中被破坏性发掘。此前发现的《唐故许氏夫人墓志络》就是在该村村南发现的。我们此次勘探发现的墓葬，其中有2座在徐万仓村东取土坑内，也已经被破坏。根据坑内散布的墓砖可以得知墓葬年代大致为汉魏时期，说明自汉魏以来，徐万仓一带就已经有聚落分布，该村的历史还是比较悠久的。

三　结语

随着我国大运河文化带建设和运河文化遗产保护工作的持续深入，隋唐运河河北段、京杭大运河黄河以北段等区域的基础工作也逐渐得以充实，一些过去不太注意的史料越发受到学术界的重视，运河学的学科基础正在不断筑牢。此次对馆陶县徐万仓遗址的调查勘探工作亦属河北省大运河文化带建设的工作之一。借由此次调查，我们可以总结出三点结论，以供学界参考。

第一，徐万仓村之历史，始于汉魏时期，是逐渐发展至今的古村落，

---

① 李鹏为：《隋唐永济渠邯郸段调查勘探的新发现》，待刊。

② 万历《馆陶县志》卷3，第134页。

历经唐宋金元时期，始终人烟不断。今徐万仓之居民，定居时间或可追溯至明代中期。

第二，徐万仓村南发现的古河道遗迹，或能证明徐万仓是隋唐永济渠西渠段之重要节点。由此更可证明西渠故道不断迁移，最终形成今日卫运河河道之规模。

第三，徐万仓建筑瓦砾遗迹的发现，可能与明清时期仓廒遗址有关，但还有待下一步发掘工作的揭示。

附记：此次调查勘探，得到了河北省馆陶县文广新局办公室刘军峰主任、馆陶县博物馆杨庆华女士、馆陶县徐万仓村委会徐振江主任、徐万仓村文史学者徐秀森先生以及浙江大学考古与艺术学院江哲博士的大力支持，谨申谢忱。邯郸市文物保护研究所技师王保军参加了此次调查勘探工作。

Investigation of Xuwancang in Guantao County, Hebei Province

Li Pengwei

Abstract: From the end of 2019 to the beginning of 2020, the Institute of Cultural Relics Protection of Handan City carried out a comprehensive archaeological investigation and exploration work in Xuwancang Village, Guantao County, Hebei Province. After nearly three months of related work, we have a preliminary understanding of the distribution of Xuwancang's remains, and have a preliminary understanding of Xuwancang's historical status and the types of Cang'ao in Guantao area in Ming and Qing Dynasty. This article will be related to the investigation and preliminary understanding of the summary of the paper, for the reference of researchers.

Keywords: Guantao; Xuwancang; Canal; Wei River; Cang'ao

（责任编辑：官士刚）

京杭大运河遗产与地名文化研究*

周 嘉**

内容摘要 作为贯通南北的水路大动脉，京杭大运河不仅对中国历代漕运、军事、经济、防洪、灌溉等发挥重要作用，而且形成了极具特色的运河遗产。以京杭大运河为依托形成的地名，已然积淀成颇具典型性的地名文化。这种地名文化是大运河发展变迁的刻痕印记，与运河的技术文化、漕运文化、制度文化等相互交融、协同演变，为研究人们的生活、生产活动提供了非常宝贵的资料，应加大对运河遗产、地名文化的开发与保护力度。

关键词 京杭大运河 遗产 地名文化

京杭大运河是中国古代规模宏伟的人造工程，是广大民众智慧与勤劳的结晶，也是中华民族文化身份的象征。它不仅是一条运输的河，而且是政治的河、经济的河和文化的河。一部运河史，即是半部中华文明史。大运河是古人留给我们的宝贵遗产，按照习近平总书记关于大运河文化带建设的批示精神，“充分挖掘大运河丰富的历史文化资源，保护好、传承好、

---

* 本文为教育部人文社会科学研究青年基金项目“运河城市的空间形态及生命历程研究——以临清为中心的历史人类学考察”（15YJC840049）的后续性成果；2020年度山东省艺术科学重点课题“省级历史文化名城临清文化遗产价值体系与内涵式发展研究”（ZD202008284）的阶段性成果。

** 周嘉，人类学博士，中国史博士后出站，聊城大学运河学研究院讲师，主要研究方向为历史人类学、水利社会史和运河文化史。

利用好大运河这一祖先留给我们的宝贵遗产”[①]。那些“已经存在，或者可以继承、传续的事物”，以及“由前人传给后代的环境和利益”[②]，均可视作宏观意义上的遗产。按照联合国教科文组织《保护世界文化和自然遗产公约》最新版的行动指南精神，运河遗产“代表了人类的迁徙和流动，代表了多维度的商品、思想、知识和价值的互惠和持续不断的交流，并代表了因此产生的文化在时间和空间上的交流与相互滋养，这些滋养长期以来通过物质和非物质遗产不断得到体现”[③]。地名是特定地理实体的指称，与文化共生、共变并成为文化的镜像、载体。[④] 本文以京杭大运河遗产为特定对象，研究其地名文化，并针对遗产保护中存在的问题提出相应对策。

一 “运河”概念与京杭大运河体系

中国的运河肇始于春秋时期，形成于隋朝，发展于唐宋之际，定型在元明清三朝。京杭大运河由不同的河道组成，它们各自流经不同的地域，而且也拥有不同的历史起源。实际上，组成大运河的各个部分并不具备共同的特点，大运河不是一个持续不断、稳定统一的体系。[⑤] 在地名文化层面，这样的特点尤其反映在不同历史条件下对“运河”的界定，“‘运河’名称的由来与变化，是不同历史节点时势所勾连的历史进程的反映”[⑥]。

关于“运河”的最早表述应当追溯到春秋战国时期“邗沟”之概念，这也是在中国历史文献记载中第一条有确切开挖年代的河道。公元前486年，吴王夫差为了北上争霸，开凿了这条北入淮河、南接长江的运河。在早期运河时代，区域社会范围内经由人工开凿的一些河道，一般使用“沟”“渠”“渎”等代称运河，如三国时期曹操利用黄河故道所修“白

① 新华社：《中共中央办公厅、国务院办公厅印发〈大运河文化保护传承利用规划纲要〉》，2019年5月9日，http://www.gov.cn/zhengce/2019-05/09/content_5390046.htm。

② Peter Howard, *Heritage: Management, Interpretation, Identity* (London: Continuum International Publishing Group, 2003), p.6.

③ 1972年，联合国教科文组织大会通过了《保护世界文化和自然遗产公约》。随着人们对遗产理解的变迁，公约的定义需要通过公约操作指南来进行更新和阐释，其最新一版于2005年修订，即UNESCO, *Operational Guidelines for the Implementation of the Word Heritage Convention*, 2005。

④ 参见牛汝辰《中国地名文化》，中国华侨出版社，1993，第4~6页。

⑤ 参见〔美〕黄仁宇《明代的漕运》，张皓、张升译，鹭江出版社，2015，第1、7、34页。

⑥ 吴欣：《大运河文化的内涵与价值》，《光明日报》2018年2月5日，第14版。

沟”又名“宿胥渎”。汉朝有“漕渠”名称的出现，汉武帝“悉发卒数万人穿漕渠，三岁而通”[①]，隋朝至宋朝延续汉朝之称谓。一些学者认同“运河”“大运河”语词与概念的使用始现于宋朝，[②] 其论据在于《新唐书》有“开成二年夏，旱，扬州运河竭”[③] 和《咸淳临安志》有“过东仓新桥入大运河”[④] 的记载。到了元明清三朝，使用这两个词统指“某段河道”或“整体运河”成为一种趋势。

当然，明朝也多用“漕河”之名，“漕河之别，曰白漕、卫漕、闸漕、河漕、湖漕、江漕、浙漕”[⑤]；而清朝倾向于直接称“运河”，“运河自京师历直沽、山东，下达扬子江口，南北二千余里，又自京口抵杭州，首尾八百余里，通谓之运河”[⑥]。至于“京杭大运河”应该是一个现代才出现的称谓，指元代“划直修凿大都通往江南的京杭大运河，以替代隋唐以来那条以中原地区为中心的旧运河”[⑦]，即将北京与杭州连接起来的运河。在申报世界遗产过程中，发现这个词并不能涵括整个运河体系，故又进一步提出“中国大运河”的概念，并界定其为“世界唯一一个为确保粮食运输安全，以达到稳定政权、维持帝国统一的目的，由国家投资开凿、国家管理的巨大运河工程体系”[⑧]。

中国地势西高东低，江河大多自西向东流入大海。在整个漕运体系中，单纯依赖天然河道显然不够，因此运河的开凿成为必要。虽然京杭大运河在明清时期代表了漕运的鼎盛，但是人工开挖运道已经具有悠久的历史。帝国意义上的运河体系形成于隋朝，这也成为当时航运事业的转折点。大运河网络先是以陕西为中心，后来转向河南。网络中心地的转移反映了某一地区对于中央集权国家的重要意义，运河线路的更替紧随帝国统治中心的变动。到了元朝，运河体系发展经历了一个前所未有的飞跃。随着政治中心重新定位在中国北方，蒙古统治者对运河“动脉”做了很大的修正，并将之延伸到帝国的“心脏”。京杭大运河穿越东部几个省份，沟

① 《史记》卷29《河渠书》，中华书局，1959年标点本，第1410页。

② 参见张礼恒、吴欣、李德楠《鲁商与运河商业文化》，山东人民出版社，2010，第8页。

③ 《新唐书》卷36《志第二十六·五行三》，中华书局，1975年标点本，第947页。

④ 潜说友：《咸淳临安志》，台北成文出版社，1970，第355页。

⑤ 《明史》卷85《河渠志三·运河上》，中华书局，1974年标点本，第2078页。

⑥ 《清史稿》卷127《河渠志二·运河》，中华书局，1977年标点本，第3769页。

⑦ 白寿彝总主编《中国通史》第8卷，上海人民出版社，1997，第867页。

⑧ 转引自姜帅立《运河学的概念、内涵、研究方法及路径》，《中国名城》2018年第7期。

通了五大水系，串联起众多城镇，从大都迤逦南下直达杭州，场面非常壮观。明清时期是运河开发史上的黄金时期，京杭大运河真正成为帝国的“生命线”。

二　京杭大运河水工遗产与地名文化

由于中国的地势和地形复杂多变，京杭大运河的南北贯通离不开水利工程的大量修建。运河水工需要解决一系列技术问题，古人采用的基本思路无外乎“阻水”或“泄水”。这两种思路突出表现在运河的开挖、疏浚、维护等层面，进而逐渐积淀为一种技术文化。运河水工所反映的地名文化，“既蕴含着人定胜天的积极态度，也有相地而流、本乎时势的理性，是人类适应自然和改造自然这一永恒矛盾的权衡”①。运河水工具有种类繁多、分布广泛、兴建频繁等特点，② 具体可分为河道工程、枢纽工程、供水工程、控水工程、排水工程等，它们的名称都属于人工建造物的地名范畴。

河道工程通常是指将自然河流与运河隔开，或者将前者改造成为运河的越河或支流。运河依靠自然河流补给水源，其中运河与黄河之间的关系尤为复杂，大致可以归纳为四种工程理念，即“借黄行运”“引黄济运”“避黄行运”“遏黄保运”。③ 如京杭大运河枣庄段是在明代泇运河的基础上形成的，其最大的历史贡献就是“避黄行运”。运河既依赖黄河，但最后又被黄河所毁，“这在传统社会的经济社会格局中是无法解决的矛盾”④。越河是京杭大运河的辅助性河道，属于运河的控水工程之一，其名源于“越过船闸”之意，因形似半月又称“月河”。京杭大运河高邮段越河的设计较具代表性，过往商船经常在越河停泊靠岸，所以，越河附近很快发展成商业繁华的街区。

枢纽工程指京杭大运河连通或穿越其他河道，由多种水利设施构成的综合性工程。京杭大运河最重要的枢纽工程之一是南旺分水工程。南旺位

① 吴欣：《大运河文化的内涵与价值》，《光明日报》2018 年 2 月 5 日，第 14 版。

② 参见李泉《运河学研究的内容和方法》，《聊城大学学报》（社会科学版）2015 年第 1 期。

③ 参见邹宝山、何凡能、何为刚编著《京杭运河治理与开发》，水利电力出版社，1990，第 76 页。

④ 邹逸麟：《历史上的黄运关系》，《光明日报》2009 年 2 月 10 日，第 14 版。

于京杭大运河沿线的最高点，素有“水脊”之称。南旺“水分南北流，趋南较胜，其下有七十二泉，又名午旺泉”，清人有诗曰：“地横剑脊水乘梭，千里归心托去波。七十二泉迎送路，分流真喜向南多。”① 该工程自元代开始修建，由引水、分水、蓄水、航运等系统构成。明初为保漕运畅通，工部尚书宋礼采纳民间水利专家白英建议，在戴村筑坝遏汶水南流至南旺，以济运道。总理河道都御使潘季驯建造石坝，名曰“玲珑坝”，明清以来统称“戴村坝”。经考古发掘，南旺遗址清理出砖石堤岸、石砌码头、大堤、石驳岸、石砌分水口、斗门、建筑群等遗存。②

闸、坝、堤、水柜、减河等都属于京杭大运河的供水工程、控水工程或排水工程。会通河流经的地区地形较为复杂，运河河道南高北低，落差比较大，为了节制水源，便于船舶通航，必须通过设置多级船闸进行调节，因此又有“闸河”之称。元朝在会通河上“建闸三十有一”③，从鲁桥至安山一带就有十多个闸，如鲁桥闸、师庄闸、仲浅闸、新闸、石佛闸、辛店闸、赵村闸、在城闸、天井闸、分水闸、通济闸、寺前闸、柳林闸、十里闸、开河闸、袁口闸、新口闸、戴庙闸。坝是拦水的构筑物，按照功能又分为拦河坝、车船坝等，如戴村坝、堽城坝、金口坝、何家坝等。运河水柜一般呈带状分布，大多利用天然湖泊设立斗门形成，如：南四湖，即微山湖、独山湖、昭阳湖、南阳湖；北五湖，即马场湖、蜀山湖、马踏湖、南旺湖、安山湖。

三 京杭大运河桥梁遗产与地名文化

运河桥梁是架设在京杭大运河之上利于通行的建筑物，按材料构成主要分为木桥、石桥、砖桥等。大凡设有水闸的地方均会搭建木桥，每当闸门闭启的时候，搭上木板便可过河，移开木板则可过船。有时候还会建有临时性浮桥，“以舟为桥”，“拨桥中二舟以通往来船，船过还以所拨之舟复为桥”④。不过，随着时代的发展，运河浮桥有的被拆除，有的被改造成砖、石或木质结构桥，很难完整地保留至今。当然，也有很多运河船闸被

① 方登峄等：《述本堂诗集·宁古塔纪略》，黑龙江大学出版社，2014，第 397 页。

② 参见王巍总主编《中国考古学大辞典》，上海辞书出版社，2014，第 497 页。

③ 《元史》卷 64《河渠志一》，中华书局，1976 年标点本，第 1608 页。

④ 葛振家：《崔溥〈漂海录〉评注》，线装书局，2002，第 124 页。

改造成桥来使用。

桥名既是一种文化的符号与载体，也是一类比较特殊的地名。桥梁之命名，“总要有些文学气息，使人见了，不由得发生情感，念念不忘。或是纪事抒情，引起深思遐想；或有诗情画意，为之心旷神怡。这样，通过慎重题名，一座桥的历史、作用或影响，就立刻表现出来，因而容易流传”[①]。京杭大运河上的许多桥名，“既有叙述动人传说、民间故事的，也有反映民风习俗、伦理道德的。其所蕴涵的自强不息、开拓进取、仗义疏财、济世利人、勤政廉政、尚贤崇孝等理念，从多方面体现了中华民族传统价值观”[②]，而运河桥梁附近的村落、街道、社区、集镇等也多以桥命名。[③]

京杭大运河桥闸工程的设计特点，对桥梁命名产生了非常重要的影响，其名称大多寄予“通运济运”“大河安澜”“会通天下”等理念。北京万宁桥始建于元代，横跨在玉河之上，官方取“万世安宁”之意，亦成为文人骚客不断吟诵的对象，其诗作如：“柳梢烟重滴春娇，傍天桥，住兰桡，吹暖香云何处一声箫”；“九陌千门新雨后，细染浓薰，满目春如绣，恰信东君神妙手，一宵绿遍官桥柳”；“立马金桥上，荷香出苑池”[④]。诗中所云“天桥”“官桥”与“金桥”均指万宁桥，此桥为元世祖忽必烈下旨修建的京杭大运河最北的闸口，同时它还是历代帝国官员进出京城的必经之桥。杭州古运河上有一座七孔石拱桥，名为“广济桥”。明弘治十一年（1498）重修此桥时命名为“通济桥”，又因嘉靖年间出资修桥的吕塘之子吕需赋诗《长桥晚眺》，其中有“碧天秋水渺，红树夕阳多”[⑤]之句，故后人又称此桥为“碧天桥”。此外，具有保漕象征意涵的运河桥梁还有很多，如嘉兴的永安桥、常州的惠济桥等。

以地标命名的运河桥梁为数不少，这些地标包括闸、坝、渡口、驿站、村庄、寺庙、城门等。历史上，德州境内跨越运河多以浮桥作为渡河工具。清人常名扬的《德州浮梁记》记载：“康熙己未冬，仲冬望浮梁成。

① 茅以升：《桥名谈往》，载梁启超、王国维等《文化的盛宴》，新世界出版社，2015，第275～281页。

② 赵怡、冯倩等编《杭州运河桥梁》，杭州出版社，2013，第89页。

③ 参见胡克诚编著《京杭运河桥梁遗产与地名》，中国社会出版社，2016，“前言”，第3～4页。

④ 张鸿声编《北京文学地图》，中国地图出版社，2011，第35页。

⑤ 张之鼐：《栖里景物略》，周膺、吴晶点校，当代中国出版社，2014，第57页。

计舟一十有三，舟上覆以横木，东、西岸立柱石，系铁索贯浮梁，令相属。舟至则启，舟过则合，随波升降，安若康衢。”[①] 另据地方志记载：“雍正十二年，运河西移，浮桥亦随之西移，故至今西关渡河处名浮桥口。惜年久失修，船舶久已废坏。其废河中设浮桥处，筑堤而踞，建石桥。”[②] 如今，石桥已没有任何历史遗存，只留下“桥口街”的地名。在北方运河城市中，济宁地区的河流最多，横跨在运河上的桥梁数量众多，其中，比较著名的有南门桥、草桥、济安桥、大闸桥、忠信闸桥、下新闸桥、望仙桥、夏家桥、林家桥、马驿桥、观音阁桥、文昌阁桥、卧佛寺桥等。江南运河地处水乡，水源充沛，以地标命名的运河桥梁有镇江的京口闸桥、无锡的西门桥、嘉兴的北三里桥等。

四　京杭大运河聚落遗产与地名文化

聚落遗产是京杭大运河文化遗产的重要组成部分，它的历史“活态”特征表现在“具有特色的‘物质实体’与生产生活于其中的‘人’之间的紧密的文化关联”[③]，它们可以是生活习惯、生产方式、宗教行为等。运河沿岸散落着许多因河而生的古城、古镇、古街、古巷，这些聚落遗产记录了昔日漕运的辉煌，见证了运河文化的兴衰。京杭大运河历经千百年风雨，留下了丰富的“文化线路”[④] 意义上的线性文化景观。其中，以运河为背景而产生的聚落地名，便是对这条线性文化景观的必要补充和有益完善。它们无论从自然形态还是区域文化属性上，均表现出一定的运河特色，形成了独特的运河聚落文化遗产资源。

京杭大运河沿岸市镇的发展得益于河道的开挖与畅通，其空间形态与运河的关系十分密切。“依河筑城”“夹河为市”是大部分河段的总体特征，如扬州湾头镇沿河而建，顺运河走势呈现月牙形空间结构形态，两处分道河水夹湾而过，船闸、码头、桥梁、河埠俱在，当地居民都已习惯“前坊后宅”式生计及居住模式。[⑤] 运河流经区域城镇的名称来源不一，这

---

① 常名扬：《德州浮梁记》，乾隆《德州志》卷12《艺文》，乾隆五十三年（1788）刻本。

② 民国《德县志》卷3《河渠》，民国二十四年（1935）铅印本。

③ 霍晓卫：《聚落遗产的“活态”与真实性》，《世界遗产》2014年第5期。

④ 丁援：《文化线路：有形与无形之间》，东南大学出版社，2011，第96页。

⑤ 参见吴欣《大运河商业市镇地名》，中国社会出版社，2016，第78~79页。

些地名缘起大致有两种情况：一是以河道的入口、转弯或者渡口命名，如京口镇、袁口镇、靳口镇、霞口镇、戴湾镇、魏湾镇、张家口镇等；二是以运河行政设置而命名，如河西务镇、浒墅关镇等皆因官方在当地设有税收机构而逐渐闻名。此外，中运河段与淮扬运河段的城镇地名多以河流或湖泊命名，如泇口镇、皂河镇、汜水镇、洋河镇等。因受地理水文条件、经济贸易往来等多种因素的影响，运河沿线村落名称以复杂、多样为特点。从交通因素来看，运河带来了交通航运的便利，大批移民依傍运河水域形成的滩、洼等平坦广阔的地点定居，出现以姓氏、人名、地势或者地势与姓氏相结合的方式命名村落，如葛海村、洼丁村等。从漕运因素来看，运河沿岸设有服务漕运的码头、渡口、军卫等，因而某些村落则以功能进行命名，如前码头村、陈官营村等。

运河城镇里的街巷胡同名称大多具有共同特点，有的以运河带动兴起的工商业命名，有的以管理运河的官署机构命名，还有的地名带有作为运河特点的“口”字。商业街巷靠近运河，并有道路直接通往运河码头。同类行业店铺相对集中，形成按行业划分街巷的空间格局。例如，明代的临清城内有 80 多条街巷，其中以货物或手工业命名的街巷就有 30 多条，如柴市街、纺绩巷、估衣街、箍桶巷、锅市街、驴市街、竹竿巷、纸马巷、蜡烛巷、银锭巷、染坊胡同、盐店胡同、席厂街、酱棚街、米市街等；以官府署衙命名的街巷有官驿街、前关街、后关街、南关街、后营街、河衙厅街、车营街、税课局胡同、车辕胡同等。①

济宁的情况与此类似。明清两代，朝廷在济宁设立河道总督衙门以及河道都察院之类的管理机构，它们成为如今当地街巷地名的遗迹，如以抚、按察院得名的察院街，以运河道署命名的道门口街，以总督河院署得名的院前街、院后街。商业区集中在济宁旧城南门外运河南关、东关以及运河东西两岸，具有代表性的街巷有纸坊街、粉坊街、皮坊街、炉坊街、杀猪街、枣店街、打筒巷、油篓巷、竹竿巷、打绳巷、烧酒胡同、打水胡同、银子胡同、香铺胡同、馓子胡同等。另外，带“口”字的地名也有 20 多处，它们均可被视为京杭大运河文化的一部分，如草桥口、阜桥口、坝

① 刘英顺专门研究过临清的胡同文化，区分了“以工商命名的老胡同”“以官府署衙的老胡同”“以形状命名的老胡同”“以地标命名的老胡同”“以名人姓氏命名的老胡同”“以传说、会意命名的老胡同”。参见刘英顺《临清胡同文化》，中国作家出版社，2015。

口、二坝口、龙门口、石门口、柳巷口、大闸口、小闸口、道门口、卫门口、衙门口等。①

五　地名文化价值及相关保护对策

地名是指示特定方位范围内地理实体的代号，它是人类社会发展到一定阶段的产物，也是特殊言语符号与地方文化的体现。实际上，历代政府都比较重视地名的管理，我们在二十四史中不难找到有关地名的专论。地名不仅带有时代的烙印，而且反映出一个地区的政治、经济、文化和社会风貌。以京杭大运河为依托形成的地名，已然积淀成颇具典型性的运河地名文化。运河地名文化与运河技术文化、漕运文化、制度文化等相互交融、协同演变，为研究运河的发展变迁以及人们的生活和生产活动提供了非常宝贵的资料。

地名文化的传承离不开对运河遗产的合理开发与有序保护。联合国教科文组织在《保护世界文化和自然遗产公约》中规定了文化与自然遗产的国家保护与国际保护的条款，其中很多方面都适用于京杭大运河遗产的保护与利用。由于京杭大运河遗产分布非常广泛，不同区域管理程度差异较大，在保护、监控等方面依然存在诸多问题。京杭大运河遗产保护应避免出现以下弊端：第一，对运河遗产内涵认识不清，保护意识淡薄，存在重开发、轻保护的观念；第二，运河遗产管理权责不清，多头管理却又各自为政；第三，在运河遗产利用过程中，过度重视经济效益而忽视文化内涵。

运河遗产保护是一项长期而又复杂的系统性工程，属于“大运河文化带”建设的重要内容与组成部分。其有效实施离不开以下五个方面的建议。第一，建立运河遗产保护与利用的联席会议制度，强化管理与协调机制。在国家层面上，可尝试建立大运河遗产管理司（局）之类的管理机构，全面指导各地运河遗产的保护与利用工作。运河沿线各省市也要成立专门的管理机构，各司其职，系统推进各项工作。第二，完善相关运河遗产保护法规，构建保护性制度框架。目前，国家已经制定了《大运河遗产保护与管理总体规划（2012－2030）》《中国大运河遗产管理规划》等法规，但是，随着遗产管理实践的深入发展，很多规范、条例还需要结合地

① 参见张培安《济宁与大运河》，《中国地名》2002年第3期。

方实际情况进行调整。第三，创建运河遗产数据化管理平台，强化监控能力。运河遗产种类广泛、数量众多，依靠原有的管理方式难以及时有效地解决问题，必须通过技术手段的创新对遗产大数据进行分析与处理。第四，构建运河遗产生态廊道，打造以文化为载体的旅游开发模式。运河文化的发展过程具有诸多地方性特点，将分散的运河遗产点结合起来，形成一条相互串联的“文化带”。第五，坚持保护与利用相结合的理念。京杭大运河不同于一般的文化遗产，许多河道是仍然“在用”的遗产，应当充分尊重为确保其主要功能而进行的维修或改建行为。

在此基础上，可以有序开展运河遗产地名文化的保护工作。地名是运河文化遗产的活化石，它是大运河发展变迁的刻痕、印记，也是历史文脉传承的重要组成部分。在“后申遗”时代的新形势下，政府与社会各界应重视保护京杭大运河形成的地名文化，采取切实可行的措施传承地名文化特色。为合理开展地名文化保护工作，应从以下四个方面加以注意。第一，充分认识地名文化保护的意义，进一步研究运河地名文化的价值。运河遗产地名是地名文化的重要组成部分，也是宝贵的历史资料。做好运河地名文化保护工作，是弘扬中华优秀传统文化的重要举措。第二，结合京杭大运河不同的河段特点，制定切实可行、便于操作、科学合理的地名文化管理法规。将运河地名保护的原则、社会监督和相关奖惩制度进行明确规定，使地名文化得到有效保护和传承。第三，由政府牵头对地名工作进行相关资料的收集与整理，成立一批由地理、历史、文化等方面专家组成的研究机构，开展运河地名文化的学术研究。第四，加强运河地名文化的宣传与普及工作。充分利用各种媒体资源，进行全方位、立体化的宣传。使运河地名文化保护与利用深入人心，广泛动员社会民众积极参与，增强其热爱运河、保护地名的责任感与使命感。

A Study on the Heritage and Place Name Culture of the Grand Canal

Zhou Jia

Abstract: As the main waterway connecting the South and the North, the

Grand Canal not only played an important role in the transport of water, military affairs, economy, flood control and irrigation in China, but also formed a unique Canal Heritage. The place names formed on the basis of the Grand Canal have accumulated into a typical place name culture. This kind of place name culture is the mark of the development and change of the Grand Canal. It blends with the canal's technical culture, water transport culture, institutional culture and so on. It provides valuable information for the study of people's life and production activities. We should strengthen the development and protection of the Canal Heritage and place name culture.

Keywords: The Grand Canal; Heritage; Place Name Culture

（责任编辑：胡克诚）

样式匮乏：聊城木版年画传承面临的现实困境*

张兆林**

内容摘要 昔日行销全国的聊城木版年画，如今沦落为一个狭小范围内残存的小众艺术形式。其衰落的原因众多，但年画样式匮乏是聊城木版年画传承面临的现实困境。年画样式匮乏有常年使用自然损坏、社会运动等历史原因，也有个别收藏者秘不示人等现实原因。这在源头上卡住了聊城木版年画传承的脖子，年画成品的严重雷同使得市场日渐缩小及传承人传承收益低微，这导致传承几乎后继无人。非物质文化遗产保护活动虽为聊城木版年画传承创设了一个良好的社会环境，但欲实现其良性传承还需多下功夫，如不断挖掘与创造年画样式，逐渐培养本地年画自身的品牌，政府协助建立传承人队伍等。

关键词 聊城 木版年画 年画样式 传承

洪武元年（1368），明朝政府改元东昌路为东昌府，到明中期以后，主要辖临清、高唐、濮州等3州，聊城、堂邑、博平、茌平、莘县、清平、冠县、丘县、馆陶、恩县、夏津、武城、范县、观城、朝城等15县。东昌

---

* 本文为国家民委委托项目“艺术人类学视角下的移民社会与木版年画变迁研究”（2019-GME-004）、山东省社科规划研究重点项目“东昌府木版年画研究”（17BWYJ02）、山东省民间美术资源保护与研发重点实验室、山东省中华优秀传统文化传承基地资助项目的阶段性研究成果。

** 张兆林，文学博士，聊城大学美术与设计学院副教授，主要研究方向为艺术人类学、文化遗产。

府在明清两代为我国内陆南北水路交通的枢纽，其沿运河的城镇经济繁荣，明清之际就有“南有苏杭，北有临张”一说，其中的“临张”即现聊城市下辖的临清市和阳谷县张秋镇。今山东省聊城市与明清时期的东昌府在地域上多有交集，其中在明清两代隶属兖州府的阳谷县、泰安府的东阿县在新中国成立后也都划归聊城市管辖。本文所研究的聊城木版年画即当今聊城市范围内依然在承继的木版年画，是对聊城地域范围所有木版年画的统称，作为其重要组成部分的东昌府木版年画与张秋木版年画均为第二批国家级非物质文化遗产项目。

明清时期，聊城当地的刻书业就已十分发达，已查实的书庄有60余家。“晚清时期，书肆、书坊比较集中的有北京的琉璃厂、上海的棋盘街、山东的聊城、四川成都的学道街等地”①，有学者考证认为“东昌府是北方最大的坊刻印书中心”②。各大书庄的刻书雕版和印刷装订等工作，全是靠刻书艺人、印工及其他帮工的手工操作来完成。因在刻书过程中经常需要插配一些图案，一些刻书艺人遂逐渐偏重于为木刻书籍雕刻插图，经过长期的实践锻炼，其刻字和雕版技艺已经达到相当高的水平。随着年画刻印技艺由山西传入此地，③ 木版年画为当地百姓所喜爱且民间需求量较大，偏重于为书籍雕刻插图的部分刻书艺人逐渐将重心转移到年画木版的创作中，长此以往，造就了一批年画刻版能手，由此也间接催生了当地近七百年历史的聊城木版年画。聊城木版年画成品立体感十足，简洁生动，粗犷味浓，具有典型的农耕文化特点。其成为运河上往来南北的商人采购的重

① 白寿彝总主编，周远廉、龚书铎主编《中国通史第11卷近代前编（1840～1919）》（上册），上海人民出版社，2015，第905页。

② 高文广系当地文史爱好者，致力于聊城传统文化研究近30年，其经过多年研究，“查阅史料得知，北京最大的图书市场琉璃厂有一百二十多家书店，仅有三分之一书店有刻书记录，刻书最多的书店仅刻书数十种（善成堂分店刻书四十余种）。而聊城地方史料记载，四大书庄各有书版数百种，有的甚至上千种，三合堂刻印过二百多种唱本，这么大的出版量是北方任何城市无法比拟的。因此可以断言，北京是北方最大的图书贸易中心，而东昌府是北方最大的坊刻印书中心。”（参见高文广《书庄林立，古城书香绵延200年》，《齐鲁晚报》2015年5月6日，C05版）

③ 有关聊城木版年画起源的探讨，学界基本达成共识。代表性成果参见谢昌一《张秋镇年画调查》（《山东工艺美术》，山东工艺美术学会、山东省工艺美术研究所发行，1981，第20～23页）一文。王树村主编《中国年画发展史》和薄松年著《中国年画史》中涉及东昌府木版年画起源问题上大致与谢昌一的观点相同。笔者在访谈中也得到与谢昌一相同的观点。张锐在其文《东昌府木版年画研究——人类学视角下的审视与回顾》（《民俗研究》2014年第3期）中对东昌府木版年画的起源有所存疑，但并未给出明确答案。

要商品，盛时曾远销到苏州、扬州、山西、陕西、河南、河北、内蒙古、东北地区，成为我国北方传统木版年画的一大代表。

民国以来，由于受黄河决口及河道淤积等影响，京杭大运河断流，漕运废止，兼之海运再兴和铁路运输的兴起，山东省内经济重心逐渐东移。京杭大运河带给聊城的地理优势也不再明显，聊城木版年画也逐渐失去了往日的辉煌，仅在一个狭小的区域内残存。此后聊城木版年画虽然也偶有发展，但终归时不如昔，一直未能重现辉煌。国家开展非物质文化遗产保护工作以来，聊城木版年画的组成部分即东昌府木版年画、张秋木版年画、迟庄木版年画、冠县木版年画、临清木版年画等都以非物质文化遗产代表性项目的名义重新走到社会舞台前列，但与杨家埠木版年画、杨柳青木版年画相比较而言，聊城木版年画整体上依然处于“未挖掘”的状态，其文化价值和经济价值等并未得到社会广泛认可。其原因众多，但最关键的是缺乏相当数量的年画样式，这直接导致了聊城木版年画的产出规模和社会影响未能得以释放。有鉴于此，本文将围绕聊城木版年画的样式问题展开讨论。

一　陌生的概念与尴尬的现实

木版年画的样式就是年画刻版的底稿，也称为年画样子。聊城木版年画刻版艺人中鲜有掌握年画样式的写样技法之人，绝大多数只能依照写定的年画样式来刻版，忠实地展现年画样式就是刻版艺人刻版技艺的最好体现。当前聊城木版年画传承中的样式较少，刻版艺人只能限于现已挖掘整理出的少量年画样式简单地重复刻制，导致印制出的年画成品严重雷同，难以吸引消费者，更难以与其他产地花样繁杂的年画产品相媲美。

早年的聊城木版年画样式多是由乡间的一些地方画家、丹青爱好者或根据某一出戏曲中的人物形象，或根据某一个历史故事、传说，以线条勾勒画稿选作年画样子。也有一些刻版艺人参照从别处得来的样子，再加上自己的理解，画出一个初步的样子，然后不断地修改，最终达到自己比较理想的程度才作为样子的定稿。制作年画样式的过程，一般被称为“写样”，制作年画样式的乡间艺人被年画艺人称为写样先生。写好的样式是制作木版年画的基础，样式的精美与否在很大程度上影响着年画成品的销量多少，因此无论是年画店主、刻版艺人还是年画印制艺人，都十分重视年画样式，早年甚至有年画店主不惜重金请画家专门创作年画样式。这种生产程序与我国其他年画产地基本一样，只是各年画产地区域的民众信仰和审美需求不一，使得各地的年画样式各具特色，自成一家。

当然，花重金向画家购买或定制年画样式是以相当的财力为基础的，但是现在年画生意普遍不景气，聊城也从当年的数十家年画店萎缩为一家年画店①及少数在年节前劳作旬余的年画作坊。仅此一家营业的年画店也是惨淡维持，若没有当地文化部门的多种扶持及其他副业的补贴，恐早已关门歇业。因此，该年画店更无资金去专门请人制作年画样式，只能依照现有的传统年画样式请刻版艺人刻制少量木版，然后自己或委托年画印制艺人批量印制年画作为旅游纪念品予以售卖。

随着整体生活水平的提高，民众开始在衣食无忧之余更加注重精神消费，兼之有效的非物质文化遗产保护宣教工作，使得民众对包括聊城木版年画在内的诸多民间艺术形式开始有所关注。民众对聊城木版年画的关注，主要集中在适时型与传统型两大类年画产品，② 但因适时型的木版年画产品题材更新过快，购买群体随机性强，故并不能成为当地木版年画产品的核心题材。传统型的木版年画产品有深厚的文化基础和广大的群众基础，无论是零星的年画成品购买，还是年画收藏者收藏年画木版，人们多倾向于传统题材，一些所谓的新样式却鲜有人问津，这使得一些传统年画样式的价格大幅上涨，一些年画收藏者更是将其所拥有的年画样式秘不示人。当然，我们也看到传统型木版年画的销量并不如适时型木版年画，而且其受众多为知识分子，从年龄上看中老年人多，青少年少，受众面较小。

聊城木版年画传承人③对此多有不解，“人家上家里来，都是找老样

---

① 截至2019年12月，有固定的场所且挂牌营业的年画店为古城区的东昌府木版年画社，社内也仅有一名年画从业人员。

② 笔者在此处采用适时型与传统型年画是为了区分年画题材。适时型年画指根据民众喜好或富有时代气息的题材而刻制印刷的年画，如奥运期间的福娃系列年画等。传统型年画指依据传统木版年画样式印制的年画，如灶王、财神、门神等。

③ 该处所用“聊城木版年画传承人”一词并非文化部门认定的各级非物质文化遗产项目代表性传承人，而是实际参与聊城木版年画传承并实际掌握年画刻版或印制技艺的人，其涵盖范围远大于文化部门认定的各级传承人。文中其他部分涉及“聊城木版年画传承人”一词处，与此一致。

子，那些老样子没有现在设计得漂亮，但是人家只认老样子”①。为了更多地销售年画木版或年画产品，年画传承人还是积极去找寻传统的年画样式。但社会的巨大变迁使得传统年画样式多被毁弃，更因年画一直未入主流绘画领域，只是作为年节或祭祀的装饰品，且年换年新，从未有人专门去收集保存年画，这使得传统年画样式极少流传下来。因此，迄今为止关于传统年画样式的找寻收效甚微。

在找寻传统年画样式的过程中，聊城木版年画传承人遇到了一个陌生的概念——版权。现代版权制度自1709年英国《安娜法》的颁布就已经确立，而且随着科学技术的发展经历了“印刷版权—电子版权—网络版权”3个阶段，② 并且成为文化事业与文化产业中一个重要的现实概念和规范。但是版权对谋生于乡野的年画传承人来讲依然是一个陌生的概念。虽然年画传承人或多或少地听说过有关版权的一些信息，但因与其现实生活关联不大，故并未有人过多关注。

近年来，越来越多的聊城木版年画传承人在一种被动的状态下接触到了版权概念。这个概念不是通过媒体，也不是通过政府的有关部门获知，而是一些木版年画的收藏者向其宣传灌输的。这些年画收藏者“大部分是学院的教授，他们对年画有偏爱或者有独到的眼光”③。年画收藏者对年画传承人描绘的版权大抵如下：年画是有版权的，版权就是好年画版式的所有权，也是传承人俗称的“年画样式归属谁”的问题。现在好的年画样式在谁手里，该年画样式的版权就属于谁，要想拿这个样子刻版，必须得经过版权所有人的同意，如果未获得同意授权就使用年画样式，就是侵权，就要承担一定的法律后果。

聊城木版年画传承人对此多有不屑：“现在有的人说那个年画样式的版权是属于他的，怎么是属于他的，是老辈子人刻的，留下来的，这是属于国家的。”④ “版权的说法是他们告诉我的，说现在年画样式在谁那儿，

---

① 访谈对象：栾喜魁，男，聊城市东昌府区堂邑镇许堤口村人；访谈人：张兆林；访谈地点：栾喜魁家；访谈时间：2016年1月9日。

② 参见吴汉东《从电子版权到网络版权》，载《私法研究》第1卷，中国政法大学出版社，2002，第421页。

③ 毛瑞珩、唐娜主编《平度年画：宗成云，宗绪珍　东昌府年画：赵善成》，天津大学出版社，2011，第22页。

④ 访谈对象：栾喜魁，男，聊城市东昌府区堂邑镇许堤口村人；访谈人：张兆林；访谈地点：栾喜魁家；访谈时间：2016年1月9日。

谁就拥有这个样子的版权，是不可能拿出来让别人白用的。这些年画样式早年都见过，很多户家的门上也都贴过，那时候还没有他呢，他哪来的版权，瞎胡闹!”① “没听说过版权，庄上都传了多少辈了，都 200 多年了，也没听说有啥版权。要真说有啥版权，那年画的版权还是属于‘年’。”②

关于年画是否具有版权的问题，有关法律实践似乎已经证明，无须争议。2006 年，杨家埠百年老号“同顺德”画店的第 19 代传人杨洛书将中国画报出版社诉上法庭，诉讼理由为未经许可使用其年画作品，严重侵犯著作权。后经潍坊市中级人民法院、山东省高级人民法院审理，依法判决：一、中国画报出版社立即停止《杨家埠年画之旅》的发行和销售；二、中国画报出版社应于本判决生效后 10 日内赔偿杨洛书经济损失 50000 元。③ 也有年画产地为了推进非物质文化遗产项目的创意性开发，尝试打造非遗版权交易平台。④ 青岛文化部门协助年画创作人开展年画版权免费登记工作，⑤ 也在一定程度上推进了关于年画版权的探索。但是，目前我国其他年画产地关于年画版权的争议多是围绕年画成品，且涉及争议年画成品的创造者也都健在，而聊城木版年画样式的创作者早已作古多年。流传下来的年画样式更因老刻版艺人与年画印制艺人的过世，无法确定年画样式的版权所有人，其现在的收藏者与使用者不能也不愿意进行版权登记，更不愿意拿出来交付刻版艺人刻制年画木版，导致了现在的“谁收藏谁实际拥有”的现状，所以在现实中聊城木版年画样式的版权问题根本就无从谈起。⑥

---

① 访谈对象：陈庆生，男，聊城市冠县定远寨乡后杏园村人；访谈人：张兆林；访谈地点：陈庆生家；访谈时间：2016 年 5 月 25 日。

② 访谈对象：迟庆河，男，聊城市东阿县桐城街道办事处迟庄村人；访谈人：张兆林；访谈地点：迟庆河家；访谈时间：2016 年 5 月 11 日。

③ 肖春燕：《“年画之旅”引出侵权之诉》，中国法院网，http://www.chinacourt.org/article/detail/2008/01/id/282110.shtml。

④ 李文博：《天津打造非遗设计版权交易平台，年画牵手奢侈品》，新华网，http://www.tj.xinhuanet.com/whzl/2015-12/17/c_1117489968.htm。

⑤ 张艳：《年画剪纸免费登记版权》，半岛都市报，http://bddsb.bandao.cn/data/20131115/html/27/content_1.html。

⑥ 文中所涉及的版权，其实质为知识产权问题，即对民间艺术是否应用于知识产权立法保护的不同论证。该争论自 20 世纪 60 年代以来一直存在，其焦点在于民族民间艺术资源多为集体创作，而不属于某个社会个体，并无明确的权益主体，主体不明确的知识成果是否适用于知识产权法予以保护。详见张西昌《知识产权保护中民间艺人的社会角色定位：以陕西凤翔泥塑与邮票设计的纠纷为例》（《中国美术馆》2013 年第 1 期）。

明清时期，虽然有一些新年画样式为个别年画商人短期所独有，但是其年画成品终究还是要在集市上销售，而其他年画商人就可以在集市上购买几张，然后设法去掉颜色，只保留线条，就可以请刻版艺人连夜照样刻制，若加急 3 日左右即可取来印制。因此，在明清时期的聊城很少有个别新奇的年画样式为一家年画店所独有，即使偶有出现，不过三五天即可在当地其他的年画店里找到同样的样式。在聊城木版年画行业内，年画店更多的是以拥有较多的年画样式为荣，而不是靠一两个新奇的年画样式就能在该行当中立住脚。因为无论是走街串巷的年画小贩，还是走南闯北的年画商人都会选择样式比较全的画店作为固定的进货渠道，而且彼此之间的商业关系甚至延续几辈人，年画店多称呼来往多年的经销商（无论是走街串巷的小贩还是大的年画商人）为客，甚至因彼此之间多年的良好合作关系而结为姻亲，如三奶奶庙的刻版世家徐家长女徐春姐与大赵村的印制世家赵家赵善成就结为夫妻。①

时至今日，红火的年画生意早已繁华不再。近 9000 平方公里的区域内竟仅有 12 位木版年画传承人，且均不以此为生。木版年画传承人队伍中有刻版艺人 7 位，其中 3 位有零星的刻版业务，但刻版收入不过是其家庭收入的一点帮衬。传承人队伍中的年画印制艺人有 5 位，除 1 位相对稳定承担地方文化部门的印制任务外（每年任务量不等，年度售额多则 3 万元左右，少则 5000 元左右），其余 4 位每年不过是在冬闲时节短期劳作而已，其年度售额也不过 2000 元，远不足以维持生活。

聊城木版年画传承人或者年画爱好者想要挖掘传统年画样式，目前只能从早期入手的收藏者那里寻求，但收藏者以版权为由拒绝免费提供，其所要价位之高为常人所不能承担。虽然年画传承人对版权依然感到陌生和不屑，但是其已经切实感受到版权对他们的影响："我小的时候，年画样式多了去了。原来庄上很多人家都有点版，'文革'的时候多数都烧了，也有偷偷地留了点的户家。2004 年前后都让他们给买去了，也不值钱，那时候就是十块八块的，年画样式都是白送的。现在想找个老样子比着刻，

① 三奶奶庙徐金安是民国时期当地有名的刻版艺人，其家世代刻版，其女徐春姐、徐春莲都掌握该技艺。大赵村赵家经营"义盛恒"年画店数代，赵善成为该年画店第 6 代传承人。徐赵两家因年画木版买卖而交往频繁，徐春姐与赵善成成亲后进一步密切了两家之间的合作关系。

都找不到了。”[①] “我这里展览的一些样子都是民间刻版艺人不难寻见的，没有很稀奇的样子，好样子都让他们收藏了。”[②] 虽然技艺高超的年画刻版艺人渐少，但是终究还是有人能刻，如果现在组织这些老艺人把一些传统年画样式刻下来，也不失为保护传承的一种方法。关键是这些民间老艺人也见不到传统的年画样式，虽然多少年前曾经刻过，但是现在没有样子还是无法刻版。“他们不给看，也不让人家复印样子，说是他花费劳动收来的，不能白用。”[③] “有一个人收藏年画木版和样子是最早，但是要说那些老样子属于他，我还是不赞成。不赞成也没用，样子在人家手里，人家不同意，你也拿不到手，那就没法刻。”[④] “样子是少多了，都是前些年让人家给收藏了，人家有先见之明，收藏起来了，市面上都没了。”[⑤]

这种尴尬的现状是聊城木版年画传承人没有预料到的。虽然年画刻版艺人和年画印制艺人早年也有保留年画成品或年画样式的习惯，但是一般都是保留几年，待新版刻成，或者新的年画样式出现后，也就把保留的年画样式烧掉了。民国十五年（1926）后，随着破除迷信、新式教育的普及，当地年画生意一落千丈，多数年画店都已关门歇业。很多年画木版都被当作农家做饭的柴火，导致乡间所留存的年画木版和年画样式极为稀少。据调查得知，当今聊城木版年画保留下来的样式和木版也有数百，却在某个收藏者的房间里存放，虽然很多年画样式和年画木版就是如今健在的刻版艺人和印制艺人刻制或印制的，但是他们却连瞧一眼的机会都没有。

二 聊城木版年画前景堪忧

聊城木版年画传承人队伍建设堪忧。年画生意惨淡，收益甚微，很难

① 访谈对象：栾喜魁，男，聊城市东昌府区堂邑镇许堤口村人；访谈人：张兆林；访谈时间：2016年1月9日；访谈地点：栾喜魁家。

② 访谈对象：徐秀贞，女，聊城市东昌府区古楼街道办事处人；访谈人：张兆林；访谈时间：2016年4月25日；访谈地点：东昌木版年画博物馆。

③ 访谈对象：栾喜魁，男，聊城市东昌府区堂邑镇许堤口村人；访谈人：张兆林；访谈时间：2016年1月24日；访谈地点：栾喜魁家。

④ 访谈对象：陈庆生，男，聊城市冠县定远寨乡后杏园村人；访谈人：张兆林；访谈时间：2016年5月25日；访谈地点：陈庆生家。

⑤ 访谈对象：迟连刚，男，聊城市东阿县桐城街道办事处迟家庄；访谈人：张兆林；访谈时间：2016年5月11日；访谈地点：迟庄村头。

吸引专业人才投入年画样式的创作设计中去。健在的刻版艺人虽有刻版技艺在身，但面对年画样式匮乏的现状也是无计可施，只能依靠仅有的年画样式刻版。年画样式的匮乏在源头上卡住了聊城木版年画传承的脖子，使得原本就很脆弱的传承更是危机重重。

明清时期，聊城年画店多达数十家，从业人员以千百计。其中，年画商人与写样先生、刻版艺人、印制艺人之间常年是松散型的雇佣关系，但是年画商人对写样先生和刻版艺人的重视程度远超其他，彼此之间的合作关系也是相对稳定的。资金雄厚的年画店聘有写样先生专司年画样式的创作，常年雇佣刻版艺人持续刻版，并要在逢年过节时给写样先生、刻版艺人、印制艺人等一定的“富余”，且给予写样先生与刻版艺人的“富余”总是要高于印制艺人等其他人，因为一个画店只要能够拥有丰富的年画样式，留得住好的刻版艺人和一定数量的印制艺人，就等于保住了来年的生意。

民国以来，聊城的年画生意一落千丈，年画店越来越少，专业的年画商人也没有了，只有几个年画印制艺人在入冬以后才开始印制一定数量的年画，以满足和提供乡间民众朴素的信仰需求和精神慰藉。但是，无论是当时生产年画的种类还是生产规模都远逊于过往。当时的年画生产是年画印制艺人发起的，由其提供年画样式，并完全决定年画的样式和木版的所有权，甚至木版上关于年画样式的说明或店家铺号的标识都是其预先拟定好的，一般都是采用以前老店铺的名号或者年画生意兴隆的集镇，如义成号、张秋镇、姜庙、迟家庄等。刻版艺人凭借自己的刻版技艺获得一定的刻版报酬，但并不拥有木版样式和木版成品的所有权，所以当地没有标记刻版艺人信息的木版成品。年画印制艺人将刻好的木版用来印制年画，然后将印好的年画在周边的集市予以销售，或批发给走街串巷的小贩。近年来，随着多种艺术形式的出现和民众审美取向的多样化，年画市场更加萎靡，聊城当地年画印制艺人也只能靠着早年定制或购买的木版维持少量的印制。

新中国成立前，聊城木版年画传承人因有技艺在身，兼有务农的收入，故其收入略高于仅以务农为生的农民，其生活水平在传统农业社会中居于村落的中上游，所以传承人在村落中拥有一定的经济地位。随着社会的发展，当今乡村民众的生产方式和生活方式发生了极大的改变，人们不再受制于原有的土地，也有了更多改善生活境遇的机会和方式，部分农民已经逐渐变为中长期的城市企业雇工或零工，其在离开赖以生存的土地的同时，也改变了家庭的经济状况和所在村落的经济收入结构。但聊城木版年画传承人如果离开居住的村落，也就失去了传承的区域基础，而留在居住的传统村落中也就意味着失去了改变家庭经济状况的重要机会，其在整个村落经济结构中的位置呈现下滑之势。在对美好生活向往和村落经济结构变化的双重影响下，聊城木版年画的传承队伍愈加不稳定。据笔者2018年底的田野考察可知，在聊城木版年画传承人中尚能开展实际传承工作的只有11位，在这11人中被为外界所公认刻版水平较高的只有1位，且其已年逾八旬。在所有的传承人中年龄低于40岁的只有3人，而这3个人均不以此为业，且常年在外务工。聊城木版年画传承人及其后人学习有关技艺都是为了有口饭吃，当生计成为问题的时候，其必然就会转到其他行业去设法谋生。在当今社会，如若仅凭年画刻版、印制、销售的收入，对传承人生活条件的改善并无多大帮助，远不足以解决其家庭生计问题，这很难让传承人把精力集中在刻版技艺的提升与印制水平的提高上。非物质文化遗产保护工作开展以来，对各领域传承人的普查起初多用“后继乏人”四个字来描述传承困境，若是仅就聊城木版年画传承而言，后继乏人反而成为一个相对乐观的状态，其目前真正面临的社会现实是后继无人。

聊城木版年画的刻印技艺虽是靠传承人在传承，但是聊城木版年画作为非物质文化遗产是属于全社会的。任何人都不能从旁观者的角度，站在道德的高地上对传承人提出过多的要求，更不能不顾传承人的生活状况而试图以各种舆论裹胁他们，那是对他们的极度不尊重，更是对众多民间技艺的不尊重。当木版年画传承人的生活问题解决了，自身技艺传承自然也就列入其日常生活之中。“我为什么能够安心刻版，我有退休金垫底，子女都有工作，刻版能挣点就挣点，不挣钱也没事，就图有个乐趣。”① 只有当木版年画传承人能够衣食无忧地开展传承工作，才有可能追求年画样式的创造、刻版技艺的提升、印制水平的提高等。换个角度分析，我们也会发现其实聊城木版年画传承人的生活问题本身就是其所承载的民间技艺传承问题的一部分，因为其现实的生活状态好坏决定其审美水平和需求是否能完整地反映在传承实践中。如果忽视木版年画传承人的生活问题，其实

① 访谈对象：郭春奎，男，聊城市东昌府区道口铺镇人；访谈人：张兆林；访谈时间：2016年6月1日；访谈地点：永兴堂民俗文化大院。

就是在阉割一个原本完整的民间技艺项目，并试图把原本鲜活的民间技艺变成无生命的流程工艺。换而言之，忽视传承人的生活问题，其实就是在现实意义上对聊城木版年画有关技艺的刻意曲解。

任何民间技艺都是靠人来传承的，离开了人的民间技艺及相应的民间艺术形式，都只能作为一种文化记忆而存在，无法给社会和后人一个直观的呈现，聊城木版年画也不例外。保护聊城木版年画的核心就是保护传承人，只有不断稳定和壮大传承人队伍，才能探讨技艺的传承与创新。若不能解决后继传承人的问题，那么聊城木版年画的刻版技艺就极有可能成为一种逐渐走向消失的文化。

三　关于聊城木版年画的思考

聊城木版年画是鲁西诸多民间技艺的一种，是山东省西部唯一存在且尚在承继的木版年画，与东部的潍坊杨家埠年画遥相呼应。但是，因为清末黄河改道，运河断流，清廷遂废止漕运，致使聊城辖属的多个县镇从昔日繁华的漕运中枢诸节点变成较为封闭落后的鲁西“腹地”。[①] 但也正得益于当地社会环境的断裂式骤变，聊城木版年画深藏于城市周边的乡村之中，很少受到外来文化的干扰，基本原汁原味地流传至今。由此，其所涵载的历史人文信息是其他地域木版年画所不具有的，堪称我国木版年画发展的标本。

如何破解聊城木版年画样式匮乏的现状是当前地方政府和学界保护工作面临的首要问题。在田野考察访谈中，笔者也曾就此问题与多位传承人、基层文化部门工作人员进行沟通，在参考学界相关研究成果的基础上，提出以下传承建议。

（一）扩源：聊城木版年画样式的挖掘与创造

据有关地方史料记载，明清时期聊城木版年画样式有很多种，仅一些大的年画店就存有近千套不同样式。但是，笔者发现如今聊城的多数传承人使用的木版基本雷同，其原因已在前文予以详述。欲解决当前聊城木版

---

① 〔美〕彭慕兰：《腹地的构建——华北内地的国家、社会和经济（1853—1937）》，马俊亚译，上海人民出版社，2017。

年画样式种类较少的问题，就必须要扩源，要充分挖掘传统的年画样式，更要主动适应社会发展去不断创造新的年画样式。

如何收集整理一批地方特有的年画版式是聊城木版年画能否复兴的关键因素。笔者在地方文化市场上曾见到一些年画夹子，其外封面是用当地蓝色粗布缝制，所夹内容是当地多种题材的年画样式，既有色版，也有线版。一些年代比较久远的年画夹子，可以上溯至清末甚至清中后期，如果文化部门能够把这些年画夹子收集起来，组织人员进行一定的筛选后，提供给本地的刻版艺人予以刻制，将极大地丰富现有的年画样式。① 同时，也应该尝试采取一定的措施，如通过部分购买或联合整理等方式，鼓励和倡导年画收藏者将一些稀少的年画样式贡献出来，把藏在个人书橱的艺术收藏品还原为大众的年节装饰品、欣赏品，这也是挖掘本地年画样式的一个重要途径。

选择相关的文化物象，创造新的样式是聊城木版年画数百年来不断传承的时代注入剂。聊城木版年画的样式是不断发展的，很多样式都是在社会发展中由当地民众创造的，也正是这不间断的创造活动使得聊城木版年画得以传承数百年。社会的发展必然创造了许多新的文化物象，在冲击聊城木版年画已有样式的同时，也不断为其提供新的创作素材。聊城木版年画要想在新的时代得以传承，就必须随着社会的发展使自身不断有所增益，既可以鼓励传承人、年画爱好者等积极参与到年画样式创作中去，也可以聘请专业人才从事年画样式的创作。新年画样式的创造能使聊城木版年画以现代人所熟知的艺术语言和表现形式展示出来，更利于社会受众和目标市场的培育，实现其技艺传承与现实社会功用的良性发展。

（二）品牌：聊城木版年画的身份标识

近年来，虽然聊城木版年画逐渐被区域内民众重新认可，但是与其他地域的年画相比而言，还是逊色不少。如何实现聊城木版年画的当代社会价值，是当地文化部门和传承人应关注的一个现实问题，需要学术界、文化部门、传承人等多方的共同努力才有可能解决。

① 从笔者的访谈中得知，地方政府曾组织购得一批年画夹子，种类丰富，样式繁多。但是并没有将年画夹子交由文化部门保存使用，而是交由当地的档案部门，成为当地档案库中的一堆资料，有关部门从未对其整理研究，更谈不上挖掘利用。

目前已知关于聊城木版年画的代表性研究成果有谢昌一的《张秋镇年画调查》、张宪昌的《东昌府木版年画》、王进展的《山东木版年画现状调查与保护研究》以及毛瑞珩、唐娜主编的《平度年画：宗成云，宗绪珍 东昌府年画：赵善成》等，这些成果在不同角度对其组成部分——东昌府木版年画与张秋木版年画进行了研究，或侧重对一个年画生产村镇的考察，或倾向具体年画作品的呈现，或选取一两个传承人做口述史研究。在现有的研究成果中，侧重于访谈考察者居多，注重理论研究者较少，即使偶有一二，也多为其他研究的一个佐证或者附带，而并没有把聊城木版年画作为核心的研究对象。当地学者应当围绕聊城木版年画开展系统的研究，解决其技艺源流、书庄刻书与年画刻版、刻书社与刻版艺人的培养、传承技艺与地方文化的构建、传统样式挖掘与新样式创设等问题，使得聊城木版年画作为一个核心的学术研究对象呈现出来，提高其在理论研究领域的关注度。

聊城木版年画是当地有关刻印技艺传承的载体，地方文化部门应该积极把年画推广出去，使其成为当地的文化名片。聊城木版年画之所以较其他地区年画知名度不高，是因为清末民初以来交通不便导致对外流传不畅和已挖掘的年画样式有限，还因为政府有关部门未能及时推广。聊城木版年画已经入选国家级非物质文化遗产目录，这是一个极好的契机，地方文化部门应该将其打造成地方的文化名片，扩大聊城木版年画的社会影响力和品牌辐射力。

聊城木版年画能否成就自身的身份标识，关键在于传承人自身技艺能否得到不断提高。潍坊杨家埠木版年画的代表人物杨洛书一直在不断探索新的题材，如历时 10 年刻了 540 块木版的梁山好汉，刻了 440 块版的《西游记》，还刻有历代帝王全图等，创造了我国木版年画刻版的多项纪录，也见证了杨家埠木版年画在 20 世纪 90 年代后的复兴与发展。据笔者近 3 年的田野考察，发现聊城木版年画的传承人中除栾喜魁父子耗时 2 年刻了 54 块版的《水浒传》，其他艺人多是以销定产，没有年画需求时就从事其他劳务，并没有把精力放在年画样式的探索和刻印技艺的提高上，这在主观上限制了自己的艺术视野，不利于自身社会影响力的养成。聊城有丰富的梨木资源与悠久的历史文化，且处于京杭大运河南北运输的中段及冀鲁豫三省的交界处，广受多种地方文化艺术的影响，客观上已经为传承人提供了海量的原材料与创作题材。传承人应在文化部门的支持和帮助下，投身于年画刻印技艺的提高，在塑造地方文化品牌的同时，也主动打造自身传承的刻印技艺的身份标识和品牌。

（三）传承人：聊城木版年画传承的核心

聊城木版年画刻印技艺是依附于传承人而存在的，该地区的保护工作也是以传承人为中心开展的，如栾喜魁获批为国家级传承人，黄贤尧获批为省级传承人，栾占宽、栾占海、郭春奎、郭贵阳、黄振荣、荣维臣、徐秀贞、陈娅嫙获批为市级传承人。此外，还有一些传承人并没有进入政府保护的视野，如家学传承的徐春莲、迟连刚等。但是笔者在考察中发现，入选各级传承人的民间年画艺人多在50岁以上，且多数传承人并不以年画传承为主业，传承队伍的后续力量极为薄弱，并没有形成良好的传承梯队，地方文化保护部门似乎对此也是无计可施。

文化部门在培养传承人方面也进行了积极的尝试，如在地方高校建立了年画保护传承基地，希望借助高校优势培养一些传承人，但是培养情况并不理想。同时，文化部门还支持当地年画爱好者成立了东昌府木版年画博物馆、东昌府木版年画研究会、东昌府木版年画社等组织，将其作为地方木版年画有关实物展示、技艺交流、年画成品售卖的场所或平台，但是此类机构运转也不理想，远没有达到预期效果。

笔者认为若年画传承人的梯队不能建立，即使挖掘创造再多的年画样式，培育影响力再大的品牌，传承也只能是一种假想，培养传承人是一个耗时耗力的长期工作，要投入大量的人力物力，这是作为社会个体的民间艺人所不能承受的，政府作为公众文化利益的代表应当及早介入，有所担当。“在培养传承人的问题上，我认为地方政府要有前期投入，作为启动资金，要给学徒一定的补助，要让他们能坐得住。”① 文化部门还可以协调教育部门在本地的中小学开设相关本土课程，传授有关聊城木版年画的知识，从小培养当地青少年对年画刻印技艺的兴趣，这有利于在该地区的青年人中培养优秀的传承人。② 同时，更应该采取措施鼓励和扶持传承人的

① 访谈对象：孙树贵，男，原聊城市东昌府区堂邑镇文化站站长；访谈人：张兆林；访谈时间：2016年1月30日；访谈地点：孙树贵家。

② 在考察中，笔者发现在东昌府道口铺的部分小学已经不定期地开设有关的课程，而且受到校方、学生及学生家长的欢迎，该校学生所在的乡村对东昌府木版年画的熟悉程度远超其他村落。

子女学习有关技艺，他们有着先天的优势，不用出门即可学艺，同时也保持了家学言传的有序，更利于刻印技艺精髓的传承。

四　结语

聊城木版年画作为一种存在并传承的民间技艺，曾经极大地丰富了生存在贫瘠土地上人们的精神世界，使得年以另一种可感可视的形式装饰了人们的生活。社会的发展和人们审美需求的变化使得盛极一时的聊城木版年画沦落为藏匿于乡野的民间技艺，人们在追求诸多精神享受的同时，也把诸如此类的传统艺术形式弄丢了许多。社会的发展不仅在于创造新的美好，还在于留存对过去美好的一切记忆，不然一些现实的美都是不完整和无根源的。聊城木版年画的传承现状或许可以给我们一个警示，如果淡忘正在逝去的艺术形式，不能把握好现实的艺术技艺，明天的艺术美好或许只是当代人的一厢情愿。正视问题的症结所在，积极地探索解决问题的方法和途径，并付诸我们的保护实践，才是我们维系民族传统技艺的正确态度。

Lack of Styles: The Dilemma of Inheriting Liaocheng Woodcut New Year Paintings

Zhang Zhaolin

Abstract: Liaocheng Woodcut New Year Paintings which once enjoyed great popularity across China end up as a minority art surviving in a narrow scope. Although there are various reasons, lack of styles is the dilemma of Liaocheng Woodcut New Year Paintings now. Lack of styles of New Year Paintings can be contributed to historical factors, such as natural damage throughout the year and social movements. In addition, a few collectors tend to keep the paintings as private, which becomes one of the realistic reasons for the lack of styles. All these factors form an obstacle for the inheritance of Liaocheng Woodcut New Year Paintings. The severe similarity of the painting products result in the market shrinking and a low income for the heirs who inherit the Woodcut New Year Paintings, which leads to the fact that there are fewer and fewer heirs. The conservation of intangible cultural heritage has created a good social environment for the inheritance of Liaocheng Woodcut New Year Paintings, but we need to make greater efforts to achieve an effective inheritance, such as to excavate and create more styles of the paintings, to cultivate local brands of the paintings gradually, to establish heir teams with the assistance of the government etc.

Keywords: Liaocheng; Woodcut New Year Paintings; Styles of New Year Paintings; Inheritance

（责任编辑：胡克诚）

《大元新开会通河记》考释

贾建增*

内容摘要 杨文郁所撰《大元新开会通河记》一文是研究元代大运河的重要材料，但传世文献所载此文错讹甚多。《大元新开会通河记》碑刻的发现，可补传世文献所载碑文之不足。通过对拓片与传世文献所载碑文的比对，还可以廓清这篇碑文的流传线索。《大元新开会通河记》详细记载了会通河的开凿始末，以及会通河管理机构、闸坝的营建等重要信息，为研究元代会通河的开凿与管理提供了珍贵的资料。

关键词 《大元新开会通河记》 碑文考释 会通河

《大元新开会通河记》碑，位于山东省梁山县城北郊，为1998年梁山县文物管理所进行文物调查时发现，2002年有关文物部门进行试掘，拓片现存于济宁市博物馆。① 碑文详细记载了至元二十六年（1289）会通河开凿始末，对研究元代大运河具有重要意义。② 本文结合拓片与传世文献所载碑文，对碑刻进行录文，对碑文相关内容进行考释，并以《大元新开会

* 贾建增，山东大学历史文化学院博士后，主要研究方向为元代政治制度史、元代历史地理。

① 关于《大元新开会通河记》碑刻的相关情况，可参见尤宝良、邓红编《东平湖与黄河文化》，黄河水利出版社，2009，第263页。

② 元代大运河的研究成果主要包括以下文章和著作。袁冀：《元初运河转运之研究》，《大陆杂志》第37卷第4期，1963；邹逸麟：《山东运河地理问题初探》，《历史地理》创刊号，1981；高荣盛：《元代运河琐议》，载《元史及北方民族史研究集刊》第8辑，1984；路远征：《元代大运河的修治及其漕运》，硕士学位论文，内蒙古大学，2004；默书民：《元代的内河漕运》，载高春利、李萍、曹彦生主编《漕运文化研究》，学苑出版社，2007，第52~78页。

通河记》为中心，对元代会通河的开凿、会通河的管理机构、会通河闸坝的营建等问题进行研究。

一 碑刻录文

《大元新开会通河记》由翰林直学士杨文郁撰，礼部尚书张孔孙书丹，兵部郎中李处巽篆额。该碑龟趺，碑额篆书“大元新开会通河记”，但碑额已于2015年被盗。碑文共28行，满行71字。碑通高5米有余，其中碑额高1.5米，宽1.3米，厚0.42米。碑身高2.68米，宽1.24米，厚0.42米。[①] 碑身现仅露出地面约半米，顶部有缺损，尤其是右上部缺损较重，字迹漫漶不清。该碑刻未见拓片流传，但万历《兖州府志》、万历《东昌府志》、雍正《山东通志》、乾隆《东平州志》、乾隆《临清直隶州志》等旧方志，以及《漕河图志》《北河记》《行水金鉴》等河渠书载有此碑文。[②] 现以笔者所得济宁市博物馆所藏拓片为底本，参校传世文献所载碑文，录文如下[③]：

敕 翰林直学士承直郎臣杨文郁撰，少中大夫礼部尚书臣张孔孙书丹，奉政大夫兵部郎中臣李处巽篆额。

[宪][天][述][道][仁][文][义][武][大]光孝皇帝在位之十七年，江南平，薄海内外罔不拱北臣顺，奔走率职□□□□□□□□汶合泗分流以达东阿，乃置汶泗都漕运使司，控引江淮岭海，以供亿京师。自东阿至临

① 参见尤宝良、邓红编《东平湖与黄河文化》，第263页。

② 参见《学士杨文郁奉敕撰会通河记》，万历《兖州府志》卷41《艺文志三·碑记》，齐鲁书社，1985年影印本；杨文郁：《会通河记》，万历《东昌府志》卷20《艺文志》，《原国立北平图书馆甲库善本丛书》第331册，国家图书馆出版社，2014年影印本，第987页；杨文郁：《会通河记》，雍正《山东通志》卷35，《景印文渊阁四库全书》，台湾商务印书馆，1986年影印本，史部，第541册，第667页；杨文郁：《会通河记》，乾隆《东平州志》卷19《艺文》，哈佛大学哈佛燕京图书馆藏乾隆三十六年刻本；乾隆《临清直隶州志》卷1《疆域志》，哈佛大学哈佛燕京图书馆藏乾隆五十年刻本；杨文郁：《开会通河功成之碑》，载王琼《漕河图志》卷5《碑记》，《原国立北平图书馆甲库善本丛书》第442册，第320页；杨文郁：《开会通河功成之碑》，载谢肇淛《北河记》卷3，《景印文渊阁四库全书》，史部，第576册，第598页；杨文郁：《开会通河功成之碑》，载傅泽洪《行水金鉴》卷101，《景印文渊阁四库全书》，史部，第581册，第539页。

③ 录文中拓片所缺字据传世文献补，传世文献亦缺者以□表示。

清二百里，舍舟而陆，车输至御河，徙民一万三千二百七十六户，除租庸调。奈道经茌平，其间苦地势卑下，遇夏秋霖潦，牛偾辐脱，艰阻万状。或使驷旁午，贡献相望。负载底滞，晦冥呼警，行居骚然，公私以为病，为日久矣。

皇帝方图治以收太平之功，立尚书省，一新庶政，百废具兴。士有出意见论利害者，咸得自效。寿张尹韩仲晖、前太史院令史边源相继建言，引汶水属之御河，比陆运利相十百。时诏廷臣求其策，未得要便，以仲晖、源言为然，遂以都漕运副使马之贞同源按视。之贞等至则循行地形，商度功用，参之众议，图上曲折，备言可开之状。政府信其可成，于是丞相桑哥合同僚敷奏，且以图进。上俞允，赐中统楮币一百五十万缗，米四万石，盐五万斤，以给佣直，备器用，征旁近郡丁夫三万，驿遣断事官忙速儿、礼部尚书张孔孙、兵部郎中李处巽洎之贞、源同主其役。二十六年正月己亥，首事起须城安山之西南，由寿张西北行，过东昌，又西北至临清，达御河，其长二百五十余里，吏谨督程，人悉致力，渠寻毕功，益加浚治，以六月辛亥决汶流以趣之，滔滔汩汩，通注顺适，如迫大势，如复故道，舟楫连樯而下，仍起堰闸以节蓄泄，完堤防以备荡激。凡用工二百五十一万七百四十有八。滨渠之民，老幼携扶，纵观徊翔，不违按堵之安，喜见泛舟之役。于是须城、聊城两县耆寿各诣所治致辞，谓：幸生长明时，获瞻仁政，纳大臣经济之谟，兴官民悠久之策，宜录纪成绩，被之金石。治渠使者以耆寿之言为请，于时大驾临幸上都，驿置以闻。明诏翰林院，其为运河命名，且文其碑。臣等乞赐名“会通”，百拜稽首，而属辞曰：

谨按《书》以食货为八政之首，《易》称舟楫有济川之利，此古今不易之理。而京师所系为最重，故大舜命禹，既平水土，定九州之贡赋，皆浮舟达河以入冀都。功冠三代，为万世法。自兹以降，汉用郑当时之言，引渭至河，以利西都。唐用刘晏之策，由汴入河，以济关辅。盖京师者，四方辐凑，兆姓云集，六师所依以强，百司所资以办，不丰储积，政将奚先？我国家新天邑于析木之津，建万亿年无疆之业，规模宏远，治具周密，若夫漕运流通，国之大计，舟车致远，功利悬绝。所宜讲而行之，虽费而不可省，劳而不可已者。今则费取于官，利及生民，役不逾时，功垂后世。加以随时丰歉权事重轻以深致，曲成万物之意，致以殷富由此途出。臣窃迹舆地图，若近代辽氏、金源氏皆尝立国，当时经度曾不是思，岂不以兴王之功，非僻陋者所能与。而前修弗逮，乃所以启盛时也欤？先儒有言，圣人在上，则兴利除害，易成而难废。钦惟皇上开物成务，迈舜禹而轶汉唐，区区近代之君，固无以议为也。臣备属北门，职在记事之成，不敢以固陋辞。仰奉明旨，志其岁月，且推衍与诵，昧冒论著，至若神功圣德之盛，以识惠泽，以浸八荒，资始资生，上下与天地同流，盖非纂河渠沟洫者所能仿佛也。九月□□日臣文郁谨记。

至元二十六年冬十一月朔，断事官臣忙速儿等，嘉义大夫东平路总管移剌忽都帖木儿，奉训大夫同知路事解福寿，承务郎判官李宾雅等。耆寿戴信、董成等立石。

省禄朱德华，监修官将仕郎汶上主簿匡国政，石匠高士英、魏士英、李执中刊。

二 碑文考释

《大元新开会通河记》碑的发现，可补传世文献所载该碑文之不足，并可对其错讹之处进行订正，下面结合拓片加以说明。

首先，记载了碑文的撰文者、书丹者与篆额者及其职衔。碑文由翰林直学士承直郎杨文郁撰写，传世文献所载碑文与此一致，兹不赘述。值得注意的是碑文的书丹者与篆额者，《大元新开会通河记》由少中大夫礼部尚书张孔孙书丹，此为传世文献所载碑文缺载。张孔孙，字梦符，隆安人，《元史·张孔孙传》记载其履历，至元二十二年（1285）为礼部侍郎，不久升为礼部尚书，后擢为燕南提刑按察使。① 由碑文可知，张孔孙到至元二十六年（1289）十一月《大元新开会通河记》碑刻立石时，仍然担任礼部尚书一职。此后张孔孙可能就是凭借开河之功，擢升燕南提刑按

① 《元史》卷174《张孔孙传》，中华书局，1976年标点本，第4066页。

察使。

《大元新开会通河记》由奉政大夫兵部郎中李处巽篆额，亦为传世文献所载碑文缺载。关于李处巽，《元史》无传，仅存的两条记载又相互矛盾。《元史·世祖纪十二》将其记作“兵部郎中李处选”[①]，而《元史·河渠志一》又记作“兵部尚书李处巽”[②]。据《大元新开会通河记》的记载，当以李处巽为是，其在至元二十六年（1289）主持开凿会通河时所任的官职应为兵部郎中。至元二十七年（1290），李处巽调任江南行台治书侍御史。[③] 另据陶宗仪记载：李处巽，字元让，为东平人，善于书写篆字。[④] 关于他的书法师承关系，陆友仁记载：“李处巽元让，乃高舜举之甥。舜举得篆法于党世杰，以授杨武子，武子以授元让。”[⑤] 党世杰即金代著名书法家党怀英，“工篆籀，当时称为第一，学者宗之”[⑥]。杨武子即元代大儒杨桓，“博览群籍，尤精篆籀之学”[⑦]。可见李处巽的书法得党怀英、杨桓等人真传，造诣颇深。况且李处巽是东平人，因此由他为《大元新开会通河记》碑刻篆额，当属实至名归。

其次，详细记载了《大元新开会通河记》碑刻的立石人信息，此为传世文献缺载，为我们提供了珍贵的历史信息。其中，碑文所载元代东平路职官，嘉义大夫东平路总管移剌忽都帖木儿、奉训大夫同知路事解福寿、承务郎判官李宾雅等 3 人，为东平历代方志所缺载，[⑧] 可补志书职官志之不足。此外，碑文所载监修官汶上县主簿匡国政，也为汶上县志所缺载，[⑨] 亦可补志书记载之不足。

最后，通过《大元新开会通河记》拓片与传世文献所载碑文的比对，

---

① 《元史》卷 15《世祖纪十二》，第 324 页。

② 《元史》卷 64《河渠志一》，第 1608 页。

③ 张铉：《至正金陵新志》卷 6《官守志》，《宋元方志丛刊》，中华书局，1990 年影印本，第 6 册，第 5596 页。

④ 陶宗仪：《书史会要》补遗，上海书店出版社，1984，第 458 页。

⑤ 陆友仁：《研北杂志》卷下，《景印文渊阁四库全书》，子部，第 866 册，第 608 页。

⑥ 《金史》卷 125《党怀英传》，中华书局，1975 年标点本，第 2726 页。

⑦ 《元史》卷 164《杨桓传》，第 3852 页。

⑧ 参见乾隆《东平直隶州志》卷 10《职官志》，哈佛大学哈佛燕京图书馆藏乾隆三十六年刻本；光绪《东平州志》卷 10《职官表》，《中国地方志集成·山东府县志辑》第 70 册，第 165 页。

⑨ 参见万历《汶上县志》卷 3《职官志》，康熙《续修汶上县志》卷 2《续职官志》，《中国地方志集成·山东府县志辑》第 78 册，第 161、251 页。

可以大致廓清传世文献所载《大元新开会通河记》碑文的流传线索。第一，河渠书的收录与传抄。最早收录这篇碑文的河渠书是弘治九年（1496）王琼编纂的《漕河图志》，题名为《开会通河功成之碑》。此后明神宗末年成书的《北河记》和清雍正年间成书的《行水金鉴》都收录了这篇碑文。以上 3 部河渠书所载碑文有明显的继承传抄关系，这表现在 3 部河渠书所载碑文的讹误一致。如碑文第 1 行关于世祖皇帝尊号，3 部河渠书均作“圣神文武大光孝皇帝”。碑文第 7 行关于边源的职衔，3 部河渠书所载碑文均作“太史”。此外，《北河记》和《行水金鉴》对碑文内容都有所删减，而无增补。如《北河记》删去了碑文第 13 行“于是须城、聊城两县耆寿各诣所治致辞”到第 15 行“治渠使者以耆寿之言为请”这一大段文字。《行水金鉴》删去了从碑文第 22 行“臣窃迹舆地图”开始到第 24 行“区区近代之君，故无以议为也”这一大段文字。

第二，旧方志的收录与传抄。就目前掌握的资料来看，《大元新开会通河记》碑文收入旧方志始于万历二十四年（1596）修纂的《兖州府志》，题名为《会通河记》。此后，万历二十八年（1600）修纂的《东昌府志》，清代雍正《山东通志》、乾隆《东平州志》与乾隆《临清直隶州志》等旧方志都收录了这篇碑文。5 种旧方志所载碑文错讹之处也几乎一样，存在明显的传抄痕迹。如碑文第 3 行，5 种旧方志均无“□□□□□□□□汶合泗分流以达东阿”这一句。又如碑文第 12 行，5 种旧方志均无“舟楫连樯而下”与“凡用工二百五十一万七百四十有八”这两句。

从上述 7 种古籍收录碑文的情况来看，以王琼《漕河图志》所收《开会通河功成之碑》的碑文最为完整，错讹也最少。但李修生先生主编的《全元文》所收《会通河记》，所据底本为雍正《山东通志》与万历《东昌府志》，错讹之处很多，颇不可取。①

三　碑文所见元代会通河的开凿与管理

《大元新开会通河记》为研究元代会通河的开凿与管理提供了珍贵的材料，下面结合碑文内容详细论述。

---

① 杨文郁：《会通河记》，载李修生主编《全元文》第 10 册，江苏古籍出版社，1999，第 606 页。

（一）会通河的开凿

1. 济州河的开凿与元初物资转运

碑文第3行记载，“□□□□□□□□□汶合泗分流以达东阿”。这句话指李奥鲁赤开济州河之事。元朝统一南北之初，亟须转运江南财赋。济州判官张楷遂“至都建言，疏凿泗、汶二水，会于济，达于淮北，导汶水通于利津”①。元廷于是在“（至元十八年）十二月，差奥鲁赤、刘都水及精算者一人，给宣差印，往济州，定开河夫役。令大名、卫州新附军亦往助工”②。关于济州河的开凿，《大元海运记》记载：“并开济州、泗河，自淮至新开河，由大清河至利津河入海接运。”③ 俞时中也记载：“至元二十年（1283），朝廷初以江淮水运不通，乃命前兵部尚书李奥鲁赤等调丁夫，给庸粮。自济州任城，委曲开通河渠，导洸、汶、泗水，由安民山至东阿，三百余里，以通漕运。”④

碑文第3、4行记载，“自东阿至临清二百里，舍舟而陆，车输至御河，徙民一万三千二百七十六户，除租庸调”。这反映了元初自东阿到临清陆运的情况。济州河开通后，形成了“自淮至新开河，由大清河至利津河入海接运”的水运线路，⑤ 但由于“海口沙壅”，这一漕运路线颇为艰难。王恽记载：“巨野到齐东，着浅凡几处。必资州县力，涩滞方可度。漫村赶丁夫，所在沸官府。先须刮流沙，推挽代篙艣。”⑥ 至元二十四年（1287）正月，平章薛彻干等奏：“自江南海道经由东平新开河道所运粮船往来艰辛，官未得济。”元廷遂罢东平河道运粮，⑦ 改由陆运，“从东阿旱站运至临清，入御河”⑧。但此段陆运亦颇为艰难。胡长孺记载：“会通河

① 宁士仪：《故朝列大夫大司农丞致仕张公墓志铭》，载济宁市博物馆《山东济宁发现两座元代墓葬》，《考古》1994年第9期。

② 《元史》卷65《河渠志二》，第1626页。

③ 赵世延、揭傒斯撰，胡敬辑《大元海运记》卷上，台北广文书局，1972，第34页。

④ 俞时中：《任城东闸记》，道光《济宁直隶州志》卷3《山川》，《中国地方志集成·山东府县志辑》第77册，第106页。

⑤ 赵世延、揭傒斯撰，胡敬辑《大元海运记》卷上，第34页。

⑥ 王恽：《秋涧先生大全集》卷3《挽漕篇》，《元人文集珍本丛刊》，新文丰出版公司，1975，第1册，第189页。

⑦ 赵世延、揭傒斯撰，胡敬辑《大元海运记》卷上，第51页。

⑧ 赵世延、揭傒斯撰，胡敬辑《大元海运记》卷上，第34页。

未凿，东阿、茌平道中，车运三百里，转输艰而靡费重。”① 《大元新开会通河记》碑文详细记载了元廷为这段陆运所签发的户计，这些户计的数量与待遇，以及物资转运中“负载底滞，晦暝呼警，行居骚然，公私以为病”的情况，为了解元初南北物资转运的情况提供了珍贵资料。

2. 元代会通河的开凿

碑文第 5、6 行记载了会通河开凿前朝臣的议论与勘测。会通河之开凿，始于寿张县尹韩仲晖与太史院令史边源之上言，此与传世文献记载一致。② 关于会通河开凿之前的勘探，则早在至元十三年（1276）就已进行。时元廷计划开挖贯通南北的大运河，遣郭守敬进行实地考察。郭守敬“自陵州至大名，又自济州至沛县，又南至吕梁，又自东平至纲城，又自东平清河逾黄河故道，至与御河相接，又自卫州御河至东平，又自东平西南水泊至御河，乃得济州、大名、东平、泗、汶与御河相通形势，为图奏之”③。至元二十六年（1289），寿张县尹韩仲晖与太史院令史边源相继建言“开河置闸，引汶水达舟于御河，以便公私漕贩”。元廷遂遣漕副马之贞与边源等“按视地势，商度工用，于是图上可开之状”④。关于马之贞此次实地勘测，《元朝名臣事略》的记载更为详细，马之贞“自临清由东昌而南，得河故道，过景德镇至寿张，抵安民山，袤三百里有奇，与源所言合”⑤。此外，任丘人张仲温亦对会通河的开凿贡献颇大，“廷议开会通河以便漕运，方略位制，多公所区别指授。心力既罄，而成效亦少著矣”⑥。

碑文第 10、11 行详细记载了会通河里程、起止点、工程负责人、所用工费等情况。会通河“起须城安山之西南，由寿张西北行，过东昌，又西北至临清，达御河，其长二百五十余里”。波斯人拉施特记载，元代大运河“宽达三十余嘉兹”。据该书中页下小注，1 嘉兹约合 3 英尺（约 0.3

① 胡长孺：《何长者传》，载苏天爵编《国朝文类》卷 69，《四部丛刊》本。

② 《元史》卷 64《河渠志一》，第 1608 页。

③ 苏天爵辑撰，姚景安点校《元朝名臣事略》卷 9《太史郭公》，中华书局，1996，第 185 页。

④ 《元史》卷 64《河渠志一》，第 1608 页。

⑤ 苏天爵辑撰，姚景安点校《元朝名臣事略》卷 2《丞相怀安忠武王》，第 20 页。

⑥ 虞集：《道园类稿》卷 46《都漕运副使张公墓铭》，《元人文集珍本丛刊》第 6 册，第 366 页。

米），因此元代大运河宽度应为 10 米左右。[①] 会通河“起须城安山之西南”。须城（今山东东平县州城镇），为东平路属县。[②] 安山，又称安民山（即今梁山县城东北小安山），在须城县西南，其南有安民亭。[③]《大运新开会通河记》碑刻所在地很有可能就是会通河的起点，在安民山西南 2.6 公里处，距须城县（今山东东平县州城镇）约 20 公里。会通河止于临清会通镇，与御河相接。临清县（今山东省临清市），元代为濮州属县。[④] 朱思本有《临清会通镇》一诗：“世皇一文轨，强干隆中都。凿渠只汶河，畚锸劳万夫。北流过大野，郓博咸归输。浩浩六百里，远近牵舳舻。”但元代习惯把安山以南的运河也称作会通河。如至治三年（1323）都水监上言：“会通河沛县东金沟、沽头诸处，地形高峻。”[⑤]

关于会通河工程的负责人，《大元新开会通河记》载有忙速儿、张孔孙、李处巽、马之贞、边源等 5 人，而《元史·河渠志一》仅记载忙速儿、张孔孙、李处巽 3 人“董其役”，而不提马之贞与边源 2 人。[⑥] 按马之贞，至元二十三年（1286）为漕运副使，“委管闸接放纲船”[⑦]。边源，史载不详，曾建言开河，并与马之贞一道进行实地勘测。2 人亦对会通河之开凿贡献颇大。英宗朝都水监丞张仲仁，曾修建“故都水少监马之贞、兵部尚书李奥鲁赤、中书断事官忙速祠三，以迎休报劳”[⑧]。元代文人多有诗作赞其功绩，如王练师有诗称：“河决会通人姓马，转输一水达皇都。足兵足食民胥悦，不用劳薪苦道途。”[⑨] 揭傒斯亦有诗称：“吾闻马都水，昔在至元中。建议舒供贡，为渠使会通。京师天下本，舟楫老臣功。列闸观初意，应将万世同。”[⑩]

---

① 〔波斯〕拉施特主编《史集》第 2 卷《成吉思汗之子拖雷汗之子忽必烈合罕纪》，余大钧、周建奇译，商务印书馆，2014，第 334 页。

② 《元史》卷 58《地理志一》，第 1365 页。

③ 于钦：《齐乘》卷 3，《宋元方志丛刊》，中华书局，1990，第 1 册，第 539 页。

④ 《元史》卷 58《地理志一》，第 1369 页。

⑤ 《元史》卷 64《河渠志一》，第 1611 页。

⑥ 《元史》卷 64《河渠志一》，第 1608 页。

⑦ 《元史》卷 64《河渠志一》，第 1615 页。

⑧ 揭傒斯著，李梦生标校《揭傒斯全集·文集》卷 7《重建济州会源闸碑》，上海古籍出版社，2012，第 400 页。

⑨ 王练师：《会通河》，载杨镰主编《全元诗》，中华书局，2013，第 24 册，第 87 页。

⑩ 揭傒斯著，李梦生标校《揭傒斯全集·诗集》卷 5《入闸和蔡思敬》，第 147 页。

3. 会通河的水源问题

邹逸麟先生指出，元明清三代山东运河工程首先要解决的是水源问题。[①] 碑文第11行记载，会通河凿通后，"以六月辛亥决汶流以趣之"。这条记载明确指出，汶河是会通河的重要水源。李惟明记载："洸河乃汶水之支流也……其源则出于泰山郡莱芜县原山之阳，折而之南，达于会通，漕运南北，其利无穷。会通之源，洸也。洸之源，汶也。"[②] 傅若金有诗记载："漳川近绕幽燕近，汶水分兼济漯流。"[③]

泗河也是会通河的重要水源。刘德智记载："至元中穿会通河，引泗、汶会漳以达于幽，由是天下利于转输。泗之源会雩于兖州东门。"[④] 刘承也记载："（会通河）殊无上源，必沦汶往洸，决引泗源，西入于兖，南入于济，达于任城，合于新河。"[⑤] 《元史·河渠志一》的记载则更为详细："新开会通并济州汶、泗相通河，非自然长流河道，于兖州立闸堰，约泗水西流，堽城立闸堰，分汶水入河，南会于济州，以六闸撙节水势，启闭通放舟楫，南通淮、泗，以入新开会通河，至于通州。"[⑥]

除汶、泗等河流外，湖泊、泉源也对会通河水源有补给作用。湖泊如梁山泊，位于今黄河下游南岸，由大野泽（巨野泽）演变而来。元代梁山泊受黄河影响，面积时有盈缩，但仍不失为一巨浸。[⑦] 袁桷有诗记载："梁山水泊八百里，容得碧鸥千万群。"[⑧] 吴存也描述梁山泊："梁山泊里雨蒙蒙，借得鸥沙过短篷。三百里天香世界，平生无此芰荷风。"[⑨] 梁山泊是大运河的重要水源之一，朱思本记载："济阴极东原，连云浩无际。昔为大

---

① 邹逸麟：《山东运河历史地理问题初探》，《历史地理》创刊号，1981。

② 李惟明：《重濬洸河记节略》，咸丰《济宁直隶州志》卷2。

③ 傅若金：《傅与砺诗集》卷5《会通河伯祠晚眺》，《景印文渊阁四库全书》，集部，第1213册，第238页。

④ 刘德智：《重修金口闸记》，《北京图书馆藏中国历代石刻拓本汇编》第49册，中州古籍出版社，1997，第55页。

⑤ 刘承：《重修洸河记》，光绪《宁阳县志》卷18《艺文三》，《中国地方志集成·山东府县志辑》第69册，第352页。

⑥ 《元史》卷64《河渠志一》，第1615页。

⑦ 参见王乃昂《梁山泊的形成和演变》，《兰州大学学报》（社会科学版）1988年第4期。

⑧ 袁桷：《清容居士集》卷13《梁山泊》，《四部丛刊》本。

⑨ 吴存：《过大野》，载史简编《鄱阳五家集》卷4，《景印文渊阁四库全书》，集部，第1476册，第314页。

盗区，过者常裂眥。今为尧舜民，共乐太平世。运河经其中，尽日闻榜枻。”① 所谓“榜枻”，即船桨，这反映了梁山泊舟船经行的繁忙景象。柳贯也记载：“大野自为泽，济流安得通……刱时漕事兴，舟航密如蓬。”②胡翰也描述了梁山泊与大运河的关系：“日落梁山西，遥望寿张邑。洸河带泊水，百里无原隰。”③ 泉源如黄良泉，皇庆元年（1312），景德镇都水分监监丞巡视运河，“泝流寻源，自北而南”，在“黄山之麓”发现一泉源，“可以滥觞者数泓，沉于泥沙间，俯而探之，温如汤，掬而饮之，甘如醴”，于是“就佥役夫，凿而注之河，其流甚顺，溶溶泻泻，不舍昼夜”④，遂命名为黄良泉。

碑文第13行到第26行，详细记载了会通河的命名始末以及杨文郁对元朝开通会通河的赞美之辞。会通河的开凿促进了元朝南北经济文化交流，“江淮、湖广、四川、海外诸蕃土贡粮运，商旅懋迁，毕达京师”⑤。王恽曾盛赞会通河之开通，“一动虽劳终古利”，随着南粮北运，“从今粒米斗十钱，狼藉都城乐丰岁”⑥。元代官员赴任、江南文人游京师也多取道会通河。但实际上，会通河限于水量、地形、季节等因素，运力实在有限。如济州“新店至师氏庄，犹浅涩有难处，每漕船至此，上下毕力，终日叫号，进寸退尺，必资车于陆而运始达”⑦。又如“沛之金沟、沽头，鱼之孟阳泊，沙深水浅，地形峻急，舟不易行，遇官物往来，必驱河滨之民挽之，斯民劳苦”⑧。在冬季会通河水面封冻之时，必须依靠陆运。“江浙物货，岁走京师。隆冬河结，课民輂运，跨越德州、陵州之境，直

---

① 朱思本：《梁山泊》，《贞一斋诗文稿》，《续修四库全书》，上海古籍出版社，2002年影印本，集部，第1323册，第631页。

② 柳贯：《柳待制文集》卷1《过大野泽》，《四部丛刊》本。

③ 胡翰：《胡仲子集》卷10《夜过梁山泊》，《景印文渊阁四库全书》，集部，第1229册，第132页。

④ 顿举：《黄良泉记》，载王琼《漕河图志》卷5《碑记》，《原国立北平图书馆甲库善本丛书》第442册，第343页。

⑤ 苏天爵辑撰，姚景安点校《元朝名臣事略》卷2《丞相怀安忠武王》，第20页。

⑥ 王恽：《秋涧先生大全集》卷10《通漕引》，《元人文集珍本丛刊》第1册，第253页。

⑦ 楚惟善：《会通河黄洞新闸记》，道光《济宁直隶州志》卷2《山水志·漕运》，《中国地方志集成·山东府县志辑》第76册，第105页。

⑧ 赵文昌：《元立孟阳泊闸记》，光绪《鱼台县志》卷4《金石志》，《中国地方志集成·山东府县志辑》第79册，第164页。

抵河间，往返八百余里”[①]。元代南北物资转运，更多的还是依赖海运。[②]海运之粮“至于京师者一岁多至三百万余石，民无挽输之劳，国有储蓄之富”[③]。

（二）会通河的管理

1. 济州泗汶等河都漕运使司

碑文第3行记载了汶泗都漕运使司这一机构。汶泗都漕运使司应该就是济州泗汶等河都漕运使司的简称，[④] 其名称亦见于《元史·世祖纪十二》，“（至元二十六年九月）丙戌，罢济州泗汶漕运使司”[⑤]，而不知其始置于何时。道光《济宁直隶州志》记载其始置于至元十七年（1280），[⑥] 这一说法应是志书作者对《大元新开会通河记》碑文中“皇帝在位之十七年”这一记载的错误解读。根据新见碑文的记载，“汶合泗分流以达东阿，乃置汶泗都漕运使司，控引江淮岭海，以供亿京师”，可以确定济州泗汶等河都漕运使司应设立于至元二十年（1283）开济州河后。[⑦] 其职权是管理东阿以南运河河道，包括统领运河纲船水手，监视各运河闸坝的运行等。[⑧]

2. 都漕运司

与济州泗汶等河都漕运使司并存的，是同样设立于至元二十年（1283）的都漕运司，[⑨] 其官署设置于济州，亦称济州漕运司。据李谦记载：“漕渠既通，朝命设江淮漕运司，以州廨为治所。侯以为公署所以布治，侨寓民居，可暂不可久，且陛级不崇无以示众，乃即任城故署，并立

---

① 光绪《高唐县志》卷7《政绩》，《中国地方志集成·山东府县志辑》第88册，第500页。

② 关于元代海运，参见高荣盛《元代海运试析》，《元史及北方民族史研究集刊》第7辑，1983。

③ 《元史》卷93《食货志一》，第2364页；关于元代海运粮食的数量，可参见默书民《元代海运粮食数量的变化》，《元史及北方民族史研究集刊》第16辑，2003。

④ 此据宁士仪所撰《故朝列大夫大司农丞致仕张公墓志铭》的记载，济州判官张楷“建言疏凿汶泗二水，达于淮北，导汶水通于利津，升济州泗汶等河都漕运使司经历”。参见济宁市博物馆《山东济宁发现两座元代墓葬》，《考古》1994年第9期。

⑤ 《元史》卷15《世祖纪十二》，第325页。

⑥ 道光《济宁直隶州志》卷1《大事》，第42页。

⑦ 宁士仪：《故朝列大夫大司农丞致仕张公墓志铭》，载济宁市博物馆《山东济宁发现两座元代墓葬》，《考古》1994年第9期。

⑧ 《元史》卷64《河渠志一》，第1615页。

⑨ 《元史》卷15《世祖纪十二》，第256页。

州廨为公堂，为幕次，为吏舍，门宇严肃，库厩成列，不费于官，不病于民，而厥功告成。”① 这则史料中，李谦将济州所设济州漕运司误记为江淮漕运司。至元二十四年（1287），元廷“命京畿、济宁两漕运司分掌漕事”②。至元二十五年（1288）二月，丞相桑哥上奏忽必烈，认为“漕运粮斛，旧设运司一，兼管内外，欺诈者多，亦稽误公事，比奉旨分置漕运司二，在内为京畿都漕运使司，在外者为都漕运使司”③。这一建议得到世祖认可，遂“改济州漕运司为都漕运司，并领济之南北漕。京畿都漕运司惟治京畿”④。至元二十六年（1289），随着会通河的贯通，两个漕运司并立的局面结束。是年九月，元廷“罢济州泗汶漕运使司”⑤，会通河遂划归都漕运司管辖。都漕运司的职权，“掌御河上下至直沽、河西务、李二寺、通州等处攒运粮斛”⑥，包括运河运粮纲船的组织、水手的管理、纲运粮食的交割等。⑦

（三）会通河闸坝系统的营建

碑文第12行记载：“仍起堰闸以节蓄泄，完堤防以备荡激”，这反映了会通河开凿后闸坝系统的营建。元代会通河的一个关键问题是水源问题，因此元廷在会通河设置闸坝，积水行舟。贡奎有诗“新河十里分三闸，闸束水奔河势狭”⑧，描述会通河船闸之密集。会通河“道汶、泗以会其源，置闸以分其流，西北至安民入于新河埭。于临清地降九十尺，为闸十六，以达于永济渠。南至沽头，地降百十有六尺，为闸十。又南入于河。北至奉符，为闸一，以节泗水。东北至于兖州，为闸一，以节汶水”⑨。《元史·河渠志一》记载了会通河诸闸坝的营建时间与具体形制。⑩

---

① 李谦：《前济州达鲁花赤冀侯颂》，道光《济宁直隶州志》卷9《艺文下》，第105页。

② 《元史》卷14《世祖纪十一》，第302页。

③ 赵世延、揭傒斯撰，胡敬辑《大元海运记》卷上，第52页。

④ 《元史》卷15《世祖纪十二》，第308页。

⑤ 《元史》卷15《世祖纪十二》，第325页。

⑥ 《元史》卷85《百官志一》，第2132～2134页。

⑦ 赵世延、揭傒斯撰，胡敬辑《大元海运记》卷上，第51～53页。

⑧ 贡奎：《贡文靖云林诗集》卷7《度闸行》，《北京图书馆古籍珍本丛刊》第96册，书目文献出版社，1988，第43页。

⑨ 揭傒斯著，李梦生标校《揭傒斯全集·文集》卷7《重建济州会源闸碑》，第400页。

⑩ 《元史》卷64《河渠志一》，第1609～1611页。

结 语

与明清相比，由于核心史料的缺乏，关于元代大运河的研究不够深入全面。《大元新开会通河记》碑刻的发现，对于研究元代大运河具有重要意义。首先，它可以订正传世文献所载碑文之讹误，如碑文所载李处巽之职衔可订正《元史》关于李处巽的记载之谬误。碑刻末尾关于东平路与汶上县职官的提名，亦可补两地地方志记载之不足。通过将拓片与传世文献所载碑文相比对，大致可以廓清《大元新开会通河记》碑文的流传分为河渠书与旧方志两个线索。王琼所撰《漕河图志》最早收录了这篇碑文，《北河记》《行水金鉴》等河渠书对这篇碑文辗转传抄，内容有所删减。万历《兖州府志》是目前所知最早收录这篇碑文的旧方志，万历《东昌府志》、雍正《山东通志》、乾隆《东平州志》、乾隆《临清直隶州志》等旧方志亦对碑文内容有所删减。以上7种古籍相较，以《漕河图志》所收碑文最为完整，错误之处也最少。其次，碑文详细记载了济州河的开凿与元初物资转运情况，也记载了会通河开凿前朝臣的议论与实地勘测，会通河的里程、起止点、所用工费、工程的负责人、会通河的命名等历史信息，为研究元代济州河、会通河的开凿、会通河水源等问题提供了重要材料。碑文还记载了济州汶泗都漕运使司的设立，闸坝系统的营建等历史信息，也为研究元代会通河管理机构问题提供了翔实的资料。

Probing into *The Inscription on a Tablet about Digging Huitong River on Yuan Dynasty*

Jia Jianzeng

Abstract: *The Inscription on a Tablet about Digging Huitong River on Yuan Dynasty* was written by Yang Wenyu, which is an important material for the study on the Grand Canal in the Yuan Dynasty. However, there are many errors in this article contained in the Ancient books. The discovery of the stele about the *The Inscription on a Tablet about Digging Huitong River on Yuan Dynasty* can make up for the insufficiency of the inscriptions contained in the Ancient books. By comparing the rubbings with the inscriptions contained in the Ancient books, the clues of the circulation of this inscription can be clarified. *The Inscription on a Tablet about Digging Huitong River on Yuan Dynasty* provides many important historical materials of the study on the Grand Canal in the Yuan Dynasty, such as the ins and outs of the construction of digging the Huitong River, the management agency, the construction of the dams and so on.

Keywords: *The Inscription on a Tablet about Digging Huitong River on Yuan Dynasty*; Probing into the Inscription; the Huitong River

（责任编辑：胡克诚）

走向跨学科的大运河管理研究

——评钟行明的《经理运河：大运河管理制度及其建筑》

朱光亚*

《经理运河：大运河管理制度及其建筑》① （以下简称《经理运河》）一书到达手中时，笔者心里一阵欣喜，从当年钟行明同志博士论文完成到如今专著出版历时八年，这显然不是应景或应急之作。书的分章、注释、插图以至每一段文字都能看得出作者的付出，而书的排版、装帧也都显示了编辑以及主编倾注的心血。从2006年罗哲文等前辈在两会上提出大运河申遗提案，到2008年国家文物局启动大运河全线保护规划，再到2014年申遗成功，最后到近年中共中央宣传部和国家发改委组织开展大运河文化带及大运河国家文化公园的规划与建设工作，在差不多十几年的时间里，那段尘封150年的历史及其价值重新被发掘，大运河从被遗忘的角色跃升为文化和环境保护与建设中的“明星”，激发了中国几代学人的兴趣，大量的研究成果正在不断地呈现，但和前辈的成果例如姚汉源的《京杭运河史》相比，学术分量仍显不足，此时此刻看《经理运河》一书，一阵清新之风吹来。

该书选择了一个重要的切入点——管理以及管理和建筑的关系，这自然和作者攻读博士学位时所在的学科定位关系密切，但是，更重要的是这一研究的切入点所显示的意义。虽然“管理也是生产力”已经被人们认

* 朱光亚，东南大学教授，原大运河遗产保护规划总负责人之一，主要研究方向为建筑遗产保护和建筑文化研究。

① 钟行明：《经理运河：大运河管理制度及其建筑》，东南大学出版社，2019。

可，但是如何从古代中央和地方政府对一处巨系统的国家工程管理的成败得失中吸取教益，恐怕未必为人们所充分认识。这不仅仅是一个理论研究的课题，同时也是一个十分现实、十分有针对性的课题，因为就在大运河遗产保护规划编制的过程中，涉及遗产保护的各相关职能部门就是由于前期磨合不够而直接拉长了保护区划调整的周期。又如“条”和“块”的关系，并非当代才会遭遇，古代大运河的有效运作必然要面对和解决好这一问题，鉴古而知今，该书通过对管理中的二元结构及其相关史料的引述和阐释，提供了古代的经验和教训，这必然有助于对当代问题的思考。

通过对历史文献的研究来探讨管理问题必然要将历史学和管理学的思维交叉和整合起来，将管理和建筑结合起来讨论也恰恰是通过记录运河管理机构有关建筑的文献的引述提供管理的细节，使得管理不是空泛的理念，而是大量应对现实变化的丰富生动的措施和具有时空感和时代感的场景。此外，大运河遗产及其价值探讨如果离开了对技术科学、自然科学相关领域的认知，我们就根本无法理解大运河申遗中价值阐释的实质内容，何谈研究取得突破。学科本是西方文艺复兴之后学术深入发展的产物，在社会生活层面问题从来都是以综合形式呈现，作者没有画地为牢受学科边界限制，而是努力克服了原有知识域的局限，学习开拓，终于得以进入这一跨学科的研究状态，其中艰辛可想而知，而其成果也跃然纸上。可以说《经理运河》一书通过学科交叉的研究路径取得了可喜的成果，成为大运河研究中的跨学科研究的一个良好的开端，同时也为大运河文化带中的遗产保护和利用提供了重要的参考资料。

该书最大的贡献应该是守住了历史学的传统，那就是通过对史料的详细梳理显露出历史发展的脉络，此所谓“论从史出”的研究路径。虽然管理学本身如今在学术上已经自成系统，而且管理学并非看重其他学科的成规，但当涉及大运河历史研究的时候，历史史料的梳理、辨析和研究是绕不过去的。诚然，历史学不仅限于回答“是什么”的问题，甚至可以说，相对于“是什么”的问题，“为什么”的问题更为重要，然而人们往往忘了，离开了“是什么”的清晰梳理，离开了历史的真实性前提就得出“为什么”的答案，常常是南辕北辙，贻笑大方。从这个意义上讲，厘清历史发展脉络是史学的基础方法和必须要做的功课。“文化大革命”时期那种凭几顶“大帽子”或者靠揣摩上级意图然后收集可为自己服务的历史材料的史学研究害苦了国人。作者难能可贵的是，面对浩如烟海的运河史料和前人成果，不满足于第二、第三手的文献而是查阅大量的原始文献和地方文献，并对遗迹进行了核对考察，这就使得《经理运河》的历史史实丰满起来并更为真实。例如在漕运方面，作者揭示了那些经历了千辛万苦的南方漕粮从起运时要先送样米给各仓，到运输中途如何排队，“运舟过尽，次则贡舟，官舟次之，民舟又次之”，如何抢在黄河汛期到来之前通过，以及如何过闸，再到抵达终点京通仓时还要与样米“比对相同，方许收纳”，然后还要先晒二日，扬一日后再储存。例如在河道管理方面，揭示了河道坡降比最大的山东段如何通过“复闸”，即多道水闸的水位控制解决船舶的通过问题，也反证了山东段被称为“闸漕”的原因，对于南旺之水究竟几分“朝天子”，几分“下江南”这一令人扑朔迷离的问题，该书也通过前后史料对环境变化的叙述给出了解惑的答案。

笔者也从作者关于大运河的衙署类建筑的史料阐释中获益甚多，例如，过去看淮安漕运总督府署和济宁河道总督府署的遗址，觉得十分简陋、逼仄，但从该书梳理出的关于衙署等的史料及作者的概括来看，原来的观点获得调整。首先就是大运河这一当年的国家工程因为受到中央政府的高度重视也要经受御史们的监察，官员必须将办公地点和处理事务的地点设在尽量靠近河道及相关城市，并随着河道的变化、事故多发地的变化在必要时迁移。如康熙之后河道总督府署由济宁迁至清江浦，由于苏北和山东沿河地区经济等条件必定差于江南，这些急就章的衙署建筑也就带有了苏鲁地方的特色，但另一方面，他们的日常经费经常是充足的，而且官员们作为士大夫重视自身的生活环境质量，因而都在衙署前后辟有园林和宴客之地。尤其是他们多占据了城市的中心地段，都显示了将地方衙署置于附属地位的强势布局关系，同时若干国家大员也在经办漕运和河工事务后，并未忘记地方的文庙和县学之类的建设。这种历史叙述提供了运河管理的全面和多层次的观察。

该书仍有若干不足之处。该书虽然注意到运河管理由漕运和河道两大部分构成，也注意到前人对河道部分研究尚不充分，且该书对河道中的山东段也做了较多的叙述，然而河道的管理最艰险的部分仍然在清口水利枢纽工程，这也是促成康熙后河道总督府署移到清江浦的基本原因，其要害是如何解决运河穿越黄河的问题。黄河河道不断变化迫使运河和黄河、淮河的关系不断变化，黄、淮、运三河整体性管控是清代河防大臣的职责。围绕清口水利枢纽工程及其周围的黄泛区的黄河、运河、淮河决口事件牵连着漕运的成败，牵连着大量官员的官场生命，牵连着中央政权的兴衰。正是在如何管控这些不断变动的情况中，显现着运河管理水平的高低，该书日后如能以专门一章补齐此环节则会更为完整。相应地，该书在史料的收集方面仍显百密而一疏，台北故宫博物院出版的《水到渠成——院藏清代河工档案舆图特展》披露了清代乾隆前后河防大臣上疏皇帝的奏折、工程方案和皇帝的御批。这些史料显示，运河穿越黄河的工程年年有变，决策最终是由皇帝自己做出的，因而运河河道的治理和管理中大量重大决策是和最高统治者密切相关的，某些皇帝如雍正、乾隆等，为了维持河防大臣的管理水平很早就着力培养专家型人才以便接班。

诚如陈薇教授在该丛书的总序中所说，建筑史学要“剥离尘埃，拉开结果，显现过程，发现变与不变的实质所在”。她用“历史是一种思维形式”来说明史学研究中抽象、凝练和形而上的思维的重要性，以此目标来检验《经理运河》，可以说结果初步呈现但尚未拉开，过程中的变与不变显现得还不充分。传统史学讲“论从史出”，史的部分在该书中已经相当丰富，现有的各章及全书的结论也有了不少“论”的阐述，但对于中国大运河这样一处人类历史中没有可以与之直接比拟的东方文明的成果，人们还期待更加深刻的见解。怀着这样的希望，我们相信，此书可以作为作者学术开拓的良好起点，期待作者在未来的学术生涯中取得更丰富的成果。

（责任编辑：胡克诚）

稿 约

《运河学研究》系由聊城大学运河学研究院主办的国内首部以古今中外运河及其相关问题为研究对象的综合性学术集刊，每年两辑，由社会科学文献出版社出版。主要专栏有“理论研究”“专题研究”“研究综述”“新书评介”“史料拾遗”等。欢迎学界贤达赐稿并提出批评意见。

投稿须知如下。

1. 来稿字数不限，专题论文原则上应在6000字以上。

2. 文章格式参考《历史研究》，采用页下注形式（具体参见后文《注释规范》）。

3. 论文需要中英文题目、内容摘要和关键词。基金资助的论文请在首页以注释形式标注，说明有关项目的具体名称、编号。如有鸣谢文字请附于文末。

4. 请作者随稿附上个人相关信息，包括姓名、学历学位、工作单位、职称职务、研究方向以及联系方式。

5. 来稿须为原创和首发作品，切勿一稿多投。本集刊会严格执行“查重”检测制度，请作者尊重知识产权，内容不得违反国家法令法规，文责自负。

6. 投稿一个月未收到通知，可自行处理。本集刊对决定采用的稿件，有权进行修改、删节。除纸本印刷外，本集刊会配合集刊数据库和学术期刊网，将电子文档上传至相关网站及本集刊主页。

7. 来稿一经刊登，即奉呈作者样刊两本，并致薄酬。

投稿邮箱：yunhexueyanjiu@ 126. com

联系电话：0635 - 8238103

联系人：胡克诚

聊城大学运河学研究院

《运河学研究》编辑部

注释规范

一、 注释体例及标注位置

（1）注释放置于当页下（脚注）。注释序号用①，②，③……标识。

（2）每页单独排序。

（3）注释序号统一置于正文中引文的句子（或词组、段落）标点符号之后。

二、 注释的标注格式及例子

1. 著作

任继愈主编《中国哲学发展史》（先秦卷），人民出版社，1983，第25页。

〔日〕实藤惠秀：《中国人留学日本史》，谭汝谦、林启彦译，中文大学出版社，1982，第11~12页。

2. 析出文献

〔荷兰〕杜威·佛克马：《走向新世界主义》，载王宁、薛晓源编《全球化与后殖民批评》，中央编译出版社，1999，第247~266页。

鲁迅：《中国小说的历史的变迁》，载《鲁迅全集》第9册，人民文学出版社，1981，第325页。

3. 著作、文集的序言、引论、前言等

李鹏程：《当代文化哲学沉思》，人民出版社，1994，“序言”，第1页。

楼适夷：《读家书，想傅雷（代序）》，傅敏编《傅雷家书》（增补本），生活·读书·新知三联书店，1988，第2页。

4. 古籍

（1）刻本

姚际恒：《古今伪书考》卷3，光绪三年苏州文学山房活字本，第9页。

（2）点校本、整理本

毛祥麟：《墨余录》，上海古籍出版社，1985年标点本（或整理本），第35页。

（3）影印本

杨钟羲：《雪桥诗话续集》卷5，辽沈书社，1991年影印本，上册，第461页。

《太平御览》卷690《服章部七》引《魏台访议》，中华书局，1985年影印本，第3册，第3080页。

（4）析出文献

管志道：《答屠仪部赤水丈书》，《续问辨牍》卷2，《四库全书存目丛书》，齐鲁书社，1997年影印本，子部，第88册，第73页。

（5）地方志

乾隆《嘉定县志》卷12《风俗》，第7页。

万历《广东通志》卷15《郡县志二·广州府·城池》，《稀见中国地方志汇刊》，中国书店，1992年影印本，第42册，第367页。

（6）常用基本典籍、官修大型典籍可不标注作者

《旧唐书》卷9《玄宗纪下》，中华书局，1975年标点本，第233页。

（7）编年体典籍注出文字所属之年月甲子（日）

《清德宗实录》卷435，光绪二十四年十二月上，中华书局，1987年影印本，第6册，第727页。

5. 期刊

何龄修：《读顾诚〈南明史〉》，《中国史研究》1998年第3期。

李济：《创办史语所与支持安阳考古工作的贡献》，（台北）《传记文学》第28卷第1期，1976年1月。

6. 报纸

李眉：《李劼人轶事》，《四川工人日报》1986年8月22日，第2版。

《四川会议厅暂行章程》，《广益丛报》第8年第19期，1910年9月3日，“新章”，第1～2页。

7. 未刊文献

方明东:《罗隆基政治思想研究(1913~1949)》,博士学位论文,北京师范大学历史系,2000,第67页。

任东来:《对国际体制和国际制度的理解和翻译》,全球化与亚太区域化国际研讨会论文,天津,2000年6月,第9页。

8. 手稿、档案文献

中国第一历史档案馆:《清代中琉关系档案五编》,中国档案出版社,2002,第39页。

《历代宝案》(台湾大学藏本),第××册,第××页。

《历代宝案》(校订本),第××册,冲绳县教育委员会,××年,第××页。

《傅良佐致国务院电》,1917年9月15日,北洋档案1011-5961,中国第二历史档案馆藏。

9. 转引文献

章太炎:《在长沙晨光学校演说》,1925年10月,转引自汤志钧《章太炎年谱长编》下册,中华书局,1979,第823页。

10. 电子文献

扬之水:《两宋茶诗与茶事》,《文学遗产通讯》(网络版试刊)2006年第1期,http://www.literature.org.cn/Article.asp?ID=199,2007年9月13日。

11. 再次引证时的"出版信息"项目简化

赵景深:《文坛忆旧》,第24页。

12. 间接引文的标注

参见/详见邱陵编著《书籍装帧艺术简史》,黑龙江人民出版社,1984,第28~29页。

13. 外文文献

(1)专著

Peter Brooks, *Troubling Confessions: Speaking Guilt in Law and Literature* (Chicago: University of Chicago Press, 2000), p. 48.

(2)期刊

Heath B. Chamberlain, "On the Search for Civil Society in China," *Modern China* 19 (1993): 199-215.

（3）档案文献

标注顺序：文献标题/文献形成时间/卷宗号或其他编号/藏所。

Nixon to Kissinger, February 1, 1969, Box 1032, NSC Files, Nixon Presidential Material Project (NPMP), National Archives Ⅱ, College Park, MD.

主办单位简介

聊城大学运河研究始于20世纪90年代，2008年设立运河文化研究中心。2012年6月成立运河学研究院，这是全国首家以运河为研究对象的独立科研机构。历经多年耕耘，运河学研究院现已形成科研力量雄厚、研究特色鲜明、学科优势突出的多学科交叉科研平台。

目前，研究院拥有六个科研平台、三个研究中心和两个编辑部。六个科研平台包括：山东省社会科学规划重点研究基地——运河文化研究基地，山东省高校人文社科研究基地——运河与区域经济社会发展研究中心，山东省地方史志系统运河文化研究基地，山东省文化艺术科学重点学科——运河文化学，聊城大学学科重点建设项目——运河与区域经济社会发展项目，聊城大学科研创新平台——运河文化遗产研究保护与开发规划协同中心。三个研究中心为运河史研究中心、运河区域社会经济发展研究中心、运河文化研究中心。两个编辑部指《中国大运河蓝皮书》编辑部和《运河学研究》编辑部。

研究院现有专职科研人员20人，包括教授8人（包括山东省人文社科基地首席专家1人，山东省有突出贡献的中青年专家2人）、副教授4人、讲师8人，其中具有博士学位者18人，研究领域涉及历史学、文学、地理学、社会学、民族学、艺术学、图书馆与情报学等多个学科门类。同时，聘请了北京大学、复旦大学、浙江大学、南京大学、中山大学、山东大学、陕西师范大学、辽宁师范大学、香港中文大学等高校十余位运河研究专家为兼职教授。

研究院已发展成为全国运河研究重镇，在运河研究领域处于领先地位。首创“运河学”学科体系；已经建成全国最大的“运河文献数据库”和“大运河文化数据平台”，同时建有独具特色的“中国运河文物文献展览馆”。研究院的研究人员先后承担国家社会科学基金、自然科学基金项目18项，教育部、司法部、国家民委、全国高校古委会、山东省社科规划等省部级课题30余项，同时承担民政部地名所委托项目“运河地名文化数据库”和江苏凤凰科学技术出版社有限公司委托项目《中国运河志》（“文献卷”“人物卷”“大事记”）。出版运河学相关著作20余部，发表学术论文300余篇，获省部级科研奖励10余项。

研究院注重开展高层次学术交流。先后主持召开了“区域、跨区域与文化整合”国际学术研讨会、“运河与区域社会研究”国际学术研讨会，承办了第22届国际历史科学大会·聊城卫星会议，与香港中文大学明清史研究中心联合组织“运河学研究”学术论坛等。目前，与国家文物局（中国文物学会）大运河专业委员会等机构合作进行运河文化遗产保护研究工作，与香港中文大学、中山大学等高校建立了长期合作关系，与日本、韩国等国家和我国台湾地区的著名专家学者进行了多次学术交流。在运河文献、运河区域社会史等研究领域开展全方位合作，进一步提升了学术研究水平。

研究院招收中国史和文献学两个学科方向的硕士研究生，重点培养从事运河研究与教学的高层次人才。迄今培养的60余名研究生，已成为运河学研究的后继力量。

在服务社会方面，一是提供智力支持，编纂《中国大运河蓝皮书》，旨在为国家、各级政府及各类行政部门提供理论性、框架性、数据性的建议和意见；二是参与实践，为地方旅游、文化保护、经济发展提供规划设计。

目前，大运河文化带建设、运河学研究方兴未艾，研究院正致力于对运河文化进行深入挖掘，着重深化环境史、社会史和运河文化遗产保护等专项研究，为运河区域社会发展提供有力的参考借鉴和智力支持。

图书在版编目(CIP)数据

运河学研究. 第5辑 / 李泉主编. -- 北京 : 社会科学文献出版社, 2020.11
ISBN 978-7-5201-7571-5

Ⅰ. ①运… Ⅱ. ①李… Ⅲ. ①运河-文化研究-中国-文集 Ⅳ. ①K928.42-53

中国版本图书馆CIP数据核字(2020)第217525号

运河学研究 第5辑

主　　编 / 李　泉
副 主 编 / 胡克诚

出 版 人 / 谢寿光
组稿编辑 / 宋月华
责任编辑 / 韩莹莹
文稿编辑 / 李月明　薄子桓

出　　版 / 社会科学文献出版社·人文分社（010）59367215
地址：北京市北三环中路甲29号院华龙大厦　邮编：100029
网址：www.ssap.com.cn
发　　行 / 市场营销中心（010）59367081　59367083
印　　装 / 三河市尚艺印装有限公司

规　　格 / 开　本：787mm×1092mm　1/16
印　张：18　字　数：303千字
版　　次 / 2020年11月第1版　2020年11月第1次印刷
书　　号 / ISBN 978-7-5201-7571-5
定　　价 / 98.00元

本书如有印装质量问题，请与读者服务中心（010-59367028）联系